조선후기 향촌사회와 시가문학

조선후기 향촌사회와 시가문학

김석회

도서출판 월인

책 머리에

박사논문 「존재 위백규의 생활시에 관한 연구」를 쓴 이래, 필자의 주된 공부 관심 중 하나는 조선후기 향촌사족층(鄕村士族層)의 문학이었다. 업적이라 하기에는 초라하지만, 그 간의 탐구 결과를 묶어 『조선후기의 향촌사회와 시가문학』으로 출간케 되었다. 20년이 다 되어 가니 내놓을 만한 성과가 있어야 할 마련이지만 그리 되지는 못한 것 같다. 필자의 무능과 게으름, 관심의 분산 등이 근본 원인이긴 하나, 향촌사족층의 사회적 존재와 그 문화적 위상 자체가 이러한 지지부진의 한 원인이기도 했다.

향촌사족들은 일반적으로 극도의 고립 속에 처해 있었고, 그들이 남긴 문필들 또한 소통의 맥락이 거의 단절된 채 고립된 섬처럼 남아 있는 경우가 대부분이다. 이는 비슷한 시기 경화벌열층(京華閥閱層)의 경우와 뚜렷한 대조를 이루는 현상이다. 경화벌열층에 속한 인물의 경우, 각 분야 연구의 진척에 따라 그 결과들이 상하좌우로 연락(聯絡) 상합(相合)되어 그 개인의 삶은 물론 그 문필들 또한 입체적인 조명이 가능해지고 있다. 이들의 인맥이며 그것들을 둘러싼 학문적 문화적인 맥락이 점점 소상해져서 소위 평전적인 탐구가 가능할 정도인데 비해, 향촌사족의 경우는 더 이상의 추적이 불가능한 경우가 많다. 경인문화사의 필사본 문집 영인에 의해 수많은 향촌사족들의 문집이 햇빛을 보게 되긴 했지만 이들 사이의 상호 관련은 잘 드러나지 않고 있다. 그리고 그 내용 또한 시간적인 고립 정체를 면치 못하여, 그 많은 문집들이 조선조에서 표방(標榜)하고 있는 주자주의 이념을 그대로 복창(復唱)하고 마는 경우가 대부분이다.

그렇지만 그럼에도 불구하고 향촌사족층의 삶과 의식과 문학은, 조선후기의 사회와 문화를 이해하는 매우 중요한 거점(據點)이라 할 수 있다. 그들 주변에 포진하고 있는 향촌사족층 여성들의 문학을 이해하는 데도 중요한 참조사항이 될 뿐만 아니라, 그들과 대척적인 지점에 놓인 경화사족층의 문학을 이해하는 데 있어서도 대비적인 고찰이 꼭 필요하기 때문이다. 그리고 중인층이나 평민층의 문학을 이해하는 데도 여러 모로 참조가 될 것이기 때문이다.

원래 향촌사족층이란 용어는 조선후기의 사회사를 입체화하려는 기획의 일환으로 제출된 전략적인 개념의 하나였다. 중앙정치의 탐구만 가지고는 조선후기 사회의 전체상이나 역동성을 제대로 포착해 내기 어렵다는 자각 속에 계층이며 지역에 대한 탐구로 연구가 확산되었는데, 그 중요한 연구 대상으로 떠오른 계층 가운데 하나가 향촌사족층이었다. 향촌사족층 연구를 선도(先導)하고 견인한 것은 한국사학도들을 중심으로 발족한 〈향촌사회사연구회〉라는 연구모임이었다. 1980년대에서 1990년대까지 활발한 연구 활동을 보인 이 모임을 통해 향촌사족층이란 개념이 학술적인 개념으로 정립되고 보편화되었다.

이 용어의 개념은 조선후기 사회의 계층분화, 특히 양반계층의 분화를 염두에 두고 제출된 것이었다. 소위 '경향분기(京鄕分岐)'

현상을 규정해 들어가기 위한 전략적인 개념이었다. 원래 사족층은 유교입국을 표방한 조선의 지배계층으로서 향촌의 중소지주 계층이었다. 그들은 과거제도를 통하여 실력에 따라 얼마든지 벼슬을 할 수 있었고, 물러나와 향리에 머물다가도 또 다시 벼슬길에 나아갈 수가 있었다. 그러나 18세기를 지나면서는 사정이 크게 달라져서 벼슬자리가 한정된 일부 당파나 몇몇 가문에 독점 세습되다시피 하고, 대다수의 사족들을 향촌에 그대로 고착되는 현상이 발생하게 되었다. 벼슬자리를 독점하고 아예 한양에 세거(世居)하는 이들 특권층을 '경화벌열층(京華閥閱層)'이라 하고, 이에 대립되는 일반사족들을 '향촌사족층(鄕村士族層)'으로 일컫게 된 것이었다.

이들 향촌사족층은 벼슬길이 막힌 채 향촌에 고착되어 거의 대부분은 농민층으로 동화되어 가는 과정을 밟았다. 조선후기의 향촌사회사(鄕村社會史)란 어떤 측면에서는 이들 향촌사족층의 농부화 과정이 큰 축을 형성하고 있다고 보아도 무리가 없을 것이다. 큰 바위가 암반에서 떨어져 나와 계곡을 구르고 굴러 마침내 강이나 바다의 조약돌로 변하듯이 그들은 세말화(細末化)를 거듭하며 농민층으로 흡수되어 갔다.

그러나 이들의 농부화란 그렇게 순탄하고 자연스럽게 진행된 것이 아니었다. 사족으로서의 의식과 관행을 벗기 위한 안팎의 갈등과 저항이 만만치 않았기 때문이었다. 또 비록 껍데기뿐이라고는 하지만 사족이란 사회적 신분이 지니고 있는 보이지 않는 기득권이며 미래적인 가능성을 단념한다는 것이 쉬운 일이 아니었다. 그리하여 영남의 종가(宗家)에서 보듯이 대종손(大宗孫)을 중심으로 양반가의 체면은 계속 유지해 나가면서 나머지는 농부가 되는 경우가 많았다. 그리고 부녀자들이 노동이나 천역(賤役)을 감당하고 가부장(家父長)은 글만 읽는 선비로 남게 하는 사례도 많았다.

이러한 현상을 필자는 사농분기(士農分岐)라는 말로 규정해 보기도 했다. 경향분기(京鄉分岐)에 이어 향촌사족층 내부에서 또 다시 제2차 사회적인 분기가 일어난 것으로 설명해 보자는 취지였다. 이러한 2차 분기는 지역에 따라, 가문에 따라 다소의 편차가 있었지만, 대개는 19세기에 이르러 매우 광범하게 진행된 것으로 보인다. 이러한 사농분기에 따르는 현상들 가운데 하나로 목가적인 비전이 새롭게 태동하고 치산(治産) 관련 규방가사가 유행한 것으로 보는 것이 필자의 시각 가운데 하나다.

그리하여 필자는 사농분기에 처한 향촌사족층의 내면 풍경을 반영하고 있는 현상으로 위백규나 정약용 정학유 등의 문학을 '목가적 비전'의 문제로 해석해 보았고, 이에 추수(追隨)하는 모방적인 현상으로 도시 중인층 문학의 전원동경을 살펴보았다. 이것이 이 책의 제1부를 구성하는 세 편의 논문이다. 필자는 또한 규방가사의 소장(消長)과 변모(變貌) 자체도 향촌사족층의 문제와 밀접히 연관되어 있다고 보고 있는데, 이 책에 집성된 규방가사 관련 논의들은 바로 이와 같은 시각의 반영이라 할 수 있다. 이 책의 제2부 '향촌사회의 현실과 여성 형상'에 실린 다섯 편의 논문들이 바로 그것이다. 사농분기에 따르는 문학현상들은 좀 더 광범하게 추적해 볼 필요가 있는 과제인데, 이 책에서는 운만 떼어보는 정도에 그친 감이 있다. 이를 발판으로 삼아 좀 더 부지런히 추적하고 탐색해 나갈 것을 다짐해 본다.

여러 모로 부족한 책이지만 이 책이 향촌사족층의 문학을 탐구해 나가려는 동학들에게 유용한 징검다리 돌의 하나가 되기를 소망해 본다. 그리고 지금 활발히 이루어지고 있는 지역문학 논의에도 일조가 되기를 바라 마지않는다. 더 나아가 조선후기의 인간과 사회와 문학을 이해하는 데도 작은 디딤돌의 하나가 될 수 있기를 바란다.

2009. 11. 15.

仁山齋에서　金碩會 씀.

차 례

Ⅱ. 향촌사회의 현실과 여성 형상

조선후기 향촌사회와 치산 관련 여성형상

주제적 관심을 통해 본 규방가사의 세계

농사하는 집 아낙과 글하는 집 아낙 -〈전가부(田家婦)〉와 〈시가부(詩家婦)〉

우산본 복선화음가의 가문서사 양상과 그 여성사적 함의

복선화음가 이본의 계열상과 그 여성사적 의미

Ⅰ. 가부장의 삶과 목가적 비전

이행기 지식인의 전원 동경과 그 의미

1. 서언: 목가적 비전의 태동과 탄생

도연명은 〈귀거래사(歸去來辭)〉에서 "운무심이출수 조권비이지환(雲無心而出峀 鳥倦飛而知還)"이라 읊었다. 앞 구절이 대자연의 자유로움을 노래한 것이라면 뒷 구절은 작자 자신의 인생 피로감을 토로한 것이라 할 수 있다. 여기서의 '새(鳥)'는 행로난(行路難)을 절감하며 돌아오는 자기 자신의 표상이기도 하다.

농경이 천하의 대본(大本)이던 시절, 벼슬길에 나갔던 선비들은 길이 여의치 않을 때 언제나 도연명처럼 '귀전원(歸田園)'을 꿈꾸었다. 그 결과 '귀거래 문학'은 하나의 유형을 이룰 정도로 두꺼운 적층(積層)을 이루고 있다. 한우충동(汗牛充棟)으로 우리에게 전해 오고 있는 소위 강호가도적 문학도 바로 이런 '귀전원'

---

* 이 글은 『한국문학연구의 현단계』(역락, 2005)에 실렸던 논문을 가다듬은 것이다.

의 산물이었다. '귀전원의 동경'과 '전원적 삶의 향유'는 특히 우리 사대부 문학에서는 거의 상투적인 내용에 가깝다고 할 수 있을 정도다. 따라서 이런 상투적인 강호가도 작품은 따로 주목할 필요가 없을 것이다.

그러나 본고에서는 18세기 이후의 '이행기' 문학에 나타나는 전원 동경의 양상을 특별히 주목해 보고자 한다. 그 동경의 양상과 의미가 이전 시대의 강호가도와는 그 맥락을 크게 달리 하고 있는 것으로 보이기 때문이다.

강호가도적 작품들은 대개 성리학적 이념 내지 도학적 기풍과의 관련 하에서 생성되었다. 〈도산십이곡〉이나 〈도산잡영(陶山雜詠)〉에 보이는 바와 같이 산수 자연을 이념의 함수로 관조하는 도학적 환희이거나, 〈고산구곡가〉에 보이는 바와 같이 산수 자연 속에 노닐며 학문을 닦는 여유의 미학이거나, 〈어부사시사〉에 보이는 바와 같이 물외한인(物外閒人)의 경지로 나아가는 초탈(超脫)의 지향이었다. 그러나 18, 19세기의 전원 문학은 '노동(勞動)'의 문제, '신분정체감(身分正體感)'의 문제와 맞물리는 양상을 드러내고 있다. 전원 동경이나 전원 취미의 정향(定向)이 강호가도와는 판연히 달라져 있는 셈이다. 소위 '목가적 비전'이 새롭게 태동하고 탄생하는 지점이라 할 수 있는 셈이다.

본고에서는 이 점에 주목하여 이행기 지식인의 전원 동경 양상을 고찰해 보고자 한다. 여기서는 사대부 계층의 실학파 지식인 위백규와 정약용, 경아전층 출신의 중인 지식인 임광택과 김형수의 경우를 살피고자 한다. 이렇게 범주를 한정짓는 것은 일차적으로는 필자의 견문이 아직은 넓지 못하기 때문이다. 그러나 이들

네 사람의 경우로 국한을 하더라도, 18세기 후반에서 19세기 중반, 독특하게 형성되어 가고 있는 전원 동경의 양상과 의미는 어느 정도 그 실마리가 잡힐 것으로 보인다. 이 시기의 문학이 지니고 있는 표정의 일단을 살피는 데 일조가 되기를 바라고, 이행기 문학의 주제사적인 탐구에도 작은 실마리가 되기를 기대해 본다.

2. 사대부의 경우: 위백규와 정약용

먼저 위백규(1727~1798)의 연시조 〈농가구장(農歌九章)〉을 보기로 한다.

西山의 도들볏 셔고 굴움은 느제로 낸다 (셔산, 구움, 내다)
비 뒷 무근 플이 뉘 밧시 짓텃든고 (짓터든고)
두어라 ᄎᆞ례지운 일이니 ᄆᆡ는대로 ᄆᆡ오리라 (닐이니, ᄆᆡ는다로)
—〈朝出〉(제1장)

도롱이예 홈의 걸고 ᄲᅮᆯ 곱은 검은 쇼 몰고
고동플 씃머기며 깃믈ᄀᆞᆺ ᄂᆞ려갈 제
어ᄃᆡ셔 픔진 벗님 홈ᄭᅴ 가쟈 ᄒᆞ는고 (볏님)
—〈適田〉(제2장)

둘너내쟈 둘너내쟈 길춘골 둘너내쟈 (둘너니자 둘너니자, 긴ᄎᆞ골)
바라기 역괴를 골골마다 둘너내쟈 (역고를)
쉬 짓튼 긴 ᄉᆞ래는 마조 잡아 둘너내쟈
—〈耘草〉(제3장)

ᄯᆞᆷ은 든ᄂᆞᆫ대로 ᄃᆞᆺ고 볏ᄉᆞᆫ 쬘대로 쬔다
淸風의 옷깃 열고 긴 파람 흘리불제 (청풍의)
어ᄃᆡ셔 길가ᄂᆞᆫ 손님 아ᄂᆞᆫᄃᆞ시 머무ᄂᆞᆫ고 (소님ᄂᆡ)
―〈午憩〉(제4장)

힝그예 보리뫼오 사발의 콩닙치라 (보리ᄆᆞ오)
내 밥 만홀셰요 네 반찬 젹글셰라
먹은 뒷 ᄒᆞᆫ숨좀 경이야 네오 내오 달올소냐 (다홀소냐)
―〈点心〉(제5장)

돌아가쟈 돌아가쟈 ᄒᆡ지거다 돌아가쟈 (돌라가쟈 도라가쟈 ᄒᆡ지거단 도라가쟈)
계변의 발을 싯고 홈의 메고 돌아올 제 (손발 싯고)
어듸셔 牛背草笛이 ᄒᆞᆷᄭᅴ 가쟈 ᄇᆡ아ᄂᆞᆫ고 (우배초젹이)
―〈夕歸〉(제6장)

綿花ᄂᆞᆫ 세 ᄃᆞ래 네 ᄃᆞ래요 일은 벼ᄂᆞᆫ ᄑᆡᄂᆞᆫ 모개 곱ᄂᆞᆫ 모개 (면홰ᄂᆞᆫ, 일윈 벼ᄂᆞᆫ ᄑᆡᄂᆞᆫ 모가 곱ᄂᆞᆫ가)
五六月 어제런ᄃᆞᆺ 七月이 ᄇᆞ롬이다 (오뉴월 언제 가고 칠월이 ᄇᆞᆫ이로다)
아마도 하ᄂᆞ님 너희 삼길 제 날 위ᄒᆞ여 삼기샷다
―〈初秋〉(제7장)

아ᄒᆡᄂᆞᆫ 낫기질 가고 집사ᄅᆞᆷ은 저리치 친다 (낙기질)
새 밥 닉을 ᄣᅢ예 새 술을 걸릴셰라 (ᄧᅡ예, 걸러셔라)
아마도 밥 들이고 잔 자블 ᄣᅢ예 豪興계워 ᄒᆞ노라 (ᄧᅡ여, 호흥)
―〈嘗新〉(제8장)

醉ᄒᆞᄂᆞ니 늘그니요 웃ᄂᆞ니 아희로다 (취ᄒᆞᄂᆞ니, 웃는니)

흐튼 슌비 흐린 술을 고개 수겨 권홀 째예 (째여)
뉘라셔 흙쟝고 긴노래로 ᄎᆞ례춤을 미루는고 (흐러쟝고)
—〈飮社〉(제9장)

이상이 〈농가〉의 전문(全文)인데, 앞서 든 것이 〈사강회문서첩〉의 표기이고 뒤에 괄호 안에 표기한 것이 〈위문가첩〉에서 달라진 부분들이다. 대부분의 작품집에 순한글로 된 후자를 본문으로 수록하고 있는데, 원본(原本)의 측면에서나 선본(善本)의 측면에서나 전자를 본문으로 삼는 것이 타당해 보인다.[1)]

이 작품은 그 자체로는 전원 동경의 형태를 드러내고 있지 않다. 그러나 이 작품이 산출되기까지의 심리적 과정에는 독특한 형태의 전원 동경이 자리 잡고 있었고, 실제 이 작품에는 동경과 갈망(渴望)의 충족에서 오는 깊은 안도감이 흡족히 젖어들어 있다.

이 작품은 위백규가 40세 경(1767)에 과거(科擧)를 단념하고 장흥 방촌(傍村)의 생가에 정착(定着)한 이후의 체험을 반영하고 있다. 그는 스승 윤봉구의 죽음 이후, 충청도 덕산의 사문(師門)에서도 아주 퇴거를 했을 뿐만 아니라, 천관산(天冠山)의 장천재(長天齋)에서도 아주 하산해 버렸다. 그리고 능체잔미(凌替殘微)에 처한 문중(門中)을 흥기(興起)시키기 위한 일종의 계몽운동을

1) 두 본의 성격 및 양자 사이의 편차에 대해서는 다음의 논문을 참조할 수 있다.
김석회, 「농가의 본문비평」, 『한국고전시가작품론』, 집문당, 1992. (『존재 위백규 문학 연구』, 이회문화사, 1995에 재수록.)
김석회, 「존재 위백규의 생활시에 관한 연구」, 서울대 박사논문, 1992.(『존재 위백규 문학 연구』, 이회문화사, 1995에 재수록.)
정승철, 「위백규의 농가 고」, 『문학과 언어의 만남』, 신구문화사, 1996.

폈는데, 그것이 바로 사강회(社講會) 활동이었다. 이러한 문중 계몽 활동의 성격 및 추이에 관해서는 좀더 자세한 설명이 필요하지만, 여기서는 〈농가 구장〉을 짓게 된 동기와 관련해서만 간략히 언급해 두고 넘어가기로 한다.

위백규는 40이 넘도록 과거에 매달리는 동안 내면의 갈등과 고통이 점점 커져만 갔다. 20대 후반부터 싹트기 시작한 시폐(時弊)에 대한 날카로운 인식이 고통의 터가 되었고, 특히 타락할 대로 타락한 과거장의 풍경은 그의 절망을 더해만 갔다. 이런 가운데서 목격하게 되는 처자들의 궁핍과 희생은 그를 더욱 고통스럽게 만들었다. 그는 이러한 가족들의 처지를 "봄날의 우로(雨露)에도 피어나지를 못하는 마른 풀, 썩은 나무"로 비유하기도 했고, 딸을 애도하는 글에서는 내생(來生)엔 상농부가 되어 '힘써 경작하여 배불리 먹이고 단란하게 어울려 살기'를 소원하기도 했다.[2)]

〈농가 구장〉에는 이렇게 문중 계몽을 위한 독경병행(讀耕竝行)의 메시지와 함께 농경의 보람이나 가족적 단란함에 대한 위백규 자신의 꿈이 투영되어 있다. 생계주체(生計主體)로서의 도리를 다한다는 자부심 또한 큰 몫을 하고 있었을 것이다.

이 작품은 〈사강회문서첩〉에 각각 〈조출(朝出)〉, 〈적전(適田)〉, 〈운초(耘草)〉, 〈오게(午憩)〉, 〈점심(点心)〉, 〈석귀(夕歸)〉, 〈초추(初秋)〉, 〈상신(嘗新)〉, 〈음사(飮社)〉란 표제가 붙어 있다. 앞의 여섯 수는 아침에 집을 나서 저녁에 귀가하기까지의 김매기 하루 일과를 다루고 있고, 뒤의 세 수는 가을 추수기의 흥성한 기쁨을

2) 김석회, 『존재 위백규 문학 연구』(이회문화사, 1995), 36~40면 참조

노래하고 있다. 농경의 수고로움을 먼저 읊고 농경의 보람과 누림을 뒤에 읊은 것이라 할 수 있겠다.

그런데 여기서 주목되는 것은 앞의 여섯 수에 김매기의 절차며 행위가 매우 구체적으로 현장감 있게 그려지고 있다는 사실과, 이 땀에 젖는 수고가 매우 긍정적으로 그려지고 있다는 점이다. 이것은 전대의 강호가도 시가에서는 보이지 않던 특징적 국면으로서, 사대부 계층의 새로운 신분정체감(身分正體感)의 형성과 관련하여 주목할 만한 점이다.

다음은 정약용(1762~1836)의 한시 〈타맥행(打麥行)〉을 보기로 한다.

新芻濁酒如湩白　새로 거른 막걸리 젖빛처럼 뿌옇고
大碗麥飯高一尺　큰 사발에 보리밥, 높이가 한 자로세.

飯罷取耞登場立　밥 먹자 도리깨 잡고 마당에 나서니
雙肩漆澤飜日赤　검게 탄 두 어깨 햇볕 받아 번쩍이네.

呼邪作聲擧趾齊　옹헤야 소리 내며 발 맞추어 두드리니
須臾麥穗都狼藉　삽시간에 보리 낟알 온 마당에 가득하네.

雜歌互答聲轉高　주고받는 잡가소리 갈수록 높아지고
但見屋角紛飛麥　보이느니 지붕까지 튀어오르는 보리로다.

觀其氣色樂莫樂　그 기색 살피매 즐겁기 짝 없으니
了不以心爲形役　마음이 몸의 노예 되지 않음일세.

樂園樂郊不遠有　낙원이 먼 곳에 있는 게 아닌데
何苦去作風塵客　어찌 괴로이 가서 풍진객이 되리요[3]

이 시는 농업 노동 가운데서도 가장 힘들다고 하는 보리타작의 현장을 읊고 있다. 특히 땀흘려 일하는 일꾼들에게 초점을 맞추었다. 탁주를 맛있게 들이키고 고봉 밥을 뚝닥 해 치우고, 신명나게 장단 맞춰 도리깨질을 하는 그들의 행태와 표정을 놓치지 않고 포착해 내고 있다. 고된 노역이지만 흥겨움이 깃든 즐거운 노동임을 화자는 못내 부러워하고 있다. 그리고 이들의 삶에 비추어 자신의 길을 되돌아보고 있다. 문맥상으로는 '풍진객이 되리요?'로 번역이 되지만, 이면에는 '왜 나는 고향을 떠나 풍진객이 되었는가?' 혹은 '되려 하는가?'의 뜻을 함축한 것으로 보인다.

이 시에서는 '풍진객(風塵客)'과 '심위형역(心爲形役)'이란 말이 묘미가 있다. 묘사한 바대로, 풍진을 뒤집어 쓴 존재들은 타작마당의 일꾼들이지만, 실제로는 타작마당의 일꾼들을 제외한 나머지 사람들이 풍진객이다. 특히 벼슬길에 나서서 마음에도 없는 온갖 수모와 풍파를 겪어야 하는 화자를 위시한 사대부들이 풍진객인 셈이다. '풍진(바람 티끌)'의 의미는 마지막 구절 바로 앞의 "觀其氣色樂莫樂·了不以心爲形役"을 거치면서 물리적인 데서 정신적인 것으로 그 범주가 바뀌고 있다. 아무리 물리적으로는 개결하고 조출해 보일지라도 "心爲形役(마음이 몸에 매여 부자유한 상태)"이라면 그것은 풍진을 무릅쓰는 삶일 수밖에는 없고, 이 타작마당의 일꾼들처럼 비록 티끌을 뒤집어쓰고 있을망정 "心爲

3) 정약용, 『여유당전서』, 권4, 시.

形役"을 벗어 버렸으면 낙원의 신선(神仙)일 수 있다는 것이다.[4)]

이렇게 이 시에는 정약용 자신의 전원적 삶에 대한 동경이 담겨 있다. 벼슬길의 의의며 지식인적 삶의 의미 등이 퇴색하고 오히려 그것들이 질곡으로 작용하는 지점에서 이 시는 산출되어 나온 것이다. 건강한 노동을 통해서 정당하게 제 먹을 것을 얻는 삶, 몸은 고되어도 마음은 진정 자유로운 삶, 그러한 삶을 그는 못내 그리워하고 있는 셈이다. 실제 그가 보리타작을 하며 살지는 않았겠지만, 보리타작을 하는 농부들의 표정과 행동과 일상 속에서 새로운 미감(美感)이며 가치(價値)를 발견해 내었다는 것 자체가 중요하다 하겠다.

3. 중인의 경우: 임광택과 김형수

다음으로는 중인 지식인 두사람의 작품을 검토해 보기로 한다. 먼저 18세기 말엽의 경아전이었던 林光澤(?~1800)의 〈농가시(農家詩)〉라는 작품을 보기로 한다.

隣人乘夕至　이웃사람 저물녘에 건너와선
露坐桑麻傍　뽕나무 삼밭 곁 노천에 앉네.

三寸煙竹短　세 촌 곰방대는 짧아도
一尺草履長　한 자 집세기 길기도 해라.

4) 도연명의 〈歸去來辭〉 첫머리에 "歸去來兮 田園將蕪胡不歸 旣自以心爲形役 奚惆悵而獨悲"라 읊었다.

約日借鉏耰 날 받아 호미와 곰방메 얻어 쓰기로 하고
視天討雨暘 하늘을 살펴 날이 갤지 궂을지를 가늠해 보네.

官糶探遠近 환자 쌀 푸는 날이 얼마나 가까웠는지 채근도 하고
耕牛誇馴强 밭갈이 소 길 잘 들고 힘 좋다고 자랑이 분분.

俄而進土爐 잠시 후에 질화로를 내 오는데
榾火灰中藏 등걸불이 재 속에 감춰여 있네.

爇草互勸酬 푸성귀 끓여 서로 권하는데
慇懃濁酒觴 은근도 하다 막걸리 사발.

夜歸雙骭赤 밤 깊어 돌아감에 두 정강이 다 들어났으니
不愁露沾裳 이슬에 바지 젖을 건 걱정할 게 없다네.[5]

이 시에는 상부상조 공동체를 이루어 사는 농민 두 사람의 저녁 모임이 그려져 있다. 한 편의 풍속화를 연상케 한다. 그러나 보통 풍속화가 일반적으로 지니고 있는 풍자와 해학, 세태 비판적 시각은 찾아볼 수가 없고, 전체적으로는 민화(民畵)와도 같은 조화의 감각을 드러내고 있다. 따뜻한 한 편의 동화 같은 분위기를 느끼게 한다.

첫구에 나오는 "승석(乘夕: 저녁 시간을 타고)"은 이들이 고된 하루 일과를 마치고 틈을 내어 만난 것임을 드러내 준다. 이들 나름의 일상화된 저녁 모임이라 할 수 있을 것이다. 그러나 이 모임은 격식과 예의를 갖춰 초대를 하거나 초대를 받는 그런 공식적

---

5) 임광택, 『雙柘堂遺稿』,〈農家詩〉.

인 모임이 아니다. 계약을 위한 사무적인 만남도 아니다. 농기구를 빌고, 일소를 얻는 그런 행위가 명시되거나 암시되어 있긴 하지만 그것이 시혜(施惠)나 계약(契約)은 아니다. 이 시에 그려진 이들의 대화며 행동은 '남거나 모자람이 없는' 대동사회적(大同社會的) 유무상통(有無相通)의 삶, 그런 관계를 형상(形象)하고 있을 따름이다.

"관조(官糶: 관에서 푸는 환자 쌀)"를 받아야만 농량(農糧)을 댈 수 있는 빈궁한 처지의 사람들이지만, 이들의 삶은 나눔과 소통 속에서 얼마든지 푸근할 수 있는 삶이다. 이런 의미에서 "골화회중장(榾火灰中藏: 등걸불이 재 속에 감춰어 있네)"이라는 표현은 이네들 삶의 온기를 함축적으로 상징하고 있다. 겉으로 보기에는 식은 재처럼 아무 생기도 희망도 없어 보이는 처지이건만, 속에 오래 버틸 수 있는 등걸불 같은 것이 들어 있어 얼마든지 따사로울 수가 있는 그네들의 삶을 표상하고 있다. 실제 이 불을 매개로 온기를 마련하고 탁주잔을 기울이는 다음 장면의 풍경은, 가난하지만 풍성한 '질박 속의 자유'를 잘 드러내 주고 있다. 그리고 마지막 구절에서 이슬 젖은 밤길을 되짚어 오는 모습을 "야귀쌍한적(夜歸雙骭赤)"으로 그렸다. 이슬이 맺히는 계절, 싸늘한 밤인데도 등걸이 잠뱅이에 의지하여 살아갈 수밖에 없는 적빈(赤貧)의 형상이라 하겠다. 그러나 화자는 이러한 적빈마저도 질박한 건강함으로 이 시 속에 읽어 들이고 있다.

따라서 이 시에서는 텍스트의 문면 자체보다도 이것을 바라보는 화자의 시선(視線)과 시각(視角)이 더 주목할 만하다. 앞서 검토한 바와 문면에 드러난 바를 객관적으로 진단한다면, 오히려 참담한 현실, 눈물겨운 사연일 수도 있을 것이다. 저항을 논하고 투쟁을 모의하는 밤도 어쩌면 이와 같았을 것이다. 그러나 이 시의 화자는 이 모든 것을 동경(憧憬)의 시선, 선망(羨望)의 시각으로 그리고 있다. 그런 시선, 그런 시각으로 이 저녁 모임을 보고, 듣고, 해석해 들인 것이라 할 수 있다. 저 가난 속에, 저 질박함 속에 희망이 있다고 황홀해 하고 있는 것이다.

지은이 임광택은 〈자성시(自省詩)〉에서 '경작 길쌈을 하지 않는데도 배불리 먹고 잘 입는' 자신들의 처지를 매우 미안해하면서 근신(勤愼)의 도리를 다짐하기도 했다.[6] 이렇게 그는 먹고 사는 일에 어려움이 없었으면서도 중인적 삶에 결코 자족하지를 못했던 것 같다. 스스로 경작하여 먹을 것을 얻고 스스로 길쌈하여 입을 것을 구하는 삶을 떳떳한 것으로 여기고, 건강한 노동의 당당함을 몹시도 부러워하였다. 도시의 가식적이고 소모적이고 각박한 삶에 대비되는 순박하고 건강한 농부들의 삶을 희구하고 있었던 것이다. 이 시는 이러한 중인적 자의식(自意識)을 반영한 전원 동경의 산물이라 할 수 있다.

다음은 소당(嘯堂) 김형수(金逈洙)의 〈전가(田家)〉라는 한시를 보기로 한다. 그는 유명한 운과(雲科: 관상감에 종사하는 천문기

---

6) 임광택, 『雙栢堂遺稿』, 〈自省詩〉.
"男不耕種女不織 一生飽飯被華服"으로 시작하여 "思之不覺凜然惧 書揭屋壁時寓目"으로 마치는 장시다. 우연히 인연(夤緣: 권세 연줄을 타고 출세하는 일)으로 대궐 출입을 하는 처지임을 결코 잊지 말자고 다짐하고 있다. 자손에게까지 이러한 교훈을 뼈골에 새기고자 하는 의도가 작용하여 지은 작품으로 보인다.

상 전문 관리들을 선발하던 과거) 집안 출신이었지만, 그 자신은 운과로 발신(發身)하지 못하고 떠돌이 의원 생활을 하며 시주(詩酒)를 매우 즐겼던 사람이다.

樂事誰知有僻鄕	즐거운 일이 누가 벽항에 있음을 알리오,
人如沮溺俗陶唐	사람은 장저(長沮)와 걸닉(桀溺) 같고 풍속은 도당(陶唐)일세.
山間耕鑿忘熙皥	산간의 경전착정, 희호(熙皥)의 세계를 잊을 만하고
世外生成若雨暘	진세(塵世) 밖의 생성, 비 오고 해 돋음이 순조롭도다.
眠草庄丁攤了飯	풀 섶에 잠든 장정, 식후의 단잠이 곤하고,
揷花田婦饋來漿	꽃을 따서 꽂은 전부, 마실 것을 내 옴일세.
佇看早晩秋登日	우두커니 서서 가을걷이 조만(早晩)을 살피노라니,
擊鼓吹豳稱壽觴	북소리에 빈풍시 울리고 장수 잔을 올리는구나.[7]

이 작품은 전가(田家)를 낙원(樂園)의 형상으로 묘사하고 있는데,[8] 실재하는 전가 형상이라기보다는 환상이 빚은 낙원의 형상에 가깝다. 하늘과 땅과 사람과 만물과 사시의 운행이 완벽한 조화를 이루고 있다. 이는 시정 속에서 고달파 하던 중인 김형수의

7) 김형수, 『소당유고』〈田家〉, 『여항문학총서』 제7책(여강출판사, 1991)의 493면.

8) 이 작품은 『월여농가』란 책에도 부록되어 있는데 표제를 〈田家樂〉이라 했다. 낙원 이미지를 좀더 전경화한 표제다. 일석본 『월여농가』에는 자구도 한두 곳 달리 되어 있다. 제2구의 "人如沮溺"이 "村藏風雅"로, 제5구의 "攤了飯"이 "消了飯"으로 되어 있다.

간절한 전원 동경이 낳은 천진무구의 조화로운 세계상이다. 실제 김형수는 어려서 부친을 여의고 의술을 익혀 떠돌이 의원 생활을 했던 것으로 보이는데, 늘 가난 속에 허덕이며 전원에 정착하여 살기를 갈망했다.[9] 그는 〈소당풍속시(嘯堂風俗詩)〉나 〈십이월속시(十二月俗詩)〉로도 알려진 〈월여농가(月餘農歌)〉라는 장편 한시를 남기기도 했는데, 이 또한 이러한 전원 동경의 산물이었다.

이 시에는 도당(陶唐), 희호(熙皥), 빈풍(豳風) 등의 말이 나오고 있는데, 이 말들은 이 시의 분위기와 의미를 신화적 환상세계로 견인해 가는 역할을 하고 있다. 태고적(太古的) 순풍(淳風)이 구현된 것만 같은 그런 꿈의 세계다. 시 속에 '벽향(僻鄕)'이라 규정된 바 그대로 궁벽한 산간이지만, 모든 것이 조화 속에 열리는 '티끌 세상의 바깥[世外]'이다. 노동은 보람으로 결실하고 건강한 식욕과 단잠으로 이어진다. 남녀의 협동, 노소의 조화까지도 풍순우조(風順雨調), 약우양(若雨暘)의 자연 질서와 함께 완벽하게 구현되어 있다.

이 시는 실제 어느 궁벽한 산간 마을에서 취재한 것으로 보이지만, 결핍이나 모순은 그림자도 비치지를 않고 있다. 무한한 목가적 동경을 품고 바라보는 이의 전원이상(田園理想)이 투영된 결과다. 이는 마치 앞서 살핀 〈농가시〉가 중인 임광택 자신의 동경의 시각에서 농촌현실을 해석하고 수용해 들인 것과 동일한 현상이라 할 수 있을 것이다.

---

9) 김석회, 「소당 김형수의 생애와 문학」(『고전문학과 교육』제8집, 2004.8월)을 참조할 것. 이 책에 재수록함.

4. 결언: 순박한 사회 속 인간다운 삶

이상에서 살핀 바와 같이 18, 19세기의 이행기 지식인들은 사대부는 사대부 나름대로, 중인은 중인 나름대로, 자기들 나름의 '전원취향(田園趣向)'과 '전원이상(田園理想)'을 키워나갔다.

사대부들의 경우 위백규나 정약용 모두 자기 시대와의 불화 속에서 전원 동경을 키웠다. 시폐(時弊)에 관한 날카로운 인식과 사대부 세계에 만연한 부조리 체험이 전원 동경을 낳고 전원 속의 낙원(樂園)을 설계하도록 만들었던 것이다. 그러나 이러한 동경, 이러한 설계가 현실에서 그대로 실현되기는 매우 어려웠다. 왜냐하면 그 속에는 자연재해 속의 고투(苦鬪)나 수탈구조로 말미암는 농촌의 해체 등은 미처 계산해 들이지를 못한 것이었기 때문이다. 이로 인해 이러한 동경은 위백규의 경우 〈연년행(年年行)〉의 세계와 같은 환멸로 기울었고, 정약용 가(家)의 경우는 〈농가월령가〉와 같은 향촌 안돈(安頓)을 위한 설득 노력이 병행되지 않을 수가 없게 되었던 것이다. 그리고 정약용 자신도 유배지 강진에서 생존의 벼랑으로 내몰리는 처참한 농민들의 현실을 뼈아프게 목도하지 않을 수 없었다.

이에 비해 중인들의 경우는 그 전원 동경의 공분모(公分母)가 신분에 대한 자의식이었다. 비교적 요족하게 살았던 임광택과, 빈곤 속에 떠돌이 의원 노릇을 하며 살았던 김형수는 그 처지가 판연히 달랐음에도 불구하고 동공이곡(同工異曲)에 가까운 전원 형상을 그리고 있다. 사대부들 시중이나 드는 자신들의 영위(營爲)가 떳떳치 못함을 느낄 때, 경국제세(經國濟世)의 사업으로는 한

발자욱도 들여놓을 수가 없음을 절감할 때, 그들은 전원 속에서 자신들의 삶을 갱신해 보기를 갈망하였다. 그리하여 그들은 질박하고 차별 없는 세상, 건강한 노동으로 떳떳이 살아가는 생활을 꿈꾸었고, 이것이 그들 작품의 전원 형상으로 구현된 것이었다.

이렇게 이들 두 계층 사이 전원 동경의 동기는 다소 편차가 있었지만, 그들이 지향하는 바는 거의 동일하였다. 태고 순풍을 지닌 순박한 사회 속의 인간다운 삶, 그러한 삶을 그들은 못내 희구하고 갈망했던 것이다.

〈농가월령가〉와 〈月餘農歌〉의 대비 고찰

1. 서언

〈농가월령가〉는 정학유(1786~1855)가 지은 가사이고, 〈월여농가(月餘農歌)〉는 김형수(金迥洙)가 1861년에 만든 장편 한시다. 이제까지 〈월여농가〉는 그 내용상의 공통점을 근거로 〈농가월령가〉의 한역으로 논의되어 왔다. 그러나 〈월여농가〉는 그 자서(自敍)에서 '작자를 알 수 없는 언전농가(諺傳農歌)'를 대본으로 했음을 명시하고 있어서, 곧바로 이 작품을 〈농가월령가〉의 한역으로 단정해 버리고 마는 것은 문제가 있다. 정체를 알 수 없는 이 언전농가가 두 작품의 공통 대본이었다고 상정할 수도 있기 때문이다. 기존의 가사나 민요, 역대 사적과 농사 정보를 자신의 농경 체험과 함께 엮어서 가사를 짓는 전통은 연면히 이어져 왔을 개

---

* 이 글은 『국어국문학』 137호(2004.9)에 실렸던 논문을 가다듬은 것이다.

연성이 커서 〈농가월령가〉 이외에도 월령체로 된 농경가사는 얼마든지 존재했을 가능성이 크다.[1] 따라서 두 작품은 번역 관계가 아닌 개별적 독립작품으로 두고, 이 둘을 상호 대비적으로 고찰해 볼 필요가 있다.

2. 형상적 특질

두 작품은 농사 정보와 관련해서는 같은 작품이라고 보아도 좋을 정도로 그 내용이 대동소이하다. 그러나 세부로 들어가 보면 여러 측면에서 주목할 만한 차이를 드러내고 있다. 첫째로 지적할 수 있는 것은 언어의 양태나 층위의 문제다. 둘째로 들 수 있는 것은 이들 작품의 서정성과 직결된 절서감각의 문제다. 셋째로 들 수 있는 것은 풍속이며 속신에 대한 태도다. 이들 각각에 대하여 간략히 살펴보기로 한다.

먼저 언어의 층위며 묘사의 양태와 관련하여 검토해 보기로 한다. 〈농가월령가〉의 경우는 여러 논자들이 거듭 지적하고 있는 바와 같이 사대부 가사임에도 불구하고 평이한 일상어가 바탕을 이루고 있다. 한자어가 섞여 있다 해도 일상어에 가까운 것들이어서, 특별히 전고적 배경에 대한 이해를 필요로 하거나 사대부적 교양을 동원해서야 이해될 수 있는 어휘는 거의 없는 셈이다. 이러한

1) 예컨대 高尙顔(1553~1623)의 〈農家月令〉 제작과 그 諺譯 사실이나, 李基遠(1809~1890)의 〈농가월령〉, 尹禹炳(1853~1920)의 〈농부가〉 제작 등을 통해 볼 때, 전통의 연면함을 인정하지 않을 수 없다.

어휘들은 서사(序詞)의 역법(曆法) 관련 대목에서 더러 보일 따름, 장편 가사 전체가 농촌의 일상생활 용어들만으로 훌륭하게 한 편을 이루고 있다. 19세기 중반임을 감안한다면 가사라는 장르도 이미 민중들 사이에서 친숙한 것이어서, 기층 언어에 입각한 이러한 시어의 평이성과 일상성은 〈농가월령가〉가 사대부 계층에 의해서 지어진 것임에도 불구하고 농촌 현실 및 농민들의 일상과 밀착된 것임을 드러내 준다. 이는 〈월령〉을 표방하고 있는 저술들의 총중(叢中), 예컨대 고상안의 〈농가월령(農家月令)〉, 박세당의 〈전가월령(田家月令)〉, 김형수의 〈월여농가〉, 이기원의 〈농가월령(農家月令)〉 가운데서 〈농가월령가〉의 탁월한 성취라 할 수 있는 셈이다. 특히 다음과 같은 대목들은 우리말 표현이 도달할 수 있는 언어미의 한 정점을 드러내 주는 것이라 아니 할 수 없다. 한두 대목을 들어 보기로 한다.

ᄉᆞ월이라 ᄆᆡᆼ하되니 닙하쇼만 절긔로다
비온ᄭᅳᆺ히 볏치ᄂᆞ니 일긔도 쳥화ᄒᆞ다
뎝갈닙 퍼질ᄯᅢ에 법궁시 자로울고
보리이삭 ᄑᆡ여나니 ᄭᅬ고리 쇼ᄅᆡᄒᆞᆫ다
농ᄉᆞ도 ᄒᆞᆫ창이오 잠농도 방쟝이라
남녀노쇼 골몰ᄒᆞ야 집의잇실 틈이업셔
젹막한 대ᄉᆞ닙을 녹음의 다닷도다 [4월]

날식면 호믜들고 긴긴히 쉴ᄯᅢ업시
ᄯᆞᆷ흘녀 흙이젓고 숨막혀 긔진ᄒᆞᆯ 듯
ᄯᅢ마촘 졈심밥이 반갑고 신긔ᄒᆞ다 [6월]

이에 비해 〈월여농가〉는 칠언고시(七言古詩) 12편으로 된 장편한시로서 그 언어적 층위는 두 가지 상반된 경향을 드러내 보이고 있다. 첫째는 토속어를 가급적 많이 살려 그 번역의 대본이었던 〈언전농가〉를 충실히 반영한 측면이 그 하나이고, 둘째는 농가(農家)의 실정이나 우리 농촌의 현실과는 거리가 있는 중국의 고사나 시구를 차용하여 문인취(文人趣)를 한껏 고양하고 있는 측면이 다른 하나이다.

속담과 토속어를 살려 조선시를 추구한 〈월여농가〉의 한역사적(漢譯史的) 의의는 김명순에 의해 면밀히 고찰되고 높이 평가된 바 있다. "由酒一盞淚厥眼(한 잔 술에 눈물난다)"을 위시하여 곳곳에 적절히 배치되어 있는 속담, "夜雨降(야우광이귀신)", "麥嶺(보릿고개)"을 위시하여 26개 정도에 이르는 토속어의 구사 등은 기속시(紀俗詩)로서의 〈월여농가〉의 독특한 개성이라 할 수 있다.[2)]

그러나 이러한 면모와는 상반되게 문인취가 배어든 대목이 여러 곳에 보인다. 정월 마지막 대목에는 소곡주 담기를 당부하는 대목이 나오는데, 〈월여농가〉에서는 '소곡주 담기'라는 월령(月令) 제시에만 그치지를 않고 여기에 덧붙여 "留待萬化方暢日,一醉花前擊襄歌"를 부연하고 '격양가'의 가사까지 작시해서 첨부하고 있다.[3)] 그리고 3월 한식(寒食)이나 9월 중양(重陽)에는 한시(漢詩)의 전통을 이끌어 상층 교양의 세계, 문인적 서정의 국면

---

2) 김명순, 「김형수의 〈월여농가〉 연구」, 『동방한문학』 15집, 1998. 190~192면.

3) "歌曰食飮且作息/ 帝力何有於我哉/ 康衢樂兮康衢樂/ 至老死不相往來"

을 확장하고 있다.4)

다음으로 절서감의 형상화 양상을 살피기로 한다.

〈농가월령가〉는 결사(結詞)의 마지막에서 "하소정(夏小正), 빈풍시(豳風詩)"의 뜻을 본받아 이 노래를 지었음을 밝히고 있다. 〈하소정〉은 『대대례(大戴禮)』의 한 편이었다고 전하는 책으로서 고대 중국의 계절 징후들을 속신(俗信)까지 망라하여 기록하고 간간이 농사의 큰 줄기를 언급하고 있는데 비해, 〈빈풍시〉는 주로 『시경(詩經)』의 빈풍 〈칠월(七月)〉 편을 지칭하는 것으로 주나라의 발상지였던 빈(豳) 땅에서의 농사와 수렵의 일들을 절서(節序)의 배경 속에서 묘사하고 있다. 〈하소정〉은 메모식 언급이어서 절후(節侯)와 농사일에 대한 언급이 별개의 항목들로 나열된 형태이고, 빈풍 〈칠월〉은 이 양자 사이가 유기적인 관계로 짜여져 있다. 이들 두 모형 가운데서 〈농가월령가〉가 취하고 있는 방식은 빈풍 〈칠월〉에 훨씬 가깝다. 이에 비하여 〈월여농가〉의 경우는 〈하소정〉에 상대적으로 더 가깝다.

〈농가월령가〉는 우선 그 절서의 정보를, 〈하소정〉이나 이를 가감한 것으로 보이는 고상안의 〈농가월령〉, 박세당의 〈전가월령〉에서 구하지 않고 지은이 자신의 체험적 실감을 토대로 구성하고 있다. 이에 비해 〈월여농가〉는 거의 전적으로 〈하소정〉을 위시한 기타의 문헌정보를 그대로 베껴 오고 있다. 이에 따라 〈농가월령가〉의 절서 대목들은 한반도의 기후 풍토와 적실하여 체험적 실

---

4) "上墓難禁雨露感/ 白楊新葉尙未晞/ 艸際祭罷田間飮/ 夕陽山路乘醉歸" (3월 한식)
"重陽何人登高去/ 醉挿茱更閒賞楓" (9월 중양)

감으로 읽히는데 비해, 〈월여농가〉의 경우는 괴리된 인상을 주는 대목들이 많다.

또한 절서와 농사일의 관계라는 측면에서도 〈농가월령가〉는 상호간의 유기성이 뚜렷한 데 비해, 〈월여농가〉는 이 절서 대목들이 메모식을 벗어나지 못하여 기계적으로 배치된 인상을 준다. 〈월여농가〉는 〈농가월령가〉와 달리 매달마다 2개의 절기 이외에 육후(六候)를 꼬박 언급하고 있는데 절서는 육후에 완전히 종속되고 긴박되어 있는 느낌을 줄 뿐, 본론인 농사일에 제대로 접맥되고 있다는 느낌이 적다.5)

팔월이라 즁츄되니 ᄇᆡᆨ노츄분 졀긔로다
북두셩 ᄌᆞ로도라 셔편을 가르치니
션션한 죠셕긔운 츄의가 완년ᄒᆞ다
귀ᄯᅩ람이 말근쇼릐 벽간의 들거고나
아ᄎᆞᆷ의 안ᄀᆡ씨고 밤이면 이실ᄂᆞ려
ᄇᆡᆨ곡을 셩실ᄒᆞ고 만물을 ᄌᆡ촉ᄒᆞ니
들구경 돌나보니 힘드린일 공싱ᄒᆞ다

時維仲秋爲壯月/ 白露秋分是二節/
六候鴻來燕且去/ 群鳥養羞雷聲撤/
蟲方坯戶水始涸/ 西成天地豈勝謝/
穀已挑旗今垂穎/ 有塔不塌積功價

5) 候란 5일 동안이며 한 달은 6후, 한 해는 72후다. 淸의 吳錫麒가 지은 七十二候詩가 있다 한다. 魏書 律曆志에서 각 후의 절서 특징을 기술한 이후 거의 공식화되어 쓰였던 듯하다. 〈月餘農歌〉는 이를 충실히 반영하고 있음에 비해, 〈농가월령가〉는 6후에 얽매이지 않고 우리 기후의 실태에 입각하여 기술하고 있다.

〈농가월령가〉는 우리 중추절 무렵의 절서감(節序感)을 그대로 반영하여 자연스러움에 비해, 〈월여농가〉는 육후의 기계적 나열에 그쳐 우리의 8월에 딱 부합하다는 느낌을 주지 못한다. '기러기 오고, 제비 가고, 새들 먹이 저장하고, 우뢰 그치고, 벌레 굴을 막고, 물이 마르기 시작한다'는 것은 대체로 보아 구월의 절서감, 즉 만추(晩秋)의 서정에 가깝고,[6] 설혹 부합한다 하더라도 농사와의 유기적 관련이 희박하다. 이 점은 특히 11월 같은 농사 뒤처리 기간의 절서를 묘사하는데서 극대화되는데, 〈농가월령가〉가 "ㅂ람 불고 서리치며 눈오고 어름언다"라고 간명히 묘사하고 넘어가는 데 비해, 〈월여농가〉는 육후를 다 나열하는 바람에 오히려 후속하는 월령의 전개에 장애를 주고 있다. 환자(還子), 왕세(王稅), 도지(賭地), 계돈 등등 해를 결산(決算)하는 여러 일들을 하는 데 있어서는 〈농가월령가〉의 절서 묘사로 과부족(過不足)이 없다. "六候虎交麋角解/ 鶡鴠不鳴蚯蚓結/ 荔乃挺出水泉動"처럼 호랑이, 사슴, 산박쥐, 지렁이, 여지, 샘물 관련 정보들을 다 나열할 필요는 전혀 없는 문맥이기 때문이다.

특히 "雁化爲鳩"(2월), "田鼠化鴽"(3월), "腐草化螢"(6월), "雀化蛤"(9월), "野鷄化蜃"(10월) 같은 〈月餘農歌〉의 구절들은 검증되지 않은 전설적 정보라서 신빙성이 없다. 그러나 박세당의 〈전가월령〉에도 "腐草爲螢"(6월), "賓雀入大水爲蛤"(9월), "雉入大水爲蜃"(10월) 등의 구절이 있는 것으로 보아 당대에는 반신반의하면서도 통용되던 정보였던 것으로 보인다. 이런 측면에서

---

6) 실제 〈농가월령가〉에서는 9월령에서 "제비는 도라가고 떼기러기 언제왓노 벽공의 우는소리 찬이슬 재촉는다"라고 읊고 있다.

는 〈농가월령가〉의 태도(態度)와 시각(視角)이 매우 진보적이라고 하지 않을 수 없다. 의심스럽거나 불필요한 정보를 모두 배제하고 농사일에 유용한 정보만을 토대로 천의무봉(天衣無縫)에 가까운 조화를 이루어 내고 있기 때문이다. 이는 〈농가월령가〉가 전원에서의 실제 농경 체험에 토대하여 이루어진 것이라는 뚜렷한 반증이 아닐 수 없다.

이어서 풍속이며 속신에 대한 태도를 검토해 보기로 한다. 이 점에서도 두 작품은 뚜렷한 대조를 보이는데, 〈농가월령가〉가 가급적 풍속 관련 기술을 절제하고 특히 속신에 관해서는 축소하거나 배제하려는 태도를 보이고 있음에 비해, 〈월여농가〉는 가능한 그것들을 살리고 확대 집성하려는 태도를 드러내고 있다. 〈월여농가〉의 이러한 특징에 관해서는 김명순도 기속적(紀俗的) 관심의 극대화란 측면에서 정밀히 살핀 바가 있거니와,[7] 〈농가월령가〉의 태도 또한 주목의 대상이 아닐 수 없다. 여기서는 풍속관련 기술이 〈월여농가〉에 비해 현저히 절제되어 있고, 농사에 불긴하거나 농사에 방해가 될 만한 민속명절이나 속신 등은 아예 경계의 대상으로 언급되어 있다. "팔일의 현등홈은 산촌의 불긴ᄒᆞ나 늣희쩍 콩찌니는 졔썩의 별미로다"라 하거나, "향촌의 아녀들아 추천은 말녀니와 청홍샹 창포비녀 가졀을 허송마라 노는틈의 하올일이 약쑥이나 븨여두쇼"라고 말하고 있다.[8] 불사(佛事) 따위에 시간

7) 풍속 관련 대비 검토는 김명순의 논문에 미룬다.

8) 〈月餘農歌〉에는 "八日懸燈傳浴佛/ 何處火樹政煌煌/ 刺楡葉餠黑豆蒸/ 好酬佳節及窮鄕"이라 하여 둘 다를 긍정하고 있고, "好是端陽天中節/矻矻之餘暇一遊/ 園頭摘瓜露沾衣/ 壓枝櫻桃政熱紅/ 罩外筍鷄毛羽成/ 倣母習鳴咽日中/ 何處女伴深碧裡/ 鞦韆作戲風送譁/ 兒半

을 허비하지 말고 제 때의 별미를 놓치지 말고 챙겨 먹으라는 것이며, 그네 뛸 시간 있으면 약쑥이나 베어 두라는 식이다.9)

이 밖에도 〈월여농가〉에는 본초 및 음식에 관련한 상세한 기술, 한문 고사와 민속 고사의 혼용 양상, 장면 극화 등, 〈월여농가〉만의 독특한 태도가 몇 가지 더 있지만 여기서는 지면 관계로 생략하기로 한다.

3. 형성 배경 및 제작 동기

이상의 형상적 특질을 집약하여 정리해 본다면, 〈농가월령가〉에 그려진 농촌은 19세기 한반도의 기후 조건과 농경현실에 충실히 토대를 둔 구체적인 현실공간이라 할 수 있고, 〈월여농가〉가 그리고 있는 것은 몽상적(夢想的) 요소가 가미된 추상공간이라 할 수 있다. 전자가 실경(實景)을 모사(模寫)한 농경도(農耕圖)에 가깝다면 후자는 팬터지가 가미된 풍경화(風景畵)의 기미를 띠고 있다. 그렇다면 이러한 특질은 어디에서 말미암은 것이며 그 의미는 무엇인가?

우선 그 동인(動因)을 작가에 초점을 두고 탐색해 보기로 한다.

臂衫誇白苧/ 簪頭菖蒲點朱砂/ 鴨不放棲只飼餉/ 須芟艾葉莌蔚草”라 하여 단오절 풍속을 盛事로서 묘사하고 있다.

9) 소녀들의 화초 가꾸기에 대해서도 “가지모 고초모는 아기쌀이 ᄒᆞ려니와 믿도람 봉선화는 네ᄉᆞ천 너무마라”라고 경계를 두고 있다. 이에 비해 〈月餘農歌〉는 “茄子鷄冠鳳仙花/ 燈籠草皆兒女當”이라 하여 오히려 화초 가꾸기를 권장하고 있다.

〈농가월령가〉의 작자 정학유는 다산 정약용의 둘째 아들로서 일찍이 농사에 관심이 많았고, 농사를 통하여 살기로 방향을 정했던 것 같다. 정학유에 관해서는 다산의 〈여유당전서〉 이외에는 자료가 없는 실정이어서, 〈여유당전서〉의 관련기록들을 단서로 삼아 정학유의 지향과 시각을 유추해 보기로 한다.

정학유(1786~1855)가 농사에 종사할 수밖에 없게 된 사정은 다산의 〈칠회(七懷)〉 제6수 속에 잘 드러나 있다.[10] 아버지 다산이 유배를 간 것은 그의 나이 15세 때였고, 17년 후 해배(解配)되어 돌아왔을 때는 그의 나이 32세였다. 한창 학업에 열중해야 될 나이에 폐족(廢族)의 처지로 전락한 아들들에게, 좌절하여 공부의 맥을 놓지 말 것을 다산은 누누이 당부하였는데, 이 시도 같은 맥락에 놓여 있는 작품이다. "보리 추수와 채소 가꾸기"에 매달려 있는 아들들을 떠올리며 그들이 농가자류(農家者類)로 전락해 버리고 말 것만 같아서, "복희와 문왕의 심법", 곧 심혈을 기울인 자신의 주역학을 계승해 주기를 당부하고 있는 것이다.

---

10) "二子金閨器 摧殘守敝廬 百年雙淚眼 三月一封書 勤力謀收麥 凄凉學種蔬 羲文舊心法 微爾孰宗余"[『여유당전서』권4 詩, 아름출판사 제1책, 314~315면. 『국역 다산시문집』, 솔출판사 제2책 300면.]
맨 끝에 〈憶二兒〉라 부제를 붙였다. 석 달만에 편지를 받고 감회를 부친 것으로 보인다. 연좌에 묶여 낡은 집을 지키며 보리 추수를 도모하고 채소를 가꾸며 살아가고 있는 아들들에게 보내는 한없는 연민의 시다. 『국역 다산시문집』에는 제5~6구를 "부지런히 보리농사 수확하고 처량하지만 채소 심는 법 배우라"로 번역하여 다산의 당부로 해석했으나, 시의 문맥으로 보나 숱한 〈戒子書〉들의 흐름으로 보나, 다산의 당부라기보다는 편지의 내용을 통해서 감지한 두 아들의 생활 실태로 보는 것이 자연스럽다. 〈憶二兒〉라는 제목 그대로 홀로 조용히 두 아이를 떠올린 내용이기 때문이다. '비록 그런 처지에 놓여 있을지라도 내 학문을 이어갈 수 있도록 공부의 맥은 놓지 말거라' 하는 것이 시의 귀결이다.

이밖에도 다산은 두 아들에게 심혈을 기울여 편지를 쓰고 자신이 지은 시문과 저서를 보내어 학문에 정진하기를 독려하였다. 그러나 이 편지들의 추이를 분석 종합해 보면, 다산의 이러한 주문과 두 아들의 지향이나 현실인식은 다분히 어긋나 있었던 것으로 보인다.

독서를 폐하지 말고 학문에 정진할 것을 권하는 이 편지들 가운데는 아들들에게 역정을 내는 다산의 모습이 종종 드러나는데, 그 가운데도 주목되는 것은 큰 아들 학연이 의원 노릇을 하고 다닌다는 소문에 접하여 보인 반응과[11] 둘째 아들 학유의 양계 종사 소식을 듣고 보인 반응이다.[12] 사건의 전말을 자세히 알 수는 없지만, 두 경우 모두 세대간의 시각차를 드러내 주는 사례들이다. 두 경우 모두 다산이 일관되게 강조하는 것은 사족의 체통을 잃

---

11) 〈示學淵家誡〉, [『여유당전서』권18 家誡, 아름출판사 제3책, 129~133면. 『국역 다산시문집』, 솔출판사 제8책 30~34면.]
이 글은 큰아들 학연이 의원노릇을 하고 있다는 傳聞을 접하고 격한 감정으로 쓴 글로 보인다. 어조가 매우 강개하고 단호하여 '천하의 불초자 趙括보다도 못하다'고 윽박지르는가 하면, '살아서는 왕래를 하지 않을 뿐만 아니라 죽어서 눈도 감지 않겠다'고 으름장을 놓는다. 후속하여 생계를 꾀하는 방법으로 양잠만한 것이 없음을 적극 권장하는 걸로 미루어, 녹봉이 없이 버텨야 하는 살림살이 방도가 화두라 할 수 있다. 과수 농사도 장사꾼 혐의가 있을 수 있어 양잠이 그중 낫다고 추천하면서 그 구체적인 방략까지를 설계해 보이고 있다.

12) 〈寄游兒〉. [『여유당전서』권21 書, 아름출판사 제3책, 394~399면. 『국역 다산시문집』, 솔출판사 제9책 39~43면.]
여기서도 역시 글공부에 진전이 없음을 크게 책망하며 양계에 관하여 논하고 있다. "이미 양계를 하고 있다니 아무쪼록 百家의 서적에서 양계에 관한 이론을 뽑아 鷄經을 만들어서 陸羽의 茶經과 柳惠風의 煙經과 같이 한다면, 이 또한 하나의 좋은 일이 될 것이다."라고 당부하여 생업으로서의 양계를 경계하고 있다. 鷄經을짓기 위한 저술의 기초, 징험의 방편에 머무는 양계만을 인정하고 있는 셈이다.

을 정도로 의업이나 양계에 매달려서는 안 된다는 경계여서, 아들들은 이미 생업의 문제를 의식하며 새로운 출구를 모색하고 있었던 것으로 보인다.

이러한 새로운 시각의 단초가 드러나는 또 다른 사례로는 두 아들이 보인 〈탐진악부(耽津樂府)〉에 대한 반응이다. 다산이 보낸 그 많은 저술들 가운데서 유독 두 아들이 흥미를 보이며 호평을 한 것이 바로 이 〈탐진악부〉였다. 여타 저술의 경우와는 달리, 이 〈탐진악부〉만은 다산도 어리둥절할 정도로 큰 반향을 일으켰던 것이다. "〈탐진악부〉를 너희는 어찌하여 이토록 칭찬하느냐. 부자간에는 서로 칭찬하는 법이 아니다."하면서 칭찬을 오히려 만류까지 할 정도였다.[13]

〈탐진악부〉는 강진의 민속이며 생활상을 읊고 있는 작품군인 〈탐진농가(耽津農歌)〉, 〈탐진어가(耽津漁歌)〉, 〈탐진촌요(耽津村謠)〉를 합쳐서 일컫는 이름으로 특히 주목되는 것은 〈탐진농가〉 10수의 존재다. 이 작품은 봄갈이(제1수), 모내기(제2수, 제5수), 김매기(제4수), 추수탈곡(제9수), 면화 갈기(제10수)등 대개 절서를 따라 이루어지는 강진 지역의 농사 풍속을 다루고 있다. 나머지 4수도 강진지역에서 목격하는 농사 관련 정보나 풍속들이다. 고향 양주 지역과의 대비가 선명하다. 농경세시(農耕歲時) 속에서 이루어지는 노동과 풍속과 일상생활을 포착하고 형상화했다는 점에서 이 작품은 〈농가월령가〉와 상통하는 바가 있다. 어쨌든 정학연과 정학유가 다른 저술들보다 유독 이 〈탐진악부〉에 흥미

---

13) 〈寄二兒〉. [『여유당전서』권21 書, 아름출판사 제3책, 363～366면. 『국역 다산시문집』, 솔출판사 제9책 9～11면.]

를 느끼고 칭찬을 보냈다는 것은 그들 사이 관심과 흥취, 심미적 취향의 공감대가 어떤 방향으로 형성되어 나가고 있는가를 엿보게 해 주는 중요한 단서라 아니 할 수 없다.

이들 부자간의 화제 내용을 보거나 실제 방증적인 관련 기록들을 참조할 때, 다산가의 여건은 넉넉한 지주계층은 아니었고 근검하게 살아야 생계를 꾸려나갈 수 있는 정도의 자영농층이었던 것으로 보인다. 생산노동에 직접 발벗고 나서지 않아도 된다는 것이 다산의 생각이었지만 아들들의 현실인식은 달랐던 것으로 보인다. 그것이 의원 노릇이나 양계 종사로 나타나게 된 것이고, 〈탐진악부〉에 대한 비상한 관심으로 표출된 것이라 할 수 있다.

〈농가월령가〉는 대체로 이러한 정학유의 관심과 시각을 반영한 것으로 볼 수 있다. 감농자(監農者) 내지 친경자(親耕者)로서의 농경 실체험(實體驗)에 의거하여 구성해 낸 "농가의 사계"였던 셈이다.

이에 비해 〈월여농가〉는 주로 서울 도성에서 떠돌이 의원 생활을 하던 중인 김형수의 꿈과 시각을 반영한 것이라 할 수 있다.14)

14) 〈月餘農歌〉는 여러 사본이 존재할 뿐만 아니라, 일석문고나 일사문고, 가람문고 등에도 사본이 존재하는 것으로 미루어 그 존재가 학계에 알려진 것은 꽤 오래된 것으로 보인다. 그러나 작자인 嘯堂 金逈洙에 대해서는 전혀 알려지지 않았다가 1991년 『嘯堂遺稿』가 『여항문학총서』에 영인 수록되고 강명관의 해제를 통하여 김형수의 연고가 밝혀지게 되었다. 이후에 길진숙(「중인 김형수의 〈농가월령가〉 한역과 그 의미」, 『동양고전연구』, 6집, 1996.), 김명순(「김형수의 〈월여농가〉 연구」, 『동방한문학』 15집, 1998) 등을 통하여 생애며 의식, 한역 동기며 한역 양상 등에 관한 연구가 이루어지게 되었다. 필자도 본 발표를 준비하는 과정에 작가론적 접근을 시도한 바 있다.(김석회, 「소당 김형수의 전원동경과 〈월여농가〉」, 한국문학치료학회 2004년 춘계 정기학술대회 발표문, 2004.5.1.) 이 논문은 『고전문학과 교육』제8집(한국고전문학교육학

김형수는 경주김씨의 일파로 운과(雲科) 계통의 중인이었다. 아버지는 관상감(觀象監)의 수당(首堂)까지 역임한 김취우(金取禹, 1757~1815)로서 비교적 살림에 여유가 있었던 것으로 보인다. 그러나 다섯 아들 가운데 막내였던 그는 10세 전후에 아버지를 여의고 일생을 빈궁 속에서 살았던 것으로 추정된다.[15)]

그는 도시 빈민에 가까운 떠돌이 의원 생활을 하면서 전원 동경을 키워 나간다. 〈상빈자술(傷貧自述)〉[16)], 〈우성(偶成)〉[17)], 〈술회(述懷)〉[18)] 같은 작품에 삶의 고달픔과 중인으로서의 자의식

회, 2004.8.31.)에 「소당 김형수의 생애와 문학」이란 제목으로 수정 보완되어 투고되었다. 좀더 자세한 내용은 이 논문을 참조하기 바란다.

15) 張之琬이 찬한 〈嘉善金公墓誌銘〉에 의하면 그의 부친 金取禹는 雲科의 정통코스를 밟은 기술직 중인으로서 평생 안정된 삶을 꾸린 것으로 보인다. 첫째 부인 금성이씨는 친정이 부유하여 分財해 주려 하였지만 그가 완강히 거절했다 하며, 만년에는 녹봉이 넉넉하여 사람들이 집을 넓히기를 강권했다고도 하고, 생애 大尾에는 "少有脚疾 思得一區丘壑 有終老之志 乃與同志七八人 卜築楊州日潭之山 臨溪種樹 往來棲息"이라는 기록도 보인다. 그러나 이러한 경제적 여력이 막내였던 김형수에게까지 물려지지는 못했던 것으로 보인다. 金取禹의 자녀는 첫째부인 금성이씨 소생 膺洙와 둘째부인 장단김씨 소생 根洙가 있었고, 셋째부인 김해김씨 소생으로 進洙, 建洙, 逈洙와 딸이 하나 있었다. 셋째부인에서도 막내였던 소당 김형수는 10세 전후에 부친을 여읜 것으로 보이기 때문에[순조 을해년 59세로 졸함: 1815년], 아버지의 도움을 크게 입지 못하고 세파를 헤쳐 나가야 했던 것으로 보인다. 그는 생몰연대조차 不明한데 동복 맏형인 김진수(1797~1865)의 생몰연대에 비추어 대개 1810년 전후에 태어난 것으로 추정된다. [張之琬, 『枕雨堂集』, 규장각소장본, (임형택 편, 『여항문학총서』제5권, 여강출판사, 1986)]

16) 임형택 편, 『여항문학총서』제7권(여강출판사, 1991), 488면. 이하 『嘯堂遺稿』의 인용은 『여항문학총서』제7권의 해당 면수만을 적기로 한다. "非病傷哉卽此貧/ 簞瓢空害及親隣/ 弟兄未暇供甘旨/ 妻子何論閱苦辛/ 醫恐費人深究久/ 詩疑窮我熟思頻/ 棲山浮海猶爲累/ 祗是平生患有身"

17) 497면. "米價長安貴/ 非關性命全/ 醉鄕無戶稅/ 何必賦歸田"

18) 496면. "四民之外我何曹/ 遊乎平生未服勞/ 唯有會心書卷裡/ 食觀本

이 잘 드러나 있으며, 〈이시랑풍양영지장우제(李侍郎豊壤靈芝莊偶題)〉[19], 〈오십감음(五十感吟)〉[20], 같은 작품에 전원 동경이 짙게 투영되어 있다. 그는 광주(廣州)의 감천동(甘泉洞)에 있는 선산에 성묘를 갈 때마다, 남한산성 아래 전원 마을의 평화를 몹시 부러워했고, 무전민(無田民)으로서의 서글픔을 느꼈다. 〈이시랑풍양영지장우제〉에서는 이시랑의 영지장 곁에 살고 싶은 갈망과 그 좌절의식을 아프게 토로하기도 한다. 〈오십감음〉에서도 역시 전원에서의 삶이 젊어서부터의 숙원이었음을 토로하고 꿈을 이루지 못한 채 늙고 노쇠해 가는 자기 신세를 깊이 개탄하고 있다.

이런 숙원을 품고 있었기에 그는 수시로 농촌의 정경을 채집하듯이 시에 담았다. 그러나 그가 그리고 있는 농촌은 실경(實景)이라기보다는 환상이 가미된 원망공간(願望空間)에 가깝다. 예컨대 〈전가(田家)〉에서는 벽향(僻鄕)의 농촌을 신화적 태평성대인 요순시대의 구현으로 형상화하고 있으며, 〈의귀농(擬歸農)〉에서는 제력(帝力)을 잊고 경전착정(耕田鑿井)하여 사는 요순시대적 삶을 흥취(興趣) 있게 그리고 있다. 이들 작품에 구현된 세계는 "若雨暘", "吉康" 등의 시어에 드러나듯이 예정조화(豫定調和)가 실현되는 복지(福地) 낙원(樂園)의 이미지를 띠고 있다. 이는 시정 속에서 고달파 하는 중인 김형수의 간절한 전원 동경이 낳은

草醉離騷"

19) 496면. "靈芝邁軸問何年/ 破得天慳不偶然/ 自古山中稱宰相/ 如今地上見神仙/ 遶園簇擁千章樹/ 滿埜平鋪百畝田/ 慚愧吾衰唯借看/ 從鄰欲買奈無錢"

20) 494면. "龍鍾方五十/ 都覺去年非/ 白髮徒添鏡/ 紅塵漫涴衣/ 鷗盟何水宿/ 鷦夢莫依枝/ 從此餘生幾/ 初心悔已違"

천진무구의 조화로운 세계상이다.[21] 실제 그는 아주 만년(晩年)에 이르러, 그가 꿈에도 그리던 남한산성 밑의 감천동(甘泉洞)과 닮은 성북동(城北洞) 자락에 복거(卜居)한 적도 있었던 것으로 보인다.[22] 마치 노계 박인로가 70이 넘은 나이에 〈노주유거(蘆洲幽居)〉를 결행(決行)했듯이, 김형수는 성북동을 찾아 든 것이다. 그러나 음풍영월(吟風詠月)과 학주자(學朱子)를 표방했던 박인로와는 달리 그는 '제비 그림자 뿌리며 나는 전원'에서의 격양가적(擊壤歌的) 삶을 기획했던 것으로 보인다.

〈월여농가〉는 이러한 김형수의 삶과 의식 속에서 산출되어 나온 것이다. 서발(序跋)을 붙이고 부록(附錄)을 곁들여 이 장편한 시를 같은 제목의 책으로 엮은 것이 1861년인 점으로 미루어 그의 나이 50세 경의 산물이 아닌가 여겨진다. 이 때는 앞서 간략히 언급했던 〈오십감음〉에서 보듯이 노경에 접어드는 김형수의 전원동경이 한층 깊어져 가던 때였다. 이 때 그는 우연히 임천에 사는 벗의 책상에서 이 언전농가를 발견하게 되었던 것이다. 그는 일견에 반하여 소매에 넣고 와서 때때로 외우고 읊조리며 매우 행복

---

21) 이들 작품에 대한 분석은 14번 주석에 소개한 필자의 선행 논문 「소당 김형수의 생애와 문학」을 참조하기 바란다. 원문은 다음과 같다.
"樂事誰知有僻鄕/ 人如沮溺俗陶唐/ 山間耕鑿忘熙皥/ 世外生成若雨暘/ 眠草庄丁攤了飯/ 揷花田婦饋來漿/ 佇看早晩秋登日/ 擊鼓吹豳稱壽觴" (〈田家〉)
"鹿車何日戒/ 遯世可徜徉/ 不爲仙緣結/ 唯期帝力忘/ 耕看牛角史/ 織賽馬頭娘/ 無復思浮海/ 餘年享吉康" (〈擬歸農〉)

22) 〈城北洞次壁上韻〉(498). 시로서는 맨 마지막에 놓인 작품이다.
"考槃占得北城天/ 洞裏閒雲郭外煙/ 斜日郊原流影燕/ 高風槐柳咽聲蟬/ 紅塵無累溪三派/ 白首安貧屋數椽/ 自笑舊遊皆借看/ 小靑軒畔又斯緣"

해 했었노라고 고백하고 있다. 그리고 그 나름의 이유를 "부지런히 마음을 쓰는 뜻과 순박하고 아름다운 풍속이 산야 촌락의 사이에서 그대로 움켜내어 온 것 같아서"[23]라고 밝히고 있다. 그리하여 "스스로 격절하고 탄상하는 일을 금하지 못한"[24] 나머지, 마침내 번역에까지 착수하게 되었다는 것이다.

이렇게 그는 언전농가를 그가 꿈에도 그리던 전원형상의 구현물로 보고 애호한 나머지 번역에까지 이르게 된 것이라 할 수 있다. 지금껏 그가 정성껏 채집하여 시 속에 담아 왔던 건강하고 순박하고 황홀하기까지 한 전원의 모습이 총체상을 띠고 생동하는 세계가 바로 농가의 열두 달을 입체적으로 읊은 이 언전농가였던 셈이다. 그는 실제 번역을 마무리하고 나서 그것을 읊조리는 황홀감을 〈자서(自敍)〉의 맨 끝에 다음과 같이 묘사해 두고 있다.

> (전략) 이 시가 비록 전정(田政)에 도움 되는 바가 없고 세교(世教)에 보탬이 되지 않는다 하더라도, 근본을 힘쓰고 바탕을 도탑게 하는 뜻에 의거함에 이르러 실용에 가까우니, 풍월의 경치를 읊고 수석의 승경을 노래하여 끝내 빈말로 귀결되는 것과는 또한 차이가 있다. 깊이 심취하여 이르기를 장춘국(長春國), 흑첨향(黑甛鄕)에 들었구나 하였노라. 이제 고요히 앉아 나의 형체를 잊어버리는 때에 이 한 편을 죽 훑어 읽고 나면 황홀히 장둔(莊屯) 가운데 든 사람이 됨에 의심이 없다. 그런즉 들 빛과 산 그림자가 눈에 어리고, 모내기 노래와 풀피리 소리가 귀에 들리니 요임금의 하늘을 머리에 이고 한서가 손안에 든 격이다. (띠 집 나무 울타리는 빛을

23) "憂勤之意, 淳厖之風, 可掬於山野村落之間" (〈月餘農歌〉의 自敍 中)
24) "自不禁擊節嘆賞者屢矣," (〈月餘農歌〉의 自敍 中)

> 숨기고, 우란과 돼지우리는 편히 늘어서 있고, 횃대 아래 닭들이 먹이를 쪼고, 대나무 제방은 시냇물을 가로 막고, 삽살개는 꽃밭에서 짖고, 물레방아엔 물이 돌고, 갈건에 탁주를 거른다.)[25] 홍진 세상 멀고, 백운이 산봉우리에서 나매 총욕(寵辱)을 모두 잊으니, 안한(安閒)함이 이에 내 뜻에 맞다. 비록 이익을 좇아 집과 전답을 흥정하는 일이 없을지라도 또한 좋도다 하고 이를 따름이다.[26]

길진숙이 잘 지적한 바와 같이 김형수는 "그가 실제로 밭을 구하지 않고 전원의 집에 살지 않더라도 이런 노래 속의 전원을 통해 그러한 경지에 도달하여 즐거움을 느끼며 태평성대에서 노니는" 환상을 상상 속에 구현하고 있다.[27] 이는 마치 퇴계 이황이 몸은 도성 안에 갇혀 있으면서도 어린 시절에 들었던 〈어부가(漁父歌)〉를 환기(喚起)함으로 해서 강호에 노니는 환상적 감흥을 맛보는 행위와도 방불한 바가 있다.[28]

이상을 통해 살핀 바와 같이 〈월여농가〉는 김형수의 "전원 이상"의 구현물이라 할 수 있다. 그는 평생 동경하고 갈망해 오던

---

25) 괄호 안은 다른 이본에는 없고 『소당유고』에 수록되어 있는 〈자서〉에만 있는 묘사임.

26) "(中略) 斯詩也 雖未裨田政 無補世教, 然至寓於務本敦素之意, 近乎實用, 其與噞喁風月之景, 啁啾水石之勝, 而終歸空言, 亦有間矣. 夫醉之睡之云 入長春國黑甛鄕. 今於靜坐忘形之時, 快讀一遍, 悅作莊屯中人也 無疑. 然則野色山影在眼, 秧歌艸笛生耳, 堯天戴于頭上, 漢書人於手裡(*茆屋槲籬隱映, 牛欄豚欄安排, 下塒鷄啄, 竹塢隔溪, 尨嘷花村, 轓碓春水, 葛巾漉醪/『嘯堂遺稿』) 紅塵隔世, 白雪出峀, 寵辱都忘, 安閒是適, 雖無求田問舍之事, 亦可乎哉云爾." (〈月餘農歌〉 一石本 自敍)

27) 길진숙, 「중인 김형수의 〈농가월령가〉 한역과 그 의미」, 『동양고전연구』, 6집, 1996. 150~151면.

28) 이황, 〈書漁父歌後〉, 『退溪集』권 43.

전원의 농경적 일상과 그 질서를 언전농가 속에서 발견하고 상탄하던 중 마침내 〈월여농가〉의 제작으로까지 나아간 것인데, 그것은 언전농가의 기계적 번역에만 그친 것이 아니었다. 〈자서〉에서 밝힌 바 네 가지 지침대로,[29] 그는 이러한 작업들을 통하여 언전농가를 자신의 홍취와 소망이 담긴 작품으로 만들었다. 그 결과 〈월여농가〉는 김형수 자신의 시각(視角)에 의하여 재구성된 순박한 농촌공동체의 표상으로 남게 된 것이다.

4. 결어

조선시대의 문학은 대개 강호가도(江湖歌道)의 맥락에서 설명되고 있다. 한시와 국문시가를 막론하고 오랜 기간 강호자연을 그 자체로 노래하거나 그것을 매개로 성리학적인 세계인식을 드러내는 경향이 큰 흐름을 이루어 왔기 때문이다. 조동일의 용어를 빌어 설명한다면 이러한 내용을 담은 한시는 화시(華詩)라 할 수 있고, 그 연장에 다름이 없는 〈도산십이곡〉 같은 국문시가류는 화가(華歌)라 할 수 있다. 이는 중세보편의 전범에 충실한 서정(抒情)으로, 기층의 민중들이 향유했던 민요(民謠), 이가(夷歌)와는 판연히 다른 세계다. 그리고 특이한 것이 소위 중세로부터 근대로의 이행기에 나타나는 민족적 특수성이 담긴 한시, 이시(夷詩)의 세계다.[30]

---

29) "略刪冗瑣" "大補闕漏" "闢譌返正" "刮垢潤色"

30) 조동일, 「東亞文化史上 '華 - 夷' 與 '詩 - 歌'之 相關」, 『문명권의 동

여기에 비추어 본다면 〈농가월령가〉는 화가(華歌)에서는 다소 멀어진 이가(夷歌)에 가깝고, 〈월여농가〉는 이가(夷歌)를 이시(夷詩)로 변환한 것이라 할 수 있다. 전자는 사대부계층이 기층 민중의 언어를 자기화하여 가사의 형식에 담아낸 것이고, 후자는 언전 농가를 한역한 것이어서 민속의 세계를 한시의 형식으로 포장한 것이라 할 수 있다.

언어의 층위나 장르 선택으로 볼 때, 〈농가월령가〉는 기층(基層) 지향이 뚜렷한 반면 〈월여농가〉는 다소 이중적이다. 토속어나 속담의 구사를 통하여 기속성을 지향하고 있는 점에서는 기층 지향적이지만, 한시 양식 속에 문인취(文人趣)를 강하게 반영하고 있다는 점에서는 집요한 상층 지향을 읽을 수가 있다. 〈농가월령가〉에는 근기 사족 정학유의 영농 참여와 농촌 안정 노력이 반영되어 있는 반면, 〈월여농가〉에는 중인 김형수의 전원 동경과 전원생활에 대한 환상이 배어들어 있다. 이런 점에서 〈농가월령가〉는 향촌사족층이 민중층에 동화되거나 융합되어 가는 단계를 반영한 것이라 할 수 있고, 〈월여농가〉는 도성(都城) 중인 계층이 품고 있던 신분 초월의 갈망을 이중적으로 반영한 것이라 할 수 있다.

질성과 이질성』, 지식산업사, 1999.
이 논문은 동아시아 시가문학의 추이며 위상을 華詩 - 華歌 - 夷詩 - 夷歌의 맞물림 구도로 설명하고 있다. 화시란 중세보편의 내용을 담은 한시이고, 이가란 민족특수의 내용을 담은 자국어시가다. 화가와 이시는 이 양자 사이 雜種의 형태인데, 전자는 자국어시가로되 중세보편의 내용을 담은 부류이고, 후자는 한시지만 민족특수를 반영한 부류다.

소당 김형수의 생애와 문학

1. 서언

소당(嘯堂) 김형수(金逈洙)는 19세기 초중반에 살았던 여항시인의 한 사람으로 장편 한시 〈월여농가(月餘農歌)〉의 작자로 알려져 있다. 〈월여농가〉의 사본이 여럿 전하고, 〈소당풍속시(嘯堂風俗詩)〉나 〈십이월속시(十二月俗詩)〉로 표제한 사본도 여럿인 것으로 보아, 이 작품은 주로 중인층 사이에서 비교적 널리 알려지고 수용된 것으로 보인다.[1)]

〈월여농가〉는 흔히 〈농가월령가〉의 한역으로 알려져 왔고, 〈농가월령가〉와의 관련 속에서 논의되어 왔다. 처음에는 이 〈월여농

---

* 이 글은 『고전문학과 교육』 8집(2004.8)에 실렸던 논문을 가다듬은 것이다.

1) 강명관의 「『소당유고』 해제」(『여항문학총서』 제7책, 여강출판사, 1991) 및 『한국민족문화대백과사전』의 〈월여농가〉 항목 참조.

가〉가 농학사적 관심의 대상이 되어 농학자들 사이에서 검토되었다. 주로 〈월여농가〉가 담고 있는 정보 내용 자체만을 단편적으로 다루고 있는 이들 연구는 애초에 문학적인 관심과는 거리가 멀었다.[2] 그러다가 1991년 『여항문학총서』 제7권에 김형수의 문집 『소당유고』와 〈월여농가〉가 함께 영인 보급된 것을 기점으로 본격적인 연구가 이루어지게 되었다.

길진숙은 문집과 〈월여농가〉를 함께 다루면서 김형수의 〈농가월령가〉 한역이 지니는 의미가 무엇인가를 본격적으로 탐구하였다.[3] 한역의 양상이며 서발(序跋)에 나타난 동기를 먼저 분석하고, 이어서 『소당유고』의 자술시(自述詩)들을 집중적으로 분석한 후에, 그 결과를 종합하여 한역의 심층적 동인을 해명코자 했다.

김명순 또한 문집과 〈월여농가〉를 함께 다루면서 〈월여농가〉 자체의 한역 양상을 좀더 심층적으로 살폈다.[4] 이 연구를 통하여 김형수의 생애며 가계(家系)도 좀더 밝혀지게 되었고, 〈농가월령가〉와 대비되는 〈월여농가〉 자체의 내용적 특성도 좀더 명료히 드러날 수 있게 되었다.

이 두 논문은 비슷한 시기에 상호 참조 없이 초점을 달리 하여 집필된 것이어서, 여러 모로 보완적인 의미가 있다. 목차 구성이 드러내 주는 바와 같이, 길진숙은 한역의 양상 파악을 매개로 한역의 동기를 좀더 심층적으로 탐구하고, 이를 토대로 중인 김형수

---

2) 『한국민족문화대백과사전』(정신문화연구원)의 〈월여농가〉 항목 및 이춘녕의 『한국농학사』(민음사) 참조.

3) 길진숙, 「중인 김형수의 〈농가월령가〉 한역과 그 의미」, 『동양고전연구』, 6집, 1996.

4) 김명순, 「김형수의 〈월여농가〉 연구」, 『동방한문학』 15집, 1998.

의 삶과 의식을 구명하는 데 초점을 두고 있는 반면, 김명순은 한역의 동기를 매개로 하여 〈월여농가〉의 한역 양상과 한역 태도를 구명하고 이 작품이 지니는 문학사적 의의를 짚는 데 역점을 두고 있다.[5] 길진숙이 19세기 중인층의 삶과 의식을 화두로 논의를 진행한 것이라면, 김명순은 한역사(漢譯史)의 맥락에서 〈월여농가〉의 성취를 주목한 것이라 할 수 있다.

본고는 이들 선행 연구를 토대로 김형수 문학의 특성에 좀더 주목해 보고자 한다. 특히 〈월여농가〉의 제작을 "중인층의 신분적 갈등이 전원 동경의 형태로 드러난 것"이라는 길진숙의 견해에 전적으로 동의하며, 그 구체상을 좀더 정밀히 추적해 보고, 이 전원 동경의 양태를 그의 삶과 문학 전체로 범주를 넓혀 추적해 보고자 한다. 이러한 논의의 과정을 통하여 김형수라는 한 중인의 삶과 문학이 좀더 명료한 실체로 드러날 수 있기를 바라고, 19세기 중인층의 전원 동경이 가지는 문학사적 의의며, 그 심리적 기능도 자연스럽게 조명될 수 있기를 기대한다.

2. 『소당유고』를 통해 본 김형수의 삶과 의식

『소당유고』에 드러나는 김형수는 중인의 신분적 제약 속에서

5) 길진숙의 논문은 "서론 - 〈농가월령가〉 한역 양상과 그 동기 - 〈농가월령가〉 한역의 심층적 동인: 신분적 갈등과 전원에 대한 동경 - 결론"으로 되어 있고, 김명순의 논문은 "서론 - 김형수의 생애와 저술 - 한역 동기 - 한시화의 양상 - 결론"으로 되어 있다.

자신의 존재를 버거워 하고 자신의 삶을 질곡으로 여기며 괴로워하는 인물이다. 이는 뚜렷한 신분 자의식[6]의 기미를 띠는 것으로서, 이러한 자의식이 종내는 전원 동경의 형태를 띠게 된 것으로 보인다. 신분 자의식이 뚜렷한 작품들을 먼저 살펴보고, 후속하여 전원 동경을 드러내는 작품들의 양태를 살피기로 한다.

1) 중인으로서의 삶과 자의식

김형수의 가계(家系)는 경주김씨로서 대대로 관상감(觀象監)에서 일을 했던 운과(雲科) 출신 중인으로 밝혀졌다.[7] 아버지 김취우(金取禹)는 천문과에 급제하여 가선대부(嘉善大夫)에까지 올라 관상감의 수당(首堂)[8]을 역임했다고 하며, 세 번 장가들어 다섯 아들을 두었는데 김형수는 막내였다고 한다.[9] 그는 관직에 나아가지 않고 의업(醫業)으로 생계를 꾸려 나갔는데, 생활고와 시주벽(詩酒癖)을 읊은 시들이 많은 것으로 보아 생활은 늘 곤궁하면서도 시주(詩酒)로 소일하는 날이 많았던 것으로 보인다.[10] 의

6) 자의식은 "경험의 여러 가지 면에서, 경험에 수반되어 그것을 통일하는 자아(自我)에 대해 갖는 반성의식의 총칭"으로 정의되어 있다. 외계의 의식과 대립하여, 자아가 자기를 느끼고, 생각하고, 의지(意志)하고, 행위하는 다양한 작용을 통일하는 자기동일적(自己同一的)인 주체로서 의식하는 것을 말하며, 이는 본질적으로 반성적 의식이며, 유년기에는 존재하지 않는다고 한다. 자의식은 안으로 향한 냉철한 의식이며 곧잘 비활동성을 가져오고, 병적으로 격앙하면 고독감과 결부된다고도 한다.

7) 강명관의 해제 및 길진숙, 김명순의 논문.

8) 같은 부서에 있는 당상관(堂上官) 중 우두머리.

9) 張之琬, 『枕雨堂集』, 권5, 〈嘉善金公墓誌銘〉 및 김명순의 앞의 논문 참조.

10) 〈自述〉(490), 〈偶成〉(497), 〈自述〉(497), 〈睡鄕〉(497), 〈酒國〉(497),

원 노릇이 여의치 않았던지 의원으로서의 긍지도 찾지를 못하고 시주에서도 떳떳함을 느끼지 못했던 것으로 보인다. 이렇게 자신의 존재를 자조적(自嘲的)으로 반추하는 경향은 중인(中人) 자의식(自意識)의 전형적인 한 형태라고 할 수 있는데, 그는 실제로 다음과 같이 스스로의 신분 자의식을 직접 토로하기도 했다.

四民之外我何曹	사민의 밖, 나는 무슨 무리인가.
遊乎平生未服勞	평생에 떠돌기만 하고 사업에 복무치를 못하누나.
唯有會心書卷裡	오직 마음 붙일 곳은 서책 속에나 있으니
食觀本草醉離騷	본초경 보아 생계하고 이소경에 취하네.[11]

그의 작품에는 유달리 술회(述懷)의 심경을 표백하는 시들이 많은데, 이 작품은 제목 자체가 〈술회(述懷)〉다. 화자는 스스로의 존재에 관하여 회의를 표명하는 것으로 말문을 연다. 사농공상(士農工商), 사민(四民) 가운데 어디에도 속하지 않는 자신의 존재를 괴로이 환기하면서 떳떳한 사업이나 일에 복무하지 못하고 살아가는 자신의 존재를 의식하고 있다.[12] 그런 연후에 전구(轉句)에서는 서권(書卷) 속에 마음 붙이고 살아 온, 또 그렇게 살 수밖에 없는 자신의 존재를 확인하고 있다. 비록 사대부는 아니지만

〈酒德〉(498), 〈中酒排悶〉(497)등의 작품과 허다한 酬唱詩들을 들 수 있다. 괄호 안은 『소당유고』가 실린 『여항문학총서』 제7책의 면수다. 이하 『소당유고』의 인용은 같은 방식으로 통일한다.

11) 〈述懷〉(496)

12) 여기서 "勞"는 저차원의 생산노동에서부터 "勳勞於天下" "以勞天下" "以勞定國"등과 같이 국가의 경영이나 천하의 통치와 같은 고차원의 활동까지를 포함하는 떳떳한 일이나 사업을 의미한다.

문한가(文翰家)의 후예로서 독서와 필묵(筆墨)으로 살도록 조건지워진 스스로의 운명을 추인(追認)하고 있는 것이다. 그러나 결구(結句)에 드러난 바와 같이 화자의 독서는 본초경(本草經)을 뒤적이고 이소경(離騷經)이나 읊조리는 것이다. 경국제세의 사업에까지 이르지 못하는 독서임이 행간(行間)에 비치고 있다. 독서계층에 속하되 기술직 기능인으로 멈출 수밖에 없는 중인적(中人的) 자의식이 음영(陰影)으로 드리워진 시라 할 수 있다.

이러한 문한(文翰) 가문(家門) 중인(中人)의 존재 조건은 김형수가 지녔던 자부의 근원인 동시에 자기연민의 뿌리가 되기도 했는데, 〈자탄(自歎)〉이나 〈상빈자위(傷貧自慰)〉, 〈상빈자술(傷貧自述)〉 같은 작품에 이러한 양상이 잘 드러나 있다. 〈자탄〉은 곤궁함을 견디며 문한의 전통을 지켜 나가겠다는 자부 어린 다짐을 표명한 것이지만, 그 이면에는 '무전(無田)'에 대한 깊은 탄식을 담고 있다.[13] "何必嘆無田"으로 제법 호기 있게 매듭을 지었음

13) 〈自歎〉(497). 원문은 다음과 같다.
"困窮猶慰藉/ 面幸免三無/ 只是身多病/ 無由腹可腴/ 貧亦家藏寶/ 詩編墨帖傳/ 食來猶破硯/ 何必嘆無田"
여기서 家藏의 詩編이며 墨帖이란 仲兄들의 솜씨임을 細註로 밝히고 있다. "食來猶破硯"의 구절이 다소 모호한데, "먹을 것은 오히려 깨진 벼루에서 오거니"로 해석할 수 있을 것 같다. 비록 깨진 벼루일망정 오래도록 대물림 되어 온 바로 이 벼루야말로, 문한가의 후예인 자신이 먹고 살 소중한 기초임을 재확인하는 문맥인 셈이다. 길진숙은 이 구절을 "생계는 오히려 묵을 깨뜨리는데서 오는데"로 번역하고, "詩文을 버리면 가난을 벗어날 수 있다는 사실을 잘 알고 있으면서도 시인의 선택은 오히려 가난한 삶에 두어지고 있다"라고 해석하고 있다. "破硯"을 "묵을 깨뜨림", "시문을 버림"으로 해석한 것인데, 이는 앞뒤의 맥락과 잘 조응되지 않는다. "田庄"은 비록 없지만, 우리 집안엔 찬연한 문한의 전통이 있음을 확인하고 자위하는 문맥이라 할 수 있다.

에도 불구하고 시제(詩題)를 〈자탄〉으로 뽑고 있는 것은, 전장(田庄) 소유에 대한 갈망이 그리 쉽게 떨치기 어려운 깊은 동경이었음을 드러낸 것이라 할 수 있다.[14] 〈상빈자술〉은 자기 연민을 넘어 좀더 절박한 상황인식을 담고 있는 작품이다. 문면을 분석적으로 검토해 보기로 한다.

非病傷哉卽此貧	병은 아니로되 슬픈 것은 곧 이 가난이니
簞瓢空害及親隣	단표마저 비는 폐해, 친척과 이웃에 미치누나.
弟兄未暇供甘旨	형제와도 맛난 음식 나눌 겨를이 없고,
妻子何論閱苦辛	처자가 신고 겪는 건 말할 것도 없구나.
醫恐費人深究久	의술이 남을 해칠까봐 깊은 궁구 오래고,
詩疑窮我熟思頻	시가 날 곤궁케 하는 것만 같아 숙고함이 잦도다.
棲山浮海猶爲累	산에 깃들고 바다에 떠다님도 오히려 누가 되니,
祗是平生患有身	평생에 몸 둔 것 자체가 근심덩이로다.[15]

이에 이르면 문한가(文翰家)의 후예라는 자부는 실종되고, 생존 자체에 대한 위기감이 전면에 부각되고 있다. 화자는 친척과 이웃에게까지 폐가 되고 천지에 누가 될 정도에 이른 절대 빈곤을 토로하고 있다. 앞서 든 〈자술〉에서처럼 화자는 여전히 의업(醫業)과 시업(詩業)에 종사하고 있지만, 어느 것도 여의치 않았

---

14) 실제 〈李侍郎豊壤靈芝莊偶題〉(496) 같은 작품에는 전장을 소유해 보고 싶은 갈망이 절실히 그려져 있다. 화자는 전장을 지니고 있는 이시랑을 몹시 부러워하면서 자기도 토지를 매입하여 이웃이 되어 보고 싶으나 그럴 돈이 없음을 깊이 탄식하고 있다. 원문은 다음과 같다.
"靈芝邁軸問何年/ 破得天慳不偶然/ 自古山中稱宰相/ 如今地上見神仙/ 遶園簇擁千章樹/ 滿埜平鋪百畝田/ 慚愧吾衰唯借看/ 從鄰欲買奈無錢"

15) 〈傷貧自述〉, 488면.

음이 문면에 드러나고 있다. “서산부해(棲山浮海)”를 말하고 있는 것으로 보아 떠돌이 의원(醫員)이나 떠돌이 시객(詩客)에 가까웠을 것으로 보인다. 이러한 생존의 벼랑 앞에서 화자는 마침내 “몸을 지니고 있는 것[有身]” 자체를 버거워 하는 단계에 이르고 있다. 생계주체로서 겪는 고뇌의 무거움이 시의 분위기를 침중(沈重)하게 짓누르고 있다. 거의 같은 시기 작품으로 보이는 〈상빈자위(傷貧自慰)〉에도 동일하게 가난의 문제가 화두를 이루고 있지만, 그래도 거기서는 〈자위〉라는 표제 그대로 가난을 그저 견딜 만한 것쯤으로 치부해 두고 자신의 시적 재능에 대한 자부를 전경화(前景化)했다.[16] 그러나 〈상빈자술〉에는 극도로 위축된 자아상이 부조되어 있을 따름 자부의 기미는 찾아볼 수가 없다.

2) 신분 자의식과 전원 동경

이렇게 시정을 떠돌며 의원 노릇을 하고 가난하게 살았던 김형수에게는 전장(田庄)을 마련하고 농촌에 정착하여 살아보는 것이 평생의 꿈이었다. 중형(仲兄)이자 유명한 여항시인 중의 한 사람인 연파(蓮坡) 김진수(金進洙, 1797~1865)는 김형수의 이러한 지향이 거의 태생적이고 기질적인 것이었다고까지 증언하고 있다.[17] 그러나 이러한 전원 취향은 태생적 기질이었다기보다는 세파(世波)의 부대낌 속에서 그 스스로가 후천적으로 배양(培養)해

16) 〈傷貧自慰〉(493) “計本謀生拙/ 雖貧不是飢/ 伴身無長物/ 猶有腹中詩”

17) 김진수가 〈월여농가〉에 붙인 서문 참조

낸 것에 가깝다. 중인으로서 자기 삶의 질곡과 곤경을 경험할 때마다 그는 전원에 돌아가 대자연의 리듬 속에 묻히기를 동경하고 갈망했다. 이러한 동경은 일찍이 성묘행(省墓行)을 통해 싹트고 자라난 것으로 보인다. 광주(廣州)의 감천동(甘泉洞) 성묘행과 관련된 시를 먼저 검토해 보기로 한다.[18]

吉岡兼得卜甘泉　길한 언덕 좋은 샘을 겸하여 얻었으니
四世連綿二百年　네 대 걸쳐 연면히 이백 년을 이어 오누나.
時祭不違香火奉　시제 어기지 않고 향화 받들어 올리니
蔭靈長保子孫傳　조상님 신령 길이 보존하여 자손에게 전하리.
白雲隱約迷山郭　흰 구름 산하 마을을 숨기듯이 감싸 안고
紅樹玲瓏照埜田　붉은 나무 영롱히 들판에 비추이네.
最是難禁霜露感　가장 금하기 어렵나니 추모의 마음,
徊徨秋色夕陽邊　가을 빛 석양 무렵 서성이고 있노라.[19]

〈광주병사우음(廣州丙舍偶吟)〉이라 표제한 시다. "병사(丙舍)"는 "묘지기가 사는 작은 집"으로 "묘막(墓幕)"으로도 일컬어지는데, 이 시는 성묫길에 묘막에 들렀다가 산소와 그 주변을 둘러 본 소감을 적은 것으로 보인다. 전반 4구는 성묘와 관련된 다소 의례적인 표현이지만, 후반 4구에는 화자의 정감이 대상에 흠뻑 배어들어 있다. "산곽"은 "산 밑 성곽에 둘러싸인 마을"인데,

---

18) 장지완의 『枕雨堂集』에 실린 〈嘉善金公墓誌銘〉과 〈金蓮坡墓誌銘〉에도 광주 선영에 대한 기록이 보인다. 전자는 소당의 부친 묘지명인데 "壽五十有九 葬廣州甘泉洞先兆"라 기록되어 있고, 후자는 형 연파의 묘지명으로 "葬于廣州淨林之先兆"라 기록되어 있다.

19) 廣州丙舍偶吟(485)

마을을 묘사한 제5구와 제6구가 특히 인상적이다. 흰 구름과 붉게 단풍 든 나무의 색채 대비며, 그것들이 주변 경물과 이루는 관계가 지극히 유정(有情)하고 조화롭게 묘사되어 있다. 화자의 감천동에 대한 애호와 몰입이 모든 경물을 조화롭게 배치하고 유정하게 형상화해 낸 것이라 할 수 있다. 그리하여 그는 결구에서 마치 꿈길을 걷듯이 석양에 물든 가을 전원 속으로 빠져들고 있는 것이다.

다음 작품 또한 그의 전원 동경을 잘 드러내 주고 있는데, 특히 그가 몸담아 사는 시정을 "진구(塵臼)"로 규정하여 전원의 청정함에 대비시키고 있는 점이 특이하다.

何年薖軸此家山　어느 해에 이 고향 마을에 숨어 병들었던고?
偶到林邱可解顔　우연히 수풀 언덕에 이르니 얼굴이 펴지누나.
遠峀晴分芳草外　머언 산봉우리 방초 너머로 또렷이 나뉘어 보이고
孤城晩出白雲間　외로운 산성 흰 구름 사이로 저녁 빛에 부시다.
埜田百畝輪前後　백무의 벌판은 앞뒤로 대어 있고
墓道三時任去還　무덤길은 삼시에 드나들 수 있네.
堪笑電身戀塵臼　전광석화 같은 몸이 티끌 확에 연연함이 가소로우니
纔偸半日半生閒　겨우 한 나절 반생의 한가로움을 얻었구나.[20]

〈몽촌서사(夢村書事)〉라는 시다. 해석상 미심한 구석이 많지만 대체로 앞의 시와 마찬가지로 "가산(家山)"을 두고도 깃들어 살지를 못하는 심경을 읊은 것으로 보인다. 광주의 몽촌을 "가산(家山)"이라 지칭하고 있는 것 같은데, "家山"의 사전적 정의는 "고

20) 〈夢村書事〉(493)

향의 산천"이어서 이 몽촌 일대가 경주김씨의 세거지(世居地)가 아니었을까 생각된다.

"墓道三時任去還"을 "무덤길은 삼시에 드나들 수 있네"로 옮겨 보았으나 아직은 뜻을 명료히 파악할 수가 없다. 원래 "묘도(墓道)"란 무덤 속으로 통하는 땅굴을 말하고, "삼시(三時)"란 하루의 세 때인 아침-점심-저녁을 말하거나 농사철의 세 때인 봄-여름-가을을 말하는데, 여기서는 무엇을 말하는 것인지 단정하기가 어렵다. 대구의 짝이 되는 제5구와 대비해서는 어느 때나 왕래가 가능함을 말하는 것으로 볼 수가 있지만, 언제 죽을지 모르는 몸을 날카롭게 의식하고 있는 제7구의 맥락에서 본다면 "무덤길"이 늘 열려있음을 표현한 것 같기도 하다.

이렇게 아직은 미심한 구석이 있지만, 이 시의 대체적인 맥락은 몽촌 지역의 광활한 벌판을 두고도 "티끌 확[塵臼]" 같은 아귀다툼의 시정(市井) 속을 벗어나지 못하는 자신의 존재를 처량해 하고 있는 흐름이다. 화자는 "해안(解顔)"으로 표현한 바와 같이 이 몽촌의 수풀 언덕에서 절로 얼굴이 확 펴질 정도로 마음이 놓이고 유쾌해지는 것을 경험한다. 이 시의 탄생 지점이 바로 이 "수풀 언덕[林邱]"이었을 개연성이 크다. 이 수풀 언덕에서의 조망을 토대로 발출하는 이 시는 전반의 네 구가 밝고 유정한 분위기를 띠고 있는 반면, 후반의 네 구는 자조(自嘲)의 기미를 띠면서 점차 어두워지고 있다. 아마도 이 좋은 터전이, 화자로서는 깃들 수가 없는 그림 속의 풍경에 불과했기 때문이었을 것이다.

이렇게 돌아갈 전장(田庄)이 따로 없으면서도 전원을 동경하는 것은, 그가 몸담고 있는 시정에서의 삶이 그만큼 고달프고도 굴욕적인 것이었기 때문이었던 것 같다. 시정적 삶의 곤경을 토로하고 있는 시들이 많은데, 몇 편을 분석적으로 검토해 보기로 한다.

米價長安貴　쌀값이 장안에 귀하나
非關性命全　성명을 온전케 함과는 관계되지 않네.
醉鄕無戶稅　취중 별천지엔 호세가 없으니
何必賦歸田　어찌 꼭 전원에 돌아가길 읊으리! 21)

顧余蹇拙乏才能　돌아보매 굼뜨고 용렬하며 재주가 모자라니
處世端宜號模稜　처세가 模稜이라 불림이 마땅하도다.
止酒亦難心學佛　술을 끊고자 하나 또한 어려우니 부처 배우기 격이요
有詩堪恥字無僧　시는 있으되 창피할 지경이니 자구에 안온함이 없음일세.
人情欲免頭顱判　인정을 면코자 하니 머리가 쪼개질 지경이요
鬼智先教面目憎　귀지를 미리 가르치려니 얼굴이 가증할 따름.
貧是士常雖自慰　가난함은 선비의 일상이려니 자위해 보지만
虛孤十載讀書燈　헛되이 외로운 것은 십년독서등이로다.22)

濯足復濯足　발을 씻고 또 씻노라.
濯纓復濯纓　갓끈을 씻고 또 씻노라.
濯罷心自愧　다 씻고 나서도 마음은 스스로 부끄러우니
塵累難濯淸　티끌 먼지 쌓이고 쌓여 맑게 씻기 어려움이라.23)

첫째 작품은 자조적인 경향을 띠다가 다소 역설적인 토운으로

21) 〈偶成〉(497)
22) 〈自述〉(497)
23) 〈濯足〉(498)

끝을 맺었다. "취향(醉鄕)"으로의 도피를 말하고 있지만 이는 술 주정에 가깝고, 화자의 갈망은 "귀전(歸田)"에 응결되어 있다. 겉으로는 "하필(何必)"이란 말을 동원하여 강하게 부정하고 있지만, 이는 오히려 역설적으로 전원으로 돌아가고 싶은 갈망이 떨쳐 버리기 어려운 집착임을 드러내 주고 있다.

둘째 작품과 셋째 작품은 자신의 삶이나 존재에 대한 극심한 불신과 회의의 표명이다. 엄벙덤벙 우유부단 술에 찌들어 갈 따름, 시에서나 실생활에서나 진전이 없는 소모적인 삶에 대한 반성인 셈이다. 특히 셋째 작품에서 "탁족(濯足)"과 "탁영(濯纓)"을 다 동원하고서도 "진루(塵累)"를 씻어낼 수 없다고 토로하는 것은, 시정적인 삶에 대한 극단적인 염증의 표현이라 할 수 있다.

이러한 현실 인식과 마땅히 돌아갈 만한 터전도 없는 전원에 대한 동경은 다음과 같은 술회시에 집약되어 드러나고 있다.

龍鍾方五十　노쇠하여 바야흐로 오십 세.
都覺去年非　모두 깨닫노니 지난 세월의 잘못.
白髮徒添鏡　백발은 헛되이 거울 속에 보태지고,
紅塵漫涴衣　홍진은 함부로 옷자락을 더럽혔네.
鷗盟何水宿　갈매기와의 약속은 어느 물에 깊었나
鷦夢莫依枝　뱁새의 꿈 의지할 가지 하나가 없구나.
從此餘生幾　이후로 남은 생 얼마나 될까.
初心悔已違　처음 마음 후회하나 이미 어그러졌네.[24)]

---

24) 〈五十感吟〉(494).
〈嘉善金公墓誌銘〉에 의하면 그의 부친 金取禹는 경제적으로 여력이 있었던 것으로 보인다. 첫째 부인 금성이씨는 친정이 부유하여 分財해 주려 하였지만 그가 완강히 거절했다 하며, 만년에는 녹봉이 넉넉하여

50이 되어 되돌아보는 후회의 서정이다. 후회의 내용은 홍진(紅塵)에서의 더럽혀짐이다. 전반의 네 구는 과거와 현재의 현실태에 관한 기술이고, 후반의 네 구는 이루지 못한 꿈에 대한 미련의 토로다.

제1구에 나오는 "용종(龍鐘)"이란 의태어는 노쇠한 모양이기도 하고 실지(失志)하거나 실의(失意)한 모양이기도 하니, 여기서는 뜻을 잃고 노쇠해져 가는 모습이라 할 수 있겠다. 이 한 마디 말 속에 화자의 자의식이 응결되어 있는 셈이다. 이렇게 되고 만 원인은 제4구에 집약되어 있다. 홍진을 털어 버리지 못한 탓이다.

제5구와 제6구에는 화자의 이루지 못한 꿈이 "구맹(鷗盟)"과 "초몽(鷦夢)"으로 표상되어 있다. "구맹"이란 강호에서 한가로이 노닐자는 다짐이요, "초몽"이란 수풀에 깃들려는 작은 새의 꿈이다. "하수숙(何水宿)"과 "막의지(莫依枝)"를 말하고 있는 것은 화자에게 허여된 조건의 가혹함을 말하는 것이다. 은거할 어느 강호도, 깃들일 가지 하나도 허여되지 않았음을 침통하게 되뇌이고 있는 것이다.

사람들이 집을 넓히기를 강권했다는 사실로 미루어, 雲科의 정통코스를 밟은 기술직 중인으로서 평생 안정된 삶을 꾸린 것으로 보인다. 그리고 생애 大尾에 "少有脚疾 思得一區丘壑 有終老之志 乃與同志七八人 卜築楊州日潭之山 臨溪種樹 往來棲息"이라 기록된 걸로 보아 만년에는 양주에 別墅를 가지고 있었던 것으로 보인다. 그러나 이러한 경제적 여력이 막내였던 소당에게까지 물려지지는 못했던 것으로 보인다. 金取禹의 자녀는 첫째부인 금성이씨 소생 膺洙와 둘째부인 장단김씨 소생 根洙가 있었고, 셋째부인 김해김씨 소생으로 進洙, 建洙, 迥洙와 딸이 하나 있었다. 셋째부인에서도 막내였던 소당 김형수는 10세 전후에 부친을 여읜 것으로 보이기 때문에[순조 을해년 59세로 졸함: 1815년], 아버지의 도움을 크게 입지 못하고 세파를 헤쳐 나가야 했던 것으로 보인다.

이상에서 살핀 바와 같이 김형수는 시정에서의 삶을 회의하면서 전원에 대한 동경을 키워나갔다. 그리고 이 전원 동경에는 광주 감천동의 선산 마을이 자리하고 있었던 것으로 보인다. 그러나 이 모든 것은 꿈일 따름 그에게 허여될 수 있는 실재가 아니었다. 그런 측면에서 그는 전원의 꿈과 형상을 채집하는 자였다 할 수 있으며, 이런 경향은 다음과 같은 작품 속에 잘 드러나 있다.

樂事誰知有僻鄕　즐거운 일이 누가 벽향에 있음을 알리오,
人如沮溺俗陶唐　사람들은 長沮와 桀溺과 같고 풍속은 陶唐일세.
山間耕鑿忘熙皥　산간의 경전착정, 熙皥의 세계를 잊을 만하고
世外生成若雨暘　塵世 밖의 生成, 비 오고 해 돋음이 순조롭도다.
眠草庄丁攤了飯　풀 섶에 잠든 장정, 식후의 단잠이 곤하고,
揷花田婦饋來漿　꽃을 따서 꽂은 田婦, 마실 것을 내 옴일세.
佇看早晩秋登日　우두커니 서서 가을걷이 早晩을 살피노라니,
擊鼓吹豳稱壽觴　북소리에 빈풍시 울리고 장수 잔을 올리는구나.[25)]

鹿車何日戒　녹거는 어느 날의 경계인가.
遯世可徜徉　피하여 숨으니 걸어 노닐만 하도다.
不爲仙緣結　신선 인연 맺으려 함 아니요
唯期帝力忘　다만 격양가 부르기를 기약함이라.
耕看牛角史　밭갈이 때도 쇠뿔에 걸어두고 역사책 읽고
織賽馬頭娘　길쌈을 하면서는 馬頭娘에게 빌리.[26)]
無復思浮海　다시는 浮海의 꿈 꾸지 않고,

---

25) 〈田家〉(493).
26) 牛角史는 隋 煬帝의 宿衛로 있던 李密이 稱病하고 은거한 후 感奮讀書할 때의 일화, 곧 黃牛를 타고 다니며 오가는 길에서도 쇠뿔에 漢書를 걸어두고 읽었다는 고사로부터 만들어진 말인 것 같다. 馬頭娘은 누에의 神을 일컫는 말이다.

餘年享吉康　여생은 길강을 누리고저.
士耽書卷可堪貧　선비는 서책을 탐하니 가난을 견딜 만하고,
工巧如奴拙役人　공장인 잘해 봐야 노비요 서툴면 노비라네.
賈利唯求終是末　장사치 이문만 구하니 끝내 말기일 뿐,
本農衣食在吾身　농사에 근본하니 옷과 밥은 내 하기 나름.[27)]

첫째 작품은 〈田家〉라 표제하고 있는데, 낙원(樂園)의 형상에 다름 아니다.[28)] 실재하는 전가 형상이라기보다는 환상이 빚은 낙원 팬터지에 가깝다. 시정 속에서 고달파 하는 중인 김형수의 간절한 전원 동경이 낳은 천진무구의 조화로운 세계상이다. 하늘과 땅과 사람과 만물과 사시의 운행이 완벽한 조화를 이루고 있다.

둘째 작품은 〈擬歸農〉으로 되어 있다. "擬"가 "헤아리다, 견주다, 흉내 내다, 본뜨다" 등의 뜻을 함축하고 있기 때문에, 귀농(歸農)을 상정하고 헤아려 본 것이요, 소꿉놀이를 하는 아이들과 같이 귀농을 본떠 흉내를 내 본 것이라 할 수 있겠다. 이 작품은 5언 8구 뒤에 곧바로 이어 7언 4구를 얹었다. 『월여농가』에는 〈擬歸農 二首〉로 표제하여 별개의 시로 나누고 있지만, 『소당유고』는 분절(分節) 없이 그대로 붙여 쓰고 있다.[29)]

5언구는 도연명의 〈귀거래사〉를 연상케 한다. 화자는 자신이

---

27) 〈擬歸農〉(494).
28) 이 작품은 『월여농가』란 책에도 부록되어 있는데 표제를 〈田家樂〉이라 했다. 낙원 이미지를 좀더 전경화한 표제다. 일석본 『월여농가』에는 자구도 한두 곳 달리 되어 있다. 제2구의 "人如沮溺"이 "村藏風雅"로, 제5구의 "攤了飯"이 "消了飯"으로 되어 있다.
29) 역시 일석본 『월여농가』에는 자구가 한두 곳 다르다. 제3구의 "仙緣結"이 "仙緣在"로, 제8구의 "餘年享吉康"이 "淸閒享壽康"으로 되어 있다.

세속을 피하여 숨는 이유가 신선 취향에 있지 않고 경전착정(耕田鑿井)의 소박한 꿈 때문임을 밝히고, 밭 갈고 김매는 일[耕織]에 최선을 다하리라 다짐한다. 후속하는 7언구는 귀농의 가치와 보람을 확인하는 산문적 진술에 가깝다. 귀농의 성취를 "본농(本農)"으로 아퀴를 지어 표현한 것이라 볼 수 있다.[30] "내 이제는 농사에 뿌리를 두었으니…" 확인을 하며, 더 이상의 방황은 없으리란 안도감으로 매듭을 지은 셈이다. 5언구의 끝에서 1차적으로 더 이상의 방황은 없을 것임을 확인하였고, 다시 7언구의 끝에 이르러 "본농(本農)"의 든든함을 노래하고 있는 셈이다.

이상과 같이 이 두 작품은 기맥이 상통한다. 경전착정(耕田鑿井)하여 내 힘으로 내가 먹고 마시며, 남의 간섭이나 눈치를 보지 않고 순박하게 사는 전원적 삶의 형상을 그려 본 것이라 할 수 있다. 이렇게 꿈에도 그리던 전원생활이 그의 생전에 실현되었는지는 확인할 수 없으나, 다음과 같은 작품을 보면 그가 노년에는 도성을 빠져 나와 성북동에 터를 잡고 살았던 것이 아닌가 하는 심증(心證)을 가지게 된다.

---

30) 이 대목은 길진숙과 김명순의 번역을 절충하여 조율해 본 것이다. 길진숙은 제2구를 "공장이처럼 공교로우면 사람을 힘들게 하네"라 했고, 김명순은 "공인은 잘해 봐야 노비요 서투르면 일꾼이라"로 하였는데, 김명순의 번역이 좀더 타당해 보인다. 그러나 제4구는 김명순이 "농부에게는 옷과 밥이 자기 몸에 달려 있다네"로 옮기고 있는데 비해, 길진숙은 "농사에 근본하니 의식이 내 몸에 달려 있도다"로 옮겼는데, 길진숙의 번역이 좀더 시의 본의에 밀착된 것으로 여겨진다. 귀농을 상정하고 여기까지 흘러온 문맥이기 때문에, 四民의 비교 우위를 객관적으로 기술한 것이라기보다는 '귀농하여 농사에 정착한 화자의 안도감'이 드러날 수 있도록 옮길 필요가 있기 때문이다.

考槃占得北城天　은거지를 성 북쪽 동천에 얻으니
洞裏閒雲郭外煙　동천 안엔 한가로운 구름, 성곽 밖으론 안개.
斜日郊原流影燕　지는 해 벌판에는 그림자 뿌리며 나는 제비,
高風槐柳咽聲蟬　높은 바람 괴수 버들엔 목매여 우는 매미.
紅塵無累溪三派　홍진의 더러움 없는 시내 세 줄기,
白首安貧屋數椽　백수에 안빈할 두어 칸의 집.
自笑舊遊皆借看　스스로 웃나니, 이전 놀음 모두 빌어 본 것들.
小青軒畔又斯緣　소청헌 변두리에 또 맺는 이 인연.[31)]

〈성북동차벽상운(城北洞次壁上韻)〉이라 한 것으로 보아 성북동의 어느 누정이나 당실(堂室)에서 벽상에 걸어둔 시를 보고 차운한 것으로 보인다. 아마도 제8구에 나오는 〈소청헌(小青軒)〉이 바로 그것일 듯싶다. 여기서 주목할 만한 시어는 제7구의 "차간(借看)"인데, 이는 앞서 살핀 〈이시랑풍양영지장우제(李侍郎豐壤靈芝莊偶題)〉에서 나왔던 말이다. 거기서 그는 "참괴오쇠유차간(慚愧吾衰唯借看)"이라 읊었다. 늙고 쇠한 몸으로 이시랑의 전장을 마냥 부러운 눈으로 살피는 심경을 "차간(借看)"으로 표현했었다. 노쇠하고 가난하여 전장을 매득하지 못하고 남의 전장을 그저 물끄러미 바라만 보아야 하는 아픔이 배어 있는 시어였다. 여기서도 "구유개차간(舊遊皆借看)"이란 성북동의 소청헌에 올 때마다 느꼈던 그 부러움의 시선을 "차간(借看)"으로 환기한 것이라 할 수 있을 것 같다. 그러나 이제는 소청헌 자락 어디엔가 작은 집 하나를 마련하고 지난날의 "차간 체험"을 상기하면서 그 감회를 이렇게 적고 있는 것인 듯하다.[32)]

---

31) 〈城北洞次壁上韻〉(498). 詩集의 맨 마지막에 놓인 작품이다.

이 시에서 묘사된 성북동 풍경은 대체로 선산(先山)이 있는 광주 감천동의 정경을 닮았다. 남한산성 아래 성곽에 포근히 둘려 있는 감천동을 그는 〈광주병사우음(廣州丙舍偶吟)〉에서 충만한 황홀감으로 읊은 바가 있었다. 백수(白首)에 그가 점득(占得)한 성북동이 평생 마음에 그리던 감천동을 닮았다는 것은 어쩌면 당연한 귀결이었을 수도 있다.

어찌 되었든 이러한 일련의 추이는 김형수의 전원 동경이 얼마나 간절한 것이었는가를 알려주기에 부족함이 없다. 아울러 그의 이러한 집요한 동경은 인간이란 밥으로만 사는 것이 아니라 꿈을 먹고 사는 존재임을 다시 한번 확인시켜 준다.

3. <월여농가>의 작품세계

이상에서 우리는 김형수의 중인 자의식과, 다분히 환상으로 채색된 전원 동경의 양상을 살폈다. 그러나 이러한 전원 동경은 비

---

32) 이는 어디까지나 작품에 입각한 추정일 따름이다. 그러나 그 기맥이나 분위기로 볼 때 宿願의 달성에서 오는 감격이 오롯이 담겨 있어 비록 다 늙어서일망정 성북동 은거를 단행한 것이 아닌가 여겨진다. 그렇다면 이는 마치 노계 박인로가 70이 넘은 나이에 그 모든 제약 조건들을 '후리쳐 더져두고' "蘆洲幽居"를 단행한 것과 흡사한 면이 있다. 이후의 생활은 알 수 없지만 조건이 구비되지 못한 귀농의 결과가 환상 속의 전원과는 같지 않았던 것으로 보인다. 〈家翁〉(490)이란 작품(7언 8구)이 있는데, 여기서는 여전히 생활고를 해결하지 못하고 늙은 아내에게 구박을 당하는 노옹의 면모가 그려져 있다. 특히 제 3, 4구의 "柴米油鹽誰免累 煙霞泉石不知淸"은 그가 꿈꾸던 田園 理想과는 거리가 먼 田園 現實을 드러내 주고 있다.

단 김형수 개인에게 국한된 것이 아닌 중인층 일각에서의 공통된 취향의 발현이었다.33) 〈월여농가〉의 제작이며 수용, 그 작품세계의 특성도 이런 측면에서 좀더 면밀히 살펴질 필요가 있다.34)

〈월여농가〉는 정월부터 12월까지 월별로 행해지는 농경의 일들과 농촌의 민속을 7언고시 형태로 읊은 장편 한시로서 그 내용은 〈농가월령가〉와 거의 유사하다. 이러한 연유로 이 작품은 〈농가월령가〉의 번역으로 알려졌고, 그러한 측면에서 논의되어 왔다. 길진숙과 김명순의 논의 또한 이러한 전제에서 출발하고 있다.

그러나 〈自敍〉에서 밝히고 있는 바와 같이 번역의 대본이 된 자료가 '누가 기록한지를 아지 못하는 채로 우연히 접한 언전 농가'였다는 점으로 미루어35) 〈농가월령가〉로부터의 직접 번역인

33) 한 세대 전의 中人 林光澤(?~1800)의 〈農家詩〉라는 작품도 이러한 전원동경을 잘 드러내 주고 있다.
"隣人乘夕至 露坐桑麻傍 三寸煙竹短 一尺短屨長 約日借鉏耰 視天討雨暘 官糴採遠近 耕牛誇馴强 俄而進土爐 榾火灰中藏 爇草互勸酬 殷懃濁酒觴 夜歸雙骭赤 不愁露沾裳."(『雙栢堂遺稿』).
농민들의 순박하고 건강한 삶을 有情한 시선으로 그리고 있다. 이 작품은 그의 문집에 보이는 自嘲的인 기미를 띠고 있는 작품이나 僞善的인 시골선비를 풍자한 작품들과 뚜렷한 대비를 이루고 있어 전원 동경이 명시적으로 표백되지 않았음에도 불구하고 그 동경의 깊이가 결코 얕지 않음을 느끼게 한다. 가식적이고 소모적이고 각박한 삶에 대비되는 質朴한 삶에 대한 예찬인 셈이다.

34) 〈월여농가〉의 제작 동기에 대해서는 길진숙과 김명순이 이미 다룬 바가 있다. 김명순은 자녀 교육을 위한 교술 의도와 紀俗 趣向을 동기로 든데 비해, 길진숙은 자녀 교육적 교술 의도와 김형수 개인의 전원 동경을 나란히 들고 오히려 후자를 더욱 중요한 동기로 거론하고 있다. 그리고 이 전원 동경은 그의 신분적 질곡에 대한 반작용이었음을 논증하고 있다. 필자는 길진숙의 논의가 매우 중요하다고 보며, 서정이며 미감, 미의식의 차원에서 중인 김형수의 의식이며 취향, 동경의 양태 등이 좀더 정밀히 추적될 필요가 있다고 생각한다.

35) "근자에 언전 농가를 누가 기록한 것인지를 모르는데 우연히 임천에 사

것으로 못박는 것은 재고의 여지가 있다. 좀더 유연한 시각은 지금 비록 그 실체를 확인할 수는 없지만, 떠돌아다니는 '언전 농가' 류가 있었고, 이것들을 토대로 19세기의 다양한 농가들이 이합집산(離合集散)의 형태로 만들어졌다고 보는 것이다. 정학유의 〈농가월령가〉도, 이기원의 〈농가월령〉도 독창적인 제작이라기보다 이러한 과정 속에서 다듬어져 나온 것이라 할 수가 있고, 김형수의 〈월여농가〉도 번역이긴 하지만 독자적인 시각에 의해 만들어진 또 하나의 농가류라 할 수 있다.

따라서 〈월여농가〉의 형상적 특질에 대한 검토가 요청되는데, 우선 그 제작의 동기부터 탐색해 보기로 한다. 앞서 살핀 『소당유고』의 검토 결과를 참조해 가면서 『월여농가』에 붙인 〈자서(自敍)〉의 내용을 좀더 정밀히 분석해 보기로 한다.

〈자서〉에 드러나는 제작의 동기는 길진숙이 이미 밝힌 바와 같이 가색(稼穡)의 근고(勤苦)를 모르는 자손들을 깨우치기 위한 교술적 의도가 먼저 기술되어 있고, 글의 종반부에 이르러서는 김형수 자신의 탐닉적인 도취가 피력되고 있다. 〈월여농가〉의 내용까지를 고려한다면 김명순이 밝힌 바 있는 기속적(紀俗的) 관심과 기속시(紀俗詩) 창작의 의도를 더 들 수가 있을 것이다.

〈농가월령가〉를 위시하여 이 〈월여농가〉까지, 이들 작품의 교술적 의도며 기속적 관심에 대해서는 이미 충분히 논의되었고, 이제는 오히려 논의가 이런 측면으로 고착되는 것을 경계할 필요가 있는 단계에 이르렀다. 이들 작품이 문학으로 존재하고 그 창작과

는 벗의 책상에서 구경하고...(今者 諺傳農歌 未知誰人之所錄 而佑翫於林友几上...” 〈월여농가〉의 〈自敍〉.

수용이 하나의 문학현상이란 점에서 이제는 관심의 초점을 그 서정적 국면 쪽으로 돌릴 필요가 있다. 〈월여농가〉의 서정적 국면을 탐색해 가는 데 있어서는 〈자서〉의 종반에 피력된 김형수 개인의 '탐닉적 몰입'에 좀더 주목할 필요가 있다. 이 대목을 옮겨 두고 검토해 보기로 한다.

> (전략) 이 시가 비록 전정(田政)에 도움 되는 바가 없고 세교(世敎)에 보탬이 되지 않는다 하더라도, 근본을 힘쓰고 바탕을 도탑게 하는 뜻에 의거함에 이르러 실용에 가까우니, 풍월의 경치를 읊고 수석의 승경을 노래하여 끝내 빈말로 귀결되는 것과는 또한 차이가 있다. 깊이 심취하여 이르기를 장춘국(長春國), 흑첨향(黑甛鄕)에 들었구나 하였노라. 이제 고요히 앉아 나의 형체를 잊어버리는 때에 이 한 편을 죽 훑어 읽고 나면 황홀히 장둔(莊屯) 가운데 든 사람이 됨에 의심이 없다. 그런즉 들 빛과 산 그림자가 눈에 어리고, 모내기 노래와 풀피리 소리가 귀에 들리니 요임금의 하늘을 머리에 이고 한서가 손안에 든 격이다. (띠 집 나무 울타리는 빛을 숨기고, 우란과 돼지우리는 편히 늘어서 있고, 횃대 아래 닭들이 먹이를 쪼고, 대나무 제방은 시냇물을 가로 막고, 삽살개는 꽃밭에서 짖고, 물레방아엔 물이 돌고, 갈건에 탁주를 거른다.)[36] 홍진 세상 멀고, 백운이 산봉우리에서 나매 총욕(寵辱)을 모두 잊으니, 안한(安閒)함이 이에 내 뜻에 맞다. 비록 이익을 좇아 집과 전답을 홍정하는 일이 없을지라도 또한 좋도다 하고 이를 따름이다.[37]

36) 괄호 안은 『소당유고』에 실린 〈月餘農謳叙〉에만 들어있는 묘사임. 成冊된 『月餘農歌』들의 〈자서〉에는 이 구절이 공통적으로 빠져 있음.

37) "(中略) 斯詩也 雖未裨田政 無補世教, 然至寓於務本敦素之意, 近乎實用, 其與唫哢風月之景, 啁啾水石之勝, 而終歸空言, 亦有間矣. 夫醉之睡之云 入長春國黑甛鄕. 今於靜坐忘形之時, 快讀一遍, 悅作

이상은 김형수가 〈월여농가〉를 완성하고 나서 스스로 그것을 음미하면서 느끼는 실감을 피력한 것이다. 길진숙이 잘 지적한 바와 같이 김형수는 "그가 실제로 밭을 구하지 않고 전원의 집에 살지 않더라도 이런 노래 속의 전원을 통해 그러한 경지에 도달하여 즐거움을 느끼며 태평성대에서 노니는" 환상을 상상 속에 구현하고 있다. "교화적 수용과는 다른 편린을 보여주는 것"으로서 이것은 지극히 서정적인 흥감(興感)의 문제에 관련되는 측면이다. 사람이 어디서 왜 흥감을 느끼고 무엇에 어떻게 흥취를 가지게 되는가 하는 문제는 서정 관련 문학현상을 해명하는 데 있어 가장 중요한 열쇠라 할 수 있다. 그런 점에서 시정에 머물면서도 상상 속의 전원을 동경하며 전원 취향을 배양해 나가는 김형수의 이런 지향은 지속적인 탐구의 과제다.

농가(農歌)의 세계에 대한 김형수의 이런 애호는 애초에 이 언전농가를 접하는 순간에 이미 발동하고 있었다. 한번 보고 반하여 소매에 넣고 와서 때때로 외우고 읊조리며 몹시 행복해 했었노라고 고백하고 있다. 그리고 그 나름의 이유를 "부지런히 마음을 쓰는 뜻과 순박하고 아름다운 풍속이 산야 촌락의 사이에서 그대로 움켜내어 온 것 같아서"38)라고 밝히고 있다. 그리하여 "스스로 격절하고 탄상하는 일을 금하지 못한"39) 나머지, 마침내 번역에까지

莊屯中人也 無疑. 然則野色山影在眼, 秧歌艸笛生耳, 堯天戴于頭上, 漢書人於手裡(*茆屋槲籬隱映, 牛欄豚欄安排, 下塒鷄啄, 竹塢隔溪, 尨嗥花村, 轓確春水, 葛巾漉醪) 紅塵隔世, 白雪出峀, 寵辱都忘, 安閒是適, 雖無求田問舍之事, 亦可乎哉云爾."

38) "憂勤之意, 淳庬之風, 可掬於山野村落之間"

39) "自不禁擊節嘆賞者屢矣,"

착수하게 되었다는 것이다.

이렇게 그는 언전농가를 그가 꿈에도 그리던 전원형상의 구현물로 보고 애호한 나머지 번역에까지 이르게 된 것이라 할 수 있다. 지금껏 그가 정성껏 채집하여 시 속에 담아 왔던 건강하고 순박하고 황홀하기까지 한 전원의 모습들이 총체상을 띠고 생동하는 세계가 바로 농가의 열두 달을 입체적으로 읊은 이 언전농가였던 셈이다.

이에 따라 〈월여농가〉의 작품세계는 도성 안에서 전원적 삶을 이상태(理想態)로 동경하던 중인 김형수의 시각(視角)이 강하게 반영되어 있는 것으로 보인다. 토속어와 문화어의 교직(交織) 양상, 한반도의 기후실정과는 다소 어긋나 보이는 절서감(節序感)의 설정, 농촌 풍속(風俗)이나 속신(俗信)의 집성(集成) 등은 장편(長篇) 고시(古詩) 〈월여농가〉의 특징적인 국면들이다. 그러나 이러한 국면들에 대한 본격적인 검토는 19세기에 족출(簇出)한 농경 관련 시편들과의 대비를 통하여 좀더 정밀하게 검토될 필요가 있다. 특히 〈월여농가〉와 가장 가까운 거리에 있는 〈농가월령가〉와는 치밀한 대비 검토가 필요하다. 이러한 본격 검토는 지면의 제약 때문에 후고(後稿)의 과제로 미뤄두기로 한다.

Ⅱ. 향촌사회의 현실과 여성 형상

조선후기 향촌사회와 치산 관련 여성형상

1. 향촌사족의 삶의 조건과 치산의 담론화

본고는 조선후기 향촌사족층의 문학에 주로 출현하는 치산(治産) 관련 여성형상을 분석 검토하고 그 사회사적인 의미 맥락을 밝혀 보고자 하는 시도이다.

본론에 들어가기에 앞서 위백규라는 한 향촌사족의 현실인식과 여성인식의 변모 과정을 간략히 추적해 보고자 한다. 이 작가는 향촌사족으로서의 전형성이 뚜렷하고 그 개인사 또한 비교적 소상하게 밝혀진 경우여서, 작품 산출의 배경은 물론 생애조차 잘 드러나지 않는 향촌사족층의 문학을 이해하는 데 큰 도움이 된다고 판단되기 때문이다.

위백규의 문집 속에는 두 종류의 여성상이 드러나 있다. 가문의

---

* 이 글은 『古典文學研究』 31호(2007.6)에 실렸던 논문을 가다듬은 것이다.

유지와 번영에 기여하는 여성과 그렇지 않은 여성이 바로 그것이다. 후자는 일반적으로 불특정 개인이거나 사특한 신풍조에 감염된 여성들인 것으로 진술되고 있다. 전자 또한 행장류의 글 속에서 예찬의 어조로 기술되는 경우가 많다는 점에서 실재하는 여성상이라기보다는 이념형에 가까운 여성 형상이라 할 수 있다. 이런 측면을 감안한다면 위백규의 글 속에 거론되는 이러한 여성상들은 현존하는 실재로서의 여성상이라기보다는, 향촌사족으로서의 위백규 자신이 향촌사족층 가문의 여인들을 바라보는 두 가지 상반된 태도의 상관물라고도 볼 수가 있다.

위백규의 진술과 묘사를 좀더 구체적으로 짚어 본다면, 그는 구차한 살림 형편에도 불구하고 내훈(內訓)이나 여범(女範)을 구현하여 가문적 체통을 지켜 내고 일족의 단결에 기여한 여인을 칭예(稱譽) 고평(高評)하고,[1] 소가족 혹은 핵가족 이기주의를 고집하여 물질적 이해관계 때문에 가문적 결속을 해치거나 생계를 우선하여 남편과 자식을 천역(賤役)으로 내모는 여인을 폄하(貶下) 타기(唾棄)하였다.[2]

그러나 도덕주의(道德主義)에 기초한 복선화음(福善禍淫)의 신앙을 고취하고 있는 위백규의 이러한 진단과 처방이 과연 적절한 것이었는지는 의문이다. 여성의 일생을 이렇게 관념적으로 재단하기에는 향촌사족층의 삶의 조건이 너무나 절박하게 악화되고

---

1) 가장 전형적인 자료는 돌아가신 어머니를 추모하여 세목별로 어머니의 행적을 기록한 〈思成錄〉 前篇을 들 수 있다.

2) 이러한 소가족중심주의나 물질중심주의의 신풍조를 종합적으로 거론하고, 그 선봉에 서 있는 젊은 부녀들을 성토 경계하고 있는 글이 家中四時會의 〈戒辭〉다.

있었기 때문이다. 41세경 북학(北學)[3]을 접고 귀농(歸農)하다시피 한 그가 사강회(社講會)라는 문중 차원의 생활혁신운동과 더불어 가정 단위의 가중사시회(家中四時會) 행사를 펴던 당시에는 모든 것이 확신과 희망에 부풀어 있었던 것으로 보인다. 하지만 의욕적으로 펼쳐 본 이러한 활동들은 생활세계의 냉엄한 현실에 부딪치면서 이내 좌초의 위기를 맞게 되고 40대 후반에 들어 그는 깊은 우울증까지 겪게 된다.[4]

이러한 희망과 좌절의 긴 과정을 겪으며 생계의 담지자, 생계주체로서 40대 10여년을 보내고 난 이후, 그는 비로소 관념 세계에서 빠져나와 생활세계의 모든 간고와 난관을 지실(知悉)하는 생활인으로 거듭나게 된다. 향촌사족로서의 정체성을 비로소 뚜렷하게 자각했던 셈이다. 이때에 이르러 비로소 그의 문학에도 훈계와 교술의 대상이 아닌 생존의 일선에서 고투하는 여성, 연민과 체휼의 대상으로서의 여성이 자리 잡게 된다. 다음에 그 사례 둘을 뽑아 옮겨 두기로 한다.

A.

我以其酒不以醬 나는 술을 바쳤건만 장이 아니라 트집하니
大東詩人先我得 '대동'편을 읊은 시인 나의 선구자일세.
咄嗟求死而不得 탄식하며 죽기를 구해도 죽을 수도 없나니

---

3) 호남에서도 변방이라 할 수 있는 장흥에서 서울이며 충청도 쪽으로 스승을 정하여 배움을 떠나는 것을 일컫는 용어다. 존재 위백규는 25세경부터 40세경까지 충청도 덕산의 병계 윤봉구를 스승으로 정하고 수시로 내왕하며 성리학을 배웠다.

4) 이러한 위백규의 개인사에 관해서는 『존재전서』의 '연보' 항목 및 김석회의 『존재 위백규 문학 연구』 '생애와 사상' 항목을 참조할 수 있다.

百年三萬六千眞虛擲 백년 한평생 삼만 육천 날, 실로 헛되도다.
五經四書非不讀 오경 사서를 안 읽은 것 아니요
孔孟程朱非不學 공맹 정주를 안 배운 것 아니나
海天壓頭面目惡 해천이 압두하는 벽촌의 서생, 면목조차 꾀지레하니,
窮巷誰問朝不食 궁벽한 시골구석, 아침을 거른단들 뉘 있어 문안하리.
姉妹相唁計無策 누이들은 서로 위로해 보나 계책이 없고,
妻子交謫懷謾惡 처자들은 번갈아 둘러대지만 속으론 악이 바치리.
五候肉食吾不數 오후의 육식을 내가 헤아리는 것 아니요
奸民頑富吾不福 간민의 완부도 내 복으로 여기지 않나니,
但使年年無五災 해마다 겪는 다섯 재앙만 없이해 주신다면
耕田鑿井吾自足 밭을 갈고 우물 파도 스스로 만족하리.[5]

B.

四千歲去一番春 사천 년 지나 한번 오는 봄인데
目下荒年未必嗔 흉년이 들었다고 성낼 거야 없지.
小麥團蒸兒意氣 밀을 거둬 말린 것은 아들놈 의기요
弊衫牽補婦經綸 해진 적삼 기운 것은 며느리 경륜.
奴尋隱沽愆朝課 종놈은 몰래 팔 걸 찾노라 "조과"를 탓하고
婢撤殘籬備夕薪 종년은 해진 울타리 뜯어 저녁 땔감 마련이라.
惟有老翁無事事 오직 이 늙은이만 할 일이 없어서
坐看羲易岸烏巾 지질러 앉아 주역 보기 오건이 훌러덩.

稱爲梅霖古或然 봄장마라 이르나니 옛적에도 혹 있었네만
飜盆浹旬祗今年 열흘 간 동이를 엎어 붓듯 함은 올해뿐이리.
農民愁死其如歲 농민들 시름에 죽는 거야 해마다의 일이나
大陸橫侵莫問天 땅덩이 다 잠겼지만 하늘에 따질 수도 없군.

---

5) 위백규, 『존재전서』, (경인문화사 영인본, 1974.) 상 36면. 〈年年行 二〉.

賢聖有言吾自慰　성현의 말씀 있으매 나는 어찌 지내련만
爨炊無計婦堪憐　부엌거리 대책 없으니 며느리가 가엽도다.
化翁戱劇應未已　조화옹의 장난 아직도 끝나지 않았거니
且喚家僮看防川　또 일꾼 불러 방천을 살피라 해야지.[6)]

A는 〈년년행 이〉의 후반부 한 대목으로서 그가 이끌던 사강회 운동이 거의 해소 단계에 접어든 50대 초반 경에 지어진 것으로 보인다. 이 장편시는 온갖 자연재해와 가렴주구 속에서 파탄지경에 내몰린 향촌의 실정을 매우 절박하게 호소하고 있다. 화자는 공맹과 정주를 알 만큼 아는 사족(士族)임에도 재해와 수탈 앞에서 무방비 상태가 되어 생존의 벼랑에 그대로 내몰려 있다. 이러한 와중에 가장 막막함을 느끼는 이들은 주방을 책임지고 있는 여성들이다. 그들은 아직도 부덕(婦德)의 규범을 따라 겉으로는 서로를 다독이면서, 걱정하는 남정네들까지 안심시키려 든다. 그러나 이것은 어디까지나 미봉책에 불과할 따름이어서, 속으로는 불만이 쌓이고 악이 바치게 된다. '항산(恒産)이 없으면 항심(恒心)도 없다'는 맹자의 경구를 떠올리게 하는 현장이다. 이러한 현실 앞에서 화자는 부덕(婦德)에 관하여 설교를 하는 대신, 하늘을 향하여, 위정자를 향하여, 제발 살 길을 열어 달라고 간절히 하소연하고 있다. 여기서 경전착정(耕田鑿井)을 말하고 있는 것은 격양가(擊壤歌)의 환기(喚起)와 더불어 사족(士族)인 화자 자신의 영농 의지를 피력한 것으로 볼 수 있다. 체통(體統)이며 노고(勞

6) 위백규, 『존재전서』, (경인문화사 영인본, 1974.) 상 22면. 〈疊韻送義瑞單道別懷〉의 제2수,제3수.

苦)를 따지지 않고 영농에 뛰어들 태세를 갖추고 있는 향촌사족의 다급한 처지가 아울러 드러나 있는 셈이다.

B는 60세경에 지어진 시로 추정이 되는데 역시 긴 봄장마를 이겨 넘는 생계 담지자들의 애로에 대한 연민과 동정을 담고 있다. 화자는 이제 생활 전선에서 퇴역하여 독서인으로 돌아가 있는 상태에서 생존을 위해서 노고를 다하는 아들과 며느리, 남종과 여종을 긍휼의 시선으로 바라보고 있다. 특히 며느리에 대한 시선이 매우 유정하여 길쌈 노동이며 주방의 애로에 대하여 각별히 신경을 쓰고 있음을 볼 수 있다.[7)]

이상 위백규의 사례를 통하여, 독서와 과거공부에만 매달려 향촌의 실정에는 어둡던 향촌사족의 일원이 생계의 담지자로 자리매김이 되면서 향촌의 생활여건이며 자기 계층이 당면한 위기상황에 눈을 뜨게 되는 양상을 확인할 수 있었다. 아울러 '항산(恒産)의 확보'라는 절박한 문제, 곧 치산의 문제가 중요한 관심사로 떠오르면서 담론화하는 기미를 포착할 수가 있다. 이러한 각성과 더불어 자기 계층 여성의 처지에 대해서도 좀더 깊은 이해와 연민의 시선을 보이게 되는 바, 이러한 시선으로 포착된 향촌사족층 문학의 여성 형상은 향촌사족층 문학이나 여성문학의 심층적인 이해를 위해서 좀더 정밀하게 살펴질 필요가 있을 것으로 보인다.

여기서는 이러한 여성 형상들 가운데, 주로 치산(治産)의 문제와 관련된 여성형상을 집중적으로 검토해 보고자 한다. 치산이란

---

7) 이 밖에도 〈청맥행〉의 서두에는 춘궁기 보리고개를 넘기기 위하여 '풋보리를 잡아 조석에 이바지하는 아내의 형상'이 보리죽의 형용과 함께 아주 살뜰하게 그려져 있다.

문자의 뜻 그대로 재물을 관리하고 재산을 꾸려 나가는 일을 말하는데, 그런 점에서 엄밀한 의미에서의 치산이란 관리할 만한 재물이나 재산이 어느 정도 있다는 것을 전제하는 용어라 할 수 있다. 전형계녀가(典型誡女歌)의 11개 항목 가운데 제9번째에 위치하여 주로 근검(勤儉)과 절용(節用)을 강조하는 '치산' 항목도 기본적으로 이러한 개념의 연장선이었다. 그러나 벼슬길에서도 농업경영에서도 멀어져 버린 향촌사족층의 집은 아예 관리할 만한 재물이 거의 없는 적빈(赤貧) 상태에 놓인 경우가 허다하였다. 이럴 경우 누군가가 생계를 위하여 생산노동에 종사하는 것은 필연적이 될 수밖에 없는데, 그런 활동들 또한 넓은 의미에서 치산의 문제로 함께 포괄하여 다룰 필요가 있다. 왜냐하면 있는 재물을 관리하는 것이나 없는 재물을 만들어 내는 것이나 모두가 다 항심(恒心)을 위한 항산(恒産)의 확보라는 향촌사족층 가문의 당면과제와 밀착된 것이기 때문이다. 이 둘을 포괄하여 치산의 범주로 묶고, 필자가 섭렵한 자료를 중심으로 향촌사족층 문학의 치산형 여성형상의 특징과 의의를 검토해 보기로 한다.

2. 치산 관련 여성의 형상화 양상

1) 치가형의 여범적 여성

우선 일차적인 고찰의 대상은 치가형(治家型)의 여성으로서 계녀서나 전형계녀가에서 강조하는 근검(勤儉) 절용(節用) 형의 치산을 잘 구현해 낸 예다. 여성들의 일생 행적을 적은 여성 행장류에서 많이 발견되는데, 이러한 여성형은 굳이 향촌사족에 의해 쓰여진 여성 행장에만 국한되는 것이 아니라 경화사족이 쓴 여성 행장에도 두루 편재(遍在)하고 있다. 근검(勤儉) 절용(節用)이란 것이 빈부와 귀천을 막론하고 고금에 두루 통용되는 보편적 미덕이란 점에서 행장에 오를 만한 여성은 대개 이러한 치산의 부덕(婦德)을 갖춘 인물들이었기 때문이다. 이 경우 근검 절용의 미덕은 한 가정의 유지와 번영을 위해서는 물론 한 개인의 수신(修身)을 위해서도 큰 기여를 한 것으로 평가되는 것이 일반적이다.

그러나 이러한 근검 절용이 액면 그대로의 미덕이 되지 못하고 일향 예찬의 대상이 되지 못하는 경우가 생긴다는 점에서 향촌사족층 여성 행장의 특징이 발현되고 있다. 그 대표적인 경우가 18세기 초반의 여성 행장 가운데 하나인 〈망실안인윤씨행장(亡室安人尹氏行狀)〉인데, 이는 외암(巍巖) 이간(李柬, 1677~1727)이 40에 조사(早死)한 아내 윤씨의 행적을 기록한 것이다. 안인[8] 윤씨는 경사(京師)의 부유한 벌열가 가운데 하나였던 파평윤씨(坡平尹氏)의 따님으로 호서의 대표적인 산림학자였던 외암 이간에게 시집을 온 경우인데, 이러한 결연은 부귀한 경화벌열 가문과 청빈(淸貧)한 산림학자(山林學者) 가문의 결합 구도로서 변형 계녀가의 대표적인 작품으로 꼽히는 〈복선화음가〉의 경우와 아주

8) 제목에 붙인 '安人'은 정칠품·종칠품 문무관의 아내에게 주던 품계 이름이다. 외암 이간이 아내 윤씨가 죽고 난 먼 후일에 관직에 나아감으로 말미암아 얻은 것이니, '安人'을 붙이는 이간의 마음이 매우 착잡했을 것이다. 어쩌면 여기서의 '안인'이란 문자의 뜻 그대로 '나에게는 참으로 편안한 당신이었소!"하는 느낌까지를 담고 있는 것처럼 보인다.

방불하다.

윤씨는 남편의 수신이며 학업에 방해가 되지 않도록 하기 위하여 가난한 살림의 모든 애로를 홀로 짊어지고 온갖 고생을 무릅쓰고 살다가 늘 산후증으로 시달리면서도 치료 한번 제대로 받아보지 못하고 숨을 거두고 만다. 그 대목을 옮겨 보면 다음과 같다.

> 그러나 그 남편된 자가 본디 혹독하게 가난한 데다 성품 또한 우활하여서 가사에는 일찍이 한번도 마음 쓴 적이 없었기에, 무릇 제사며 노친 봉양, 가정사의 자질구레한 모든 일들까지 안인이 실로 혼자 스스로 담당하여 뜻을 다하고 힘을 다하여 밤낮으로 수고롭고 곤하였다. 곤고함의 극에서 혹 때로 슬피 탄식하는 말도 있었으나 그 마음은 늘 가정 일의 자질구레한 일이나 세간의 속된 일들이 남편의 뜻을 방해하여 빼앗지 못하도록 하는 데 있었기에, 늘 남편의 미간을 살펴 근심이 있는가 싶으면 문득 위로하여 해명하기를 "있고 없고 주리고 부른 것은 오직 내게 달린 일이니 장부께서 간여하실 일이 아닙니다"라고 말하였다. (중략) 이같이 조심조심 20년을 하루 같이 하다가 안인은 급거히 사라졌나니, 아아 슬프도다! 어찌 그리 궁핍했던고! (중략) 안인의 사라짐에 그 남편은 슬퍼 탄식하여 이르기를 "선민(先民)의 말씀에 선인(善人)은 반드시 복을 받고 인인(仁人)은 반드시 장수한다 하였으나, 이제 우리 안인 같은 이는 그 뜻과 행실이 어질고 착하지 않음이 없음에도 어려서 그 어머니를 잃었고 멀리서 그 아비를 곡했으며, 구고(舅姑) 있음에도 그 봉양을 충분히 할 수가 없었고 남편이란 게 있어도 심히 어리석어 해로치를 못했으며, 늦게야 자녀를 두어 큰애도 행례(行禮)를 치르지를 못했고 어린 것은 젖을 떼지 못한 채로 궁핍히 주리기를 스무 해, 쇠하기도 전에 문득 아침이슬의 신세가 되었으니 복(福)이란 과연 어떤 물건이며 수(壽)란 과연 어

디에 있단 말인가! 9)

위백규는 가중사시회의 〈계사〉에서 남편의 뜻을 빼앗고 천역(賤役)으로 내모는 부녀를 극도로 경계하면서 저주(咀呪)와 앙화(殃禍)를 자초하는 일이라고 경고한 바가 있는데,10) 안인 윤씨의 경우는 스스로 가난의 짐을 지고 남편을 선비 학자의 본업(本業)에 충실할 수 있도록 극도의 자기희생을 감내해 나간 여인이라 할 수 있다. 그러나 이러한 자기희생의 여범적(女範的)인 삶이 '복선인수(福善仁壽)'로 귀결되지 않고 다분히 비극적인 파국에 이르게 되었다는 점에서, 근검 절용의 방식이 부딪친 한계상황을 짐작할 수 있다. 남정네들이 발을 묶고 들어앉아 책만 읽는 향촌 사족층의 가정에 닥치는 곤경이요 한계상황이라 할 수 있는 셈이다.

그런 점에서 〈망실안인윤씨행장〉은 전형계녀가가 규정하고 있는 여인의 근검 절용적 치산만으로는 더 이상 지탱될 수 없는 향촌사족층 가문의 경제적 한계상황을 여실히 드러내 주는 자료라

---

9) 李柬, 〈亡室安人尹氏行狀〉, 巍巖遺稿 권16, 한국역대문집총간 190책, 522~523면.

10) 위백규, 『存齋集』, 권18, 〈가중사시회 계사〉 중. 그는 이 글에서 부부의 도리를 당위적 명제로 제시한 후에 당시의 풍조를 다음과 같이 개탄한 바 있다("今時則不然 擧世汨於利欲 淪於禽獸 凡爲人妻 憚於獨勞 督責其夫 凌轢詬詈 使其夫雖躬執賤役如僮僕 頑愚無知如禽獸 恬不知恥 反以爲喜 此則天地易位 君臣失序 其家豈有後祿裕及子孫哉"). 그리고 결론부에 다시 한 번 부인의 의를 다한 이들이 받을 복을 강조하고 있다("凡婦人之義 必輔佐夫子 必使名譽過人 知識出衆 每恐心志由我而有移 行義由我而有虧 敬謹自持 勿憚勞苦 則家雖貧而德日富 上天監臨 子孫有慶 豈不美哉").

고 할 수 있는 셈이다. 〈망실안인윤씨행장〉이 이러한 한계상황의 벽 앞에서 근검 절용적 여성 치산이 드러내 보이는 닫힌 출구를 보여주는 현실 증언적인 자료라면, 〈복선화음가〉는 비록 낭만적인 허구가 가미된 것이기는 하지만 이러한 닫힌 출구 앞에서의 새로운 모색과 전망을 보이는 담론(談論)이라고 할 수 있다.

2) 생업 투신형의 노동하는 여성

다음으로는 살필 여성형은 직접 노동 현장과 생업 전선에 투신하고 있는 여성이다. 19세기 향촌사족의 작품에 좀더 특화되어 드러나고 있는데, 하향적 관찰의 단형시에 머물던 이전의 애민시(愛民詩) 유형과는 판연히 달라져 있다. 그 가장 전형적인 경우가 〈전가부(田家婦)〉와 〈시가부(詩家婦)〉라는 작품인데, 이는 경남 함양의 선비였던 서인순(徐璘淳, 1827~1898)이 농사의 길로 들어선 집의 아낙과 여전히 독서와 과거에 매달리는 집의 아낙이 당면한 삶의 현실을 대비적으로 읊고 있는 장편 한시다.11) 그의 문집인 『화헌유고(華軒遺稿)』 권3의 맨 끝에 나란히 수록되어 있는데, 〈田家婦〉는 7언 40구, 〈詩家婦〉는 7언 위주의 오칠잡언(五七雜言) 40구로 이루어져 있다. 『화헌유고』의 편제로 보아 이

11) 〈전가부〉에 대해서는 정한기 박사가 '노동하는 여성 형상'의 문학사적 전개를 살피면서 역점을 두어 소개 고찰하였고, 〈시가부〉에 대해서는 김석회가 '향촌사족층의 士農分岐' 현상과 관련하여 〈전가부〉와 함께 다룬 바 있다. (정한기, 「徐璘淳의 〈田家婦〉에 나타난 여성형상의 문학적 위치」, 김병국 외, 『조선후기 시가와 여성』, 월인, 2005년 5월. 김석회, 『농사하는 집 아낙과 글하는 집 아낙』, 『한국고전여성문학연구』 11집, 한국고전여성문학회, 2005.12월.)

들은 연작시(連作詩)임이 분명하다. 『화헌유고』는 제1권에서 제3권에 걸쳐 시를 수록하고 있는데, 대부분이 7언시로서 4구이거나 8구로 이루어진 단형시인데 비해 이 두 작품만이 40구로 예외적으로 장형화되어 있고, 맨 마지막 작품 〈시가부〉가 이웃집에 사는 '전가부'를 손짓으로 불러 울타리를 사이에 두고 원정(願情)을 한 내용으로 되어 있기 때문이다. 주제적 관심 또한 '농사에 투신을 하는 것이 과연 옳은가?'에 맺혀 있어, 이 두 작품은 연작적 질서 속에서 그 전략적 배치의 문제까지를 짚어볼 필요가 있는 작품들이다.[12)]

먼저 〈전가부〉의 개략적인 내용을 소개해 보면 다음과 같다.[13)] 이 작품은 "농사하는 집 젊은 아낙 무엇을 탄식하나?(田家少婦何所歎)"로 시작하여 "내 짐짓 이리 노래하는 건 애오라지 근심을

12) 〈전가부〉 〈시가부〉라는 표제만으로 볼 때는 별 관련이 없어 보인다. 그러나 이면적으로는 향촌사족층이 당면한 삶의 현실에 기초하여 '詩家의 삶을 계속 밀고 나갈 것인가', '田家의 길로 들어설 것인가'를 절박하게 되묻고 있어, 두 작품은 이러한 문제의식을 중심으로 견고하게 맞물려 있다.

13) 이 작품 〈田家婦〉의 전문은 다음과 같다. 번역과 해석은 앞의 졸고(2005)를 참조할 것.
田家少婦何所歎　身備四愁心五悲　新嫁三日承姑訓　織絹耘畝宜及時　農乃登麥期卒歲　布欲供稅看星移　夕窓紡燭晨繼爨　垢膩頰淚斑斑垂　夫婦情深無暇樂　夜何漫漫日又遲　鸗入巢兮筍成竹　把銚持鎛良人隨　日午南郊耨且饁　汗沾單衫流四肢　帶月歸家催上機　燈煤挖翳不嫌黧　八月九月秋乃成　疋如雲錦稼如茨　公糴私貸都償了　穀無擔石箱無絲　大兒小兒泣相語　生不得襪脚胼胝　婦曰阿郎何由活　我言非譎亦非訾　昨過城南豪貴門　錦帳花燭夢熊羆　四時不勤衣廩足　生未仰止死爲期　郎曰婦看措大妻　案對黃券廚懸錡　近夜還家妾羞面　含淚渡水兒呼飢 使吾自安不服田　冬未著綿夏未絺　郎言有理足相憐　敢將辛苦作皺眉　一生耕織是本分 妾兮郎兮復奚爲　我姑歌此聊寫憂　閭里艱難有誰知

덜려 함일 따름/ 촌마을의 간고한 어려움 누가 있어 알아 주리! (我姑歌此聊寫憂 閭里艱難有誰知)"로 끝난다. 수미(首尾)의 호응만 보더라도 이 작품의 본론이 전가부의 '탄식의 노래'라는 것을 짐작할 수가 있다. 실제로 이 아낙은 사수(四愁)를 몸에 지니고 오비(五悲)를 마음에 품고 사는 것이 자기의 신세라고 말문을 연다. 이어서 그 구체적인 내용들을 풀어내는데, 보리농사 - 실잣기 - 김매기 - 들밥내기 - 베짜기 - 가을걷이 - 빚잔치의 온갖 노고와 애로들을 차례로 읊은 뒤에 그렇게 신고(辛苦)를 다하고도 아이들이 헐벗고 굶주리는 정황을 그들의 징징대는 하소연으로 형상화하고 있다. 그리고 이런 참혹한 현실인식의 뒷자락에서 남편에게 '살아갈 도리가 이 길밖에 없는가?'를 절박하게 묻는다. 이에 남편은 '이웃집 조대(措大)[14]의 아내를 보지 못하느냐!'고 도리어 반문을 하며, 자신이 만일 '복전(服田: 농사에 종사함)'하지 않았다면 기본적인 의식(衣食)조차 해결하지 못했을 것임을 강조한다. 이러한 처량한 문답의 끝에서 아내는 눈물로서 남편의 말을 수긍하고 자기들의 존재조건이며 현실적 처지를 용인하면서, 제발 '여리간난(閭里艱難)'을 헤아려 달라고 세상에 하소연하고 있다.

여기에 후속하는 〈시가부〉의 내용은 다음과 같다.[15] 이 작품은

---

14) 措大란 흔히 '선비의 異稱'으로 사전에 풀이되어 있는데 글자의 뜻대로라면 '큰 일을 조처할 수 있다'는 말이어서 말 자체로는 부정적인 뜻이 아니다. 그러나 일반적으로 '물정을 모르는 우활한 사람'을 가리키는 용어로 고정이 되어 남을 무시하거나 스스로를 自嘲할 때 주로 쓰인다. 여기서도 田家의 남정이 詩家의 남편일 것으로 예측되는 사내를 措大로 지칭하는 것은 자신의 服田 행위와 대비하여 그 사내를 비꼬거나 비웃는 뉴앙스를 풍기고 있다.

15) 이 작품 〈詩家婦〉의 전문은 다음과 같다. 번역과 해석은 앞의 졸고

시가(詩家)와 전가(田家)가 이웃하여 살고 있는 정경 묘사(詩家隔在田家隣)로 시작하여, 곧바로 시가부가 전가부에게 만단사설의 원정을 길게 풀어내는 형식을 취하고 있다(招招隔墻論懷悲). 화자는, '잠시도 쉬질 못하고 일만 하다 늙어간다'는 전가부의 탄식이 자기 신세에 비하면 오히려 호강에 겨운 푸념이라고 말을 하면서 자기의 설운 사정을 풀어낸다. 글을 읽는다고 집을 떠나 살림에 오불관언(吾不關焉)하는 남편, 소진(蘇秦)이나 주매신(朱買臣)에 스스로를 비기며 큰소리만 쳐 대는 남편, 과거 채비 대노라 혼수도 팔고 삭발까지 해야만 했던 자기 자신의 비참함, 부서진 창, 찬 구들, 바닥난 길쌈거리, 비는 때를 기다려 손발이 트는 걸 개의치 않고 무리하게 찧어야만 하는 이웃집 디딜방아 등등, 파탄에 가까운 생계 형편과 폐가와 방불한 집구석을 탄식조로 읊조린다. 여기에 이어 '남정네 밭 갈고 여인네 들밥 내는(夫耕婦饁)' 전가(田家)의 삶과, 헛된 꿈에 집착하여 백면서생으로 세월을 허송하는 시가(詩家)의 삶을 대비시켜, 전자야말로 빈풍(豳風)의 유속(遺俗)을 따르는 건전한 삶이요 기쁨을 기약할 수 있는

(2005)를 참조할 것.

詩家隔在田家隣　招招隔墻論懷悲　田婦一歎語　休息暫無時　織絹償逋農輸租　救活不覺年光移　比我平生嘆亦喜　語未口出淚眼垂　夫壻讀書城南去　書中富貴云不遲　弊貂何必蘇子還　後車爲恥買臣隨　去年東堂射策日　賣盡嫁衣露四肢　今春又何科　剪盡頭髮黧　破窓冷突風颼颼　析薪難於登具茨　我非女工拙　篋裏元無絲　每雇鄰家舂　何嫌手足胝　不窺園蕪惟下帷　雖然厭聽傍人訾　不識奚妻烹伏鷄　謾待周王卜匪羆　羨君猶有豳遺俗　夫耕婦饁驩永期　撲棗斷瓠秋成日　新稻白飯盈釜錡　二月新絲五月穀　償逋有期能耐飢　視我白面無恒業　寒不能裘暑不絺　徒喫英華浮菜色　一点貴氣肯噓眉　十年做工還白首　紆青拕紫何時爲　手持琅玕無羽翰　每欲愬天天不知

보람된 삶임을 역설하고 시가부(詩家婦)로서 자기 삶의 공허와 절망을 푸념하는 것으로 매듭을 짓고 있다.

이들 두 여성을 위백규의 〈계사〉에 비추어 평가를 해 본다면, 둘 다 그 규범에서 벗어나 있거나 그러한 규범으로는 재단하기 힘든 인물들이다.

전가부(田家婦)는 길쌈이며 살림살이 등 온갖 집안의 일을 도맡아 할 뿐만 아니라 김매기며 가을걷이 들밥내기 등 농사일과 농사 뒷바라지까지 그야말로 한 시도 쉴 틈이 없이 노역에 매인 몸이다.[16] 온갖 천역(賤役)을 마다하지 않는다는 점에서는, 천역을 떠안겨 남편의 지기(志氣)를 뺏음으로 하늘의 저주를 자초하는 여성에서는 거리가 멀다. 그러나 불평을 품고 남편을 원망하는 점에서는 위백규가 말한 '복의 그릇'과도 거리가 멀다. 하지만 처지 자체가 위백규가 규정하고 있는 반가(班家)의 선비라는 표준에서는 한참 멀어져 남편은 이미 '복전(服田)'의 길로 들어선 사람이다. 오히려 아내가 '다른 방도' '다른 길'이 없는가를 남편에게 되묻고 있다. 아내가 거론하고 있는 것은 성 안의 '호부가(豪富家)'다. 군수나 현령 등 관료의 집을 지칭하는지, 아전층의 집을 지칭하는지, 아니면 상공업에 기반한 신흥 부호의 집을 지칭하는지 그 내용은 알 수가 없지만, 아내의 말을 받아치는 남편이 거

16) 부부 금슬이 좋지만 함께 즐길 여가가 없고, 자식들이 버선이 없어 발이 다 얼어 터질 지경인데도 그런 아이들을 건사하고 돌아볼 여유조차 없는 것으로 묘파되어 있다. 노역의 굴레를 기술하는 이 대목의 끝에 맨발로 凍傷의 아픔을 하소연하는 아이들을 배치한 것은 버선조차 만들어 신길 시간적 경제적 여유가 없음을 드러낸 것으로, 갖은 노역을 다해도 헤어날 길 없는 생활고의 각박함을 잘 형상한 것이라 할 수 있다.

론하는 것은 이웃에 있는 조대(措大)의 집이다. 얼핏 보기에는 동문서답 같이 보이는 이들 부부의 문답 속에 〈전가부〉 속 '전가'의 태생적 신분이 숨겨져 있다. 복전(服田)하기 이전에는 이웃집 시가(詩家)와 똑 같이 독서를 하며 과거(科擧)의 길을 바라는 향촌 사족층의 일원이었음을 보여 주고 있는 셈이다.

그러기에 시가(詩家)와 전가(田家)는 담을 격하여 이웃으로 살고 있다. 그러니 '시가'라 하여 그 아내의 처지가 달라질 것은 아무 것도 없다. 시가부(詩家婦) 또한 안팎의 궂은일을 다 도맡아 해야 하는 처지다. 오히려 남편이 살림에 오불관언(吾不關焉)하니 부녀로서는 하기 힘든 장작 패기나 지붕 잇기 같은 험한 일도 회피할 수가 없다. 그러니 이 여인 또한 표면적으로는 위백규의 〈가계(家戒)〉적 규범을 온전히 체현하고 있는 셈이다. 하지만 이 여인이 남편의 지기(志氣)를 세워주는 여인은 아니다. 오히려 그 반대로 남편의 드높은 지기(志氣)에 염증(厭症)을 느끼고 그것을 냉소(冷笑)하고 있다. 그리하여 "우리집 백면서생 생업이 없으니, 추워도 갖옷을 못 입고 더워도 갈옷을 못 입는다네(視我白面無恒業 寒不能裘暑不絺)" 하고 개탄해 마지않으며, "십 년 공을 들이고도 도리어 머리털만 희었으니, 고관대작 벼슬은 언제나 하려는가(十年做工還白首 紆青拕紫何時爲)" 하면서 넌지시 남편을 비꼬고 있다. 그러니 이 여인 또한 위백규가 말한 '복의 그릇'과는 거리가 멀다.

그렇다면 〈전가부〉와 〈시가부〉는 여범(女範)이 규정하고 있는 바의 부덕(婦德)에 실패하고 있는 여인들을 고발하고 성토하는 담론인가? 그렇지는 않다. 그 서술의 양태로 보거나 작가 서인순의 개인사에 비추어 볼 때, 오히려 그 반대에 서는 것이 이 작품들이라고 할 수 있다. 위백규의 〈가중사시회 계사〉가 철저히 남성의 입장, 특히 가부장의 관점에서 이루어진 하향적 교술임에 비해, 이 작품들은 기본적으로 여성의 입장과 처지, 그 실제적 삶의 세부로부터 사태의 실상과 당면한 문제들을 짚어 내어 오히려 향촌사족층 남성 일반의 반성적 성찰을 유도하고 있다. 실제 서인순 자신이 로또와도 같은 과거(科擧)의 함정을 누구보다도 잘 알아 과업(科業)을 포기하고 평생 향촌에서 학문과 가색(稼穡)에 힘쓰는 삶을 살았던 사람이고,[17] 자손들에게도 안정된 생활 속에 사람의 도리를 강구할 것이요 헛된 영화에 집착하지 말 것을 유언처럼 당부한 바 있다.[18]

이렇게 만년(晩年)에 지어졌을 것으로 보이는 이들 작품에는 향촌사족층 아낙의 힘든 노역과 고달픈 삶이 생생히 묘파되어 있다. 위백규의 경우에도 노년으로 가면서 며느리에 대한 연민을 표백하는 진술이 많아지는 양상을 확인한 바가 있거니와, '새경 없는 머슴'이란 속담과도 같이 안팎의 궂은일을 도맡아야 하는 자기 집 며느리에 대한 향촌사족 노인의 미안함이나 부채의식이 이러한 문학적 형상으로 드러나는 것이라고 볼 수 있을 것이다.

아울러 이들 작품은 부녀들이 겪는 삶의 애로와 간고함, 그들의 한탄이며 소망을 여실히 그려 내고 대언함으로 해서, 향촌사족층

17) 졸고, 「농사하는 집 아낙과 글하는 집 아낙」 참조.(본서에 수록된 후속 논문)

18) 이 두 작품의 직전에는 〈病枕書示諸兒〉라는 작품이 실려 있는데, 節儉治家의 도리를 강조하며 紛榮奪志를 경계하고 있다. 이 시의 본문과 번역도 「농사하는 집 아낙과 글하는 집 아낙」을 참조할 것.

남성 일반의 반성적 성찰을 유도하고 있다. 〈병침서시제아(病枕書示諸兒)〉를 통하여 치가(治家)의 틀을 잘 잡아 나갈 도리를 강조했던 그 연장선에서, 좀더 형상적으로 자기들 삶의 조건을 조감(鳥瞰)케 하고 있는 셈이다.

3) 치부형의 탈여범적 여성

이상의 사례들에서 한 걸음 더 나아가 여성의 적극적인 치산, 여성의 생업 활동을 통한 치부(致富)를 그리고 있는 것이 바로 변형계녀가의 대표작인 〈복선화음가〉다. 계녀서나 전형계녀가 다루고 있는 11조목의 지침 중에서 제9항목에 해당하는 '치산'을 특화하여 다루고 있는 것이 〈복선화음가〉라 할 수 있는데,[19] 경화벌열의 가문에서 자란 여성이 강호한사(江湖寒士)의 집에 시집을 가서 겪게 되는 온갖 간고(艱苦)함을 서술하고, 분발 치산하여 성공한 행적을 서술한 후에(바로 이어서 치산에 실패하여 파탄에 이른 뺑덕어미 사설이 첨가되는 경우도 있음), 이를 토대로 시집가는 딸에게 훈계를 하는 내용이다.

이 작품에서 핵심을 구성하는 것이 바로 주인공 여성의 자전적

---

19) 11개 항목은 대개 事舅姑, 事君子, 睦親戚, 奉祭祀, 接賓客, 胎教, 育兒, 御奴婢, 治產, 出入, 恒心의 순으로 되어 있다. 〈복선화음가〉의 경우도 '복선' '화음'이라는 표제가 善을 닦아 婦德을 완성하면 복을 받고 그렇지 않으면 앙화를 당한다는 뜻이어서 婦德을 내세우고 있다. 실제로 11개 항목을 다 언급하지는 않아도 핵심 덕목인 事舅姑와 事君子는 거의 모든 이본에서 빠짐없이 강조하고 있다. 그러나 이것은 包裝의 차원에 가깝고, 그 실질은 治產의 成敗가 禍福의 갈림길임을 밝히고 선언하는 텍스트이다.

(自傳的) 술회(述懷)에 해당하는 치산성취담(治産成就談)인데, 이 대목은 '넉넉한 친정에서의 호강 - 생존의 벼랑에 내몰린 궁핍한 시가살이 - 극한상황에서의 발분 치산 - 치부와 가문 회복'의 구도로 이루어져 있다.

더 이상 친정에 손 벌리기도 어렵게 된 정황, 이웃집에 양식을 빌러 보낸 몸종마저 모욕만 당하고 돌아온 시점에서, 주인공은 발분 치산의 결심을 한다.[20] 전형계녀가가 규정하고 있는 치산 범절의 벽을 깨고 생산활동 및 매매활동에 적극 나서, 강구할 수 있는 모든 수단을 동원하여 생산과 이재(理財) 활동을 편다. 온갖 종류의 길쌈 외에 양잠과 영농, 채전 가꾸기와 교역행위가 다 동원되어 있다. 여기에 후속하여 대부분의 이본들이 이렇게 확보된 재부(財富)가 어떤 현실적 위력을 발휘하는가를 다각도로 그려 보이고 있다. 이본들마다 다소의 편차는 있지만, 주거며 세간의 놀라운 변화, 가족의 단란함과 행복, 남편과 자식들의 입신출세 등 모든 것이 이 재부(財富)를 토대로 성취되었음을 증언하고 있다.

〈복선화음가〉 주인공의 시집살이가 '선빈천(先貧賤) - 후부귀(後富貴)'의 한 전형이라면, 경계의 사례로서 이끌어 들인 괴똥어미의 시집살이는 '선부귀(先富貴) - 후빈천(後貧賤)'의 한 전형이다.[21] 고대광실 명문거족이라도 치산에 실패하는 경우 곧바로 패

---

20) 비교적 정연하게 필사되어 있는 〈紅閨勸奬歌〉의 대목을 보이면 다음과 같다.
"한심하다 이내 몸이 錦衣玉食 쌓였을 제 錢穀을 몰랐더니 一朝에 貧賤하니 이대도록 되얐난가 耳目口鼻 같이 있고 手足이 성성하니 제 힘써 治産하면 어내 누가 是非하리 저런 욕을 免하리라 분한 마암 깨쳐 먹고 治産凡節 힘쓰리라"

21) 『초당문답가』의 〈치산편〉에도 "선빈천 후부귀을/ 남의 불음 더욱 죠며/

가망신에 이르게 되고, 아무리 산림학자의 청명(淸名)이 있을지라도 의식(衣食)의 문제가 해결되지 않는다면 입신(立身)할 길이 없음을 형상적으로 드러내 주고 있는 셈이다.

그런 의미에서 〈복선화음가〉는 그 표제와는 달리 물질이나 재부의 위력과 선차성(先次性)을 역설한 텍스트로서, '선빈천(先貧賤) - 후부귀(後富貴)'를 '선부귀(先富貴) - 후빈천(後貧賤)'의 사례와 대비시켜 강조한 것이라 할 수 있다. '남편을 잘 받들고(事君子)' '시부모를 잘 모신(事舅姑)' 착한 행실에 대한 보응으로 가문이 창성하는 복을 받았다는 것은 그저 포장일 따름이고, 실제적으로는 '의식(衣食)의 해결'과 '항산(恒産)의 확보'가 가문의 회복과 번영을 위한 실제적 토대였음을 웅변하고 있는 것이 바로 이 〈복선화음가〉라 할 수 있다.

3. 조선후기 문학과 계층성의 문제

이렇게 향촌사족층의 가정 내부로부터 분비되어 나온 이 작품들 속에는 공통적으로 여성의 치가(治家)와 치산(治産)의 문제, 여성의 노동이란 문제가 다루어지고 있는데, 이는 당시 향촌사족층이 당면한 또 다른 기로(岐路)와 맞물린 것으로 보인다. 사농분기(士農分岐)의 문제가 바로 그것인데, 18세기 이후 공고해진 사족의 경향분기(京鄕分岐)는 향촌사족의 향촌 고착(固着)을 보편

선부귀 후빈천은 남의 우숩 더욱 슬타"와 같은 구절이 보이는데, 동일한 사태인식의 연장이라 할 수 있을 것이다.

적으로 강화함에 따라, 출구 없는 향촌사족층은 사(士)로서의 본업(本業)을 고집할 것인가 농(農)으로의 전업(轉業)을 택할 것인가를 심각하게 고민하지 않을 수가 없게 되었다. 이제는 더 이상 가문의 운명이 지체(地體)와 신분(身分)에 의해 지탱될 수가 없고 치산(治産)의 성패에 따라 달라져 가고 있었기 때문이다. 이러한 향촌사회의 현실 속에서 독경병행(讀耕竝行)'이나 '주경야독(晝耕夜讀)' 등 타협적인 모색이 시도되기도 했고, 아예 농부의 길로 들어서기도 했다.

한사(寒士) 이간이 진술하고 있는 아내 윤씨의 시집살이 곤경과 그 막다른 골목으로의 죽음, 서인순이 대변하고 있는 농사하는 집의 아낙과 글하는 집 아낙의 목소리, 윤동야가 그리고 있는 방아찧기에 밤을 지새는 며느리, 더 이상 물정 모르는 시댁의 남정네들을 의지하지 않고 몽당치마를 두르고 나서는 〈복선화음가〉의 여성, 이들은 모두가 향촌사족층이 당면하고 있던 삶의 조건의 상관물들이다.

이 작품들을 사대부 문학의 오랜 전통인 하향적 시선의 애민시(愛民詩)로 개괄해 버리고 만다거나 혹은 지나치게 민중적인 저항시(抵抗詩)로 해석하는 것은 조선후기의 문학현상을 지나치게 단순화할 우려가 있다. 〈거창가〉나 〈합강정가〉 등 현실비판적인 가사를 그저 평민문학이나 서민가사로 개괄해 버리고 말 때 발생했던 초점 이동과 현상 왜곡이 이 경우에도 동일하게 빚어질 수가 있기 때문이다.[22] 물론 19세기를 넘어서면서 사족(士族)과 일

22) 이들 현실비판가사들이 막연한 서민가사가 아니고 향촌사족층에 의하여 제작 수용 유포된 것임이 고순회 교수에 의하여 밝혀지고 나서 이들 가

반 평서층(平庶層)의 범주가 적잖이 흐려지는 추세이기 때문에 경직된 계층론은 오히려 해가 될 수도 있을 것이다. 그러나 적어도 자기와 자기 계층의 문제를 다룬 것인가, 아니면 다른 계층의 문제를 관찰하고 대변한 것인가는 엄밀히 구별할 필요가 있다.

이러한 측면에서 하향적 시선의 관찰적인 문학이나 민간 근원의 이야기들을 문자화한 것으로 보이는 작품들조차도 그저 단순한 대변(代辯)이나 중개(仲介)로 보고 그칠 것이 아니라고 본다. 이 작품들은 흔히 그 내용 자체에 입각하여 현실비판이나 민중의식의 측면에서 주목해 왔지만, 이제는 관점을 좀 달리하여 창작주체 내지 기록주체인 양반 사족층의 현실 대응을 위한 의식 조율의 측면에서도 살펴볼 필요가 있을 것이다.

예컨대 한익상(韓益相, 1767~1846)의 〈비고인(悲雇人)〉 같은 작품은 품팔이하는 한 노인을 읊은 것으로 보이는데, 역시 그 기저(基底)에는 빈곤의 문제로 인한 사족의 몰락이 충격으로 자리하고 있으며, 극한상황 속에서의 사족의 처신문제에 대한 성찰이 전편에 배어들어 있다.[23] 소시 적엔 큰 뜻을 품었던 선비였지만 여덟 식구의 생계를 위하여 고생스런 품팔이 노동조차 마다하지 않는 이 대머리 노인에 대하여 한익상은 시종 애정 어린 시선을 보내고 있는데, 이는 앞서 살핀 〈시가부〉와는 정 반대의 경우라

사를 이해하는 시각이 크게 달라진 바 있다. (고순희, 「19세기 현실비판 가사 연구」, 이화여대 박사논문, 1990.)

23) 진재교, 『이조후기 한시의 사회사』(소명출판, 2001), 182~184면 참조. 원문은 다음과 같다.
眷彼老禿翁 不憚爲人雇　巡日取其直 八口延一縷　不謀調寒暑 何暇避風雨　一日暫休力 寒餓無所訴　此翁本志士 少年稱器宇　經綸無所施 高潔誰能數　落拓遂如此 豈才無足取

할 수 있을 것이다. 물론 진재교 교수의 해석대로 몰락한 사족의 불우(不遇)와 박복(薄福)에 대한 연민, 인재를 고루 들어 쓰지 못하는 당대의 정치현실에 대한 개탄이 주조를 이루고 있는 게 분명하지만, 제재를 포착해 낸 작가의 시선 속에는 자기 계층의 진로에 대한 고민과 모색이 잠복되어 있다. 가족의 생계를 위해서는 양반이라는 관념이나 체통을 벗어던지고 과감히 현실로 뛰어들 수밖에는 없다는, 또 그것이 마땅한 도리라는, 암묵적인 추인(追認)이 이들 작품을 통해서 당시 향촌사족층 사이에서 형성되어 간 것으로 보인다.

또한 『청구야담』엔 〈영산업부부이방(營産業夫婦異房)〉이란 치산담(治産談)이 실려 있는데, 이 또한 이를 기록하여 향유한 양반 사족층의 재부(財富)의 위력에 대한 추인(追認)이 그 속에 자리하고 있는 것이라고 할 수 있는 셈이다. 특히 절손(絶孫)을 최대의 불효로 여기는 유가적 관념에 정면으로 배치되는 당찬 이 여인의 발언을 오히려 특필(特筆)하고, 여인의 예측대로 실현되고 있는 해피엔딩의 구조를 그대로 수용해 들이고 있다는 것은, 기록 향유층인 양반 사족층의 심리적 동의와 추인이 필요한 사안이라고 할 수 있을 것이다.[24] 물론 『청구야담』의 성격 및 그 기록 향유층에 관하

24) 이들 부부는 과년(過年)하여 혼인을 했음에도 재산을 모아 양반 대가의 수준이 되기까지 10년 동안을 합방을 하지 않고 지내다가 갱년기에 접어들어 자식을 못 낳게 되었지만, 오히려 일가 중에서 똑똑한 아이를 골라 양자를 들임으로 벼슬길이 열리고 문호가 창성하게 된다. 자녀를 낳을 희망이 없어져 버려 근심을 하는 남편에게 아내가 하는 말이 걸작이다. "우리 살림이 이만하니 반드시 주장할 사람이 있으리다. 당신이 원근 일가들을 두루 알아보아 쓸 만한 애를 골라 양자를 삼으면 뜻이 안 맞는 자기 소생보다 낫지 않겠어요. 그리고 정을 붙여 기르면 제 살붙이

여는 좀더 정밀한 고찰이 필요한 일이지만, 해석과 이해의 시각은 이렇게 양방향에서 이루어지고 또 종합될 필요가 있을 것 같다.

와 진 배 없습니다." 자식이 중하긴 하지만 재산이 자식보다도 우선이라는 투철한 깨달음이라 하겠다. (이우성 임형택 『이조한문단편집』, 일조각, 1984 중판. 상권 18~20면. 〈부부각방〉)

주제적 관심을 통해 본 규방가사의 세계

1. 서언

규방가사는 주로 조선 후기 사회 양반가 부녀들의 삶과 의식을 폭넓게 반영하고 있는 문학이다. 오늘날의 현대시를 기준으로 하여 본다면 본격적인 시라고 보기가 어려울지도 모르고, 여성주의적인 관점에서 볼 때는 말도 안 되는 낡은 유습의 창고처럼 보일 수도 있을 것이다. 그러나 여성들의 어문생활사란 관점에서는 매우 소중한 유산일 뿐만 아니라, 문명사의 단계를 직시할 수 있도록 도와주는 생생한 여성생활사적 기록물이기도 하다.[1)]

---

* 이 글은 한국가사문학관 개관 8주년 기념 〈제9회 전국가사문학제 학술대회〉에서 발표했던 것을 조금 수정 보완한 것이다.[『고시가연구』 23집(2009.2)에 수록됨] 당일 지정토론을 맡아주신 김준옥 선생님께 특별히 감사의 말씀을 올린다. 학술제의 주제가 "가사의 유형별 전통과 계승방향"이었는데, 규방가사의 경우에는 현재까지도 그 창작이 활발히 이루어지고 있을 뿐만 아니라 그 전통계승을 위한 논의며 실천방안이 이미 다각도로 모색되었기 때문에, 중복을 피하여 주제의 방향을 조금 달리 잡

필자는 규방가사에 대해서는 공부가 깊지 못하다. 다만 필자의 주된 관심영역인 조선후기 향촌사족층의 문학을 공부해 오면서 그들의 문학과 규방가사가 표리(表裏)의 관계로 맞물려 있음을 확인할 수 있었다. 그리하여 관심영역을 좀 더 넓혀 보고 싶은 뜻에서 이번 과제를 수락하게 되었고, 이번 기회를 통하여 규방가사 작품들을 가급적 폭넓게 섭렵해 보았다. 그러나 〈복선화음가〉나 〈노처녀가〉, 화전가류를 단선적으로 읽었을 때와는 판이하게, 전체상이 또렷하게 정리되지를 않고 머릿속이 혼란스러웠다. 그 이유는 아마도 규방가사 자체의 자료적 속성에서 말미암는 것 같았다.

규방가사는 전사(轉寫)에 전사를 거듭하여 유사한 이형태들이 많고, 제작자나 제작 연대 또한 알려진 경우가 드물어, 그 통시적인 전개양상은 아직도 잘 알 수가 없는 실정이다. 게다가 개화기 이후 봇물 터지듯이 산출된 작품들이 대량으로 혼효되어 있어, 어디까지를 조선시대의 작품으로 볼 것인가도 명료하게 가늠하기가

았다. 규방가사 창작 동인으로서의 '과제 상황'과 '주제적 관심'에 초점을 두고, 그 형상성이 탁월한 사례나 맥락의 특이성이 두드러진 경우를 주로 살폈다. 계승방안에 관하여는 따로 논의할 것이 별로 없어 결어를 통하여 한두 가지 제안을 덧붙였다. 장르 자체의 반복적 재현보다는 문화적 콘텐츠로서의 자원적 가치를 어떻게 발굴하고 구현할 수 있을까 하는 쪽으로의 방향 전환이 필요하다는 것이 제안의 주지다.

1) '어문생활사'의 관점에서 여성문학을 되짚어볼 필요가 있음은 이경하가 특히 강조한 바 있다.(이경하, 「여성문학사 서술의 문제점과 해결방향」, 서울대 박사논문,2004.) 그는 여성문학사 서술의 전략적 입각점으로 어문생활사적 관점의 도입을 역설하고 있는데, 이것은 매우 중요한 제안으로 보인다. 근대 이전 여성들의 작품이란 巖刻畵와도 같아서 그 생활사의 맥락, 특히 어문생활사의 맥락을 고려하지 않고는, 제대로 이해하기도 어려울 뿐만 아니라 그 通時的 意味를 짚어내기가 매우 어렵기 때문이다.

어렵다. 작품 또한 완결된 것 못지않게 중도에 그친 것들이 많고, 내용의 중복, 조합, 가감이 많아서, 작품과 작품 사이의 경계조차 모호한 것들도 많았다. 표기나 필사 상태 또한 좋지 않아 난해하고 모호한 것들이 많다.

그리하여 필자는 우선 혼란된 머릿속을 정리해 두려는 의도에서 규방가사의 창작-유통-수용을 매개하는 주제적 관심이 무엇인가를 정리해 보기로 하였다.

근대적인 대중교육이 시행되고, 여성들의 사회활동이 본격적으로 이루어지기 이전까지의 여성 일반의 삶은 조선시대의 연장에 가깝기 때문에 규방가사의 주제적 관심은 크게 달라지지 않았던 것으로 보인다. 20세기 들어 지어진 가사 가운데는 시사 문제에 깊이 개입하여 발언하는 〈생조감구가〉나 〈여명가〉 등이 더러 있지만, 대부분의 규방가사는 여성들의 일상생활 공간이었던 시집과 친정과 그 주변에서 생기는 일상사와 일상적 관심이 작품세계를 구성하고 있다.

그리고 사족 여성의 이런 삶과 관심과 의식은 유교적인 가부장제라는 제도의 틀 속에서 규정된 것이기도 했다. 동시에 大夫로의 진출이 거의 봉쇄되어 가는 향촌사족의 사회경제적인 조건이 또 다른 멍에로 가중된 것이기도 했다. 아울러 사회적 주체로 서기도 전에 이루어지는 조혼(早婚)의 풍습과, 어린 여성이 혼인과 더불어 곧바로 시가에 귀속되어 살아야하는 친영제(親迎制) 또한 여성들의 삶과 의식을 속박하였다. 규방가사란 근본적으로 이러한 삶의 조건들로부터 분비되어 나온 것이었다. 그러면 그 구체적인 양상을 작품의 실상을 검토해 가면서 살펴보기로 한다.

2. 시집살이, 어떻게 넘을 것인가?

앞서 개괄적으로 언급한 바와 같이 여성들의 삶을 규정하고 있었던 이러한 조건들로 말미암아, 규방가사의 일차적인 관심 영역은 자연히 시집살이 문제였다. 이것은 망망한 바다를 건너는 일이기도 했고, 험한 고개를 넘고 넘어야 하는 과제이기도 했다. 시집살이를 어떻게 넘어야 할 것인가는 일차적으로 어린 딸을 시집으로 보내야 하는 친정 부모의 중심 화두가 되었다. 산적한 계녀가사의 존재가 바로 그러한 관심을 반영한 것이라 할 수 있지만, 계녀가사의 범주를 넘어서는 영역에서도 이러한 관심은 '시집'이란 말과 함께 그림자처럼 따르는 것이기도 했다. 다음이 바로 그러한 사례의 전형적인 경우다.

> A. 깜짜기 눈물 닦고/ 이러 안자 하는 말이/ 제숙주 제가형아/ 면면이 각각 불러/ 연연한 가는 소리/ 은근히 겨우 내어/ 날 차즈오 날 차즈오/ 부대 수이 날 차즈오/ 외가 처가 다니거든/ 우리게로 지낼적에/ 잊지말고 날 차즈오
>
> B. 저 소년들 거동 보소/ 잘 가거라 그 말 끝에/ 우리 비록 무심하나/ 목석간장 아니어든/ 찾기야 찾지마는/ 부탁하오 부탁하오/ 시댁사리 부탁하오/ 말도 만코 흉도 만흔/ 시댁사리 부탁하오/(…25구 중략…)/ 백행에 조심하야/ 구고가장 즐겨하고/ 향린사람 칭찬하야/ 아모 집 아모 댁이/ 현철하고 유순하야/ 친가견문 넉넉다는/ 이 소문이 차차 나서/ 우리 귀에 들리기가/ 평생에 지원일세.
>
> C. 듯고 나니 교자 든다/ 어화 우리 동무들아/ 이 이별 어찌할꼬[2)]

2) 김성배 외 편저, 『주해 가사문학전집』(집문당, 1961. 1981중판), 371~372면.

인용문은 〈석별가〉의 마지막 대목인데, 이 가사는 제목 그대로 시집가는 여인의 마음과 행태를 여실히 그려내어 묘사의 사실성이 돋보이는 규방가사의 수작(秀作)이다. 처음에 여자가 성인(成人) 된다는 것의 의미를 탄식조로 읊고, 이어 신행 전 혼수 준비에 고달픈 정황을 길게 묘사한 뒤에, 신행 당일 이별 장면을 문답을 곁들여 생생하게 그려내고 있다. 부모, 여동생, 노복, 동무들과의 이별이 차례로 나오고, 맨 나중에 위에 인용한 대목이 배치되어 있다. 어머니와의 이별에서 동무들과의 고별 문답이 이어지는 동안 얼굴은 눈물범벅이 되고 만다. 그러다가 아직도 차례를 기다리고 있는 친척 남성들을 보는 순간 신부는 눈물을 훔치고 이들에게 간곡한 당부를 한다. 그래도 행동반경이 허여된 남성들이 유폐(幽閉) 속에 처하게 될 자기를 찾아야만 된다는 호소 겸 설득이다.

서두에 부기(附記)한 "깜짜기 눈물 닦고/ 이러 안자 하는 말이" 라는 묘사 속에는, 호소의 필요성에 대한 절박한 인식과 함께 설득의 의지가 아울러 함축되어 있는데, 이 구절은 B의 마지막을 이어 급전직하 매듭을 짓는 결사 C의 "듯고 나니 교자 든다/ 어화 우리 동무들아/ 이 이별 어찌할꼬" 하는 대목과 기묘한 대조를 이루고 있다. 이 작품은 〈석별가〉라는 제목 그대로 전체적인 주조는 한탄의 서정이다. 그리고 이 서정은 여성들의 집단무의식(集團無意識)으로 통할 만큼 깊고도 무겁다. '울음의 바다'라 불러도 좋을 정도로 여성들의 근원적인 슬픔이 충일하다. 그런데 마지막에 이르러 펼쳐지는 이 대목에서만 또렷한 의식(意識)의 담론(談論), 그 팽팽한 '설득의 줄다리기'가 펼쳐지고 있는 형국이다. "깜짜기 눈물 닦고/ 이러 안자 하는 말이" 속에 항변의 결의가 감지되는 연유가 바로 여기에 기인하는 것 같다. 여성들의 정황이며 내면을 철저히 외면하거나 고의적으로 무시해 온 가부장제적 사회 관행(慣行)의 후안무치성(厚顔無恥性)에 대한 반격이라고도 할 수 있을 것이다.

그러나 이러한 항변에 대하여 소년들은 제대로 수용할 준비가 되어 있지 않다. 그저 소극적으로 찾겠단 말을 반대답(半對答)으로 해 두고, 장황한 계녀훈을 나열한 후에 시집살이 좋은 소문이 들리기만을 고대한다는 무거운 당부를 하고 있다. 25구에 이르는 계녀훈이 B의 중략한 대목인데, 사구고(事舅姑)를 위시한 계녀가사의 핵심이 절절히 강조되어 있다.

사태나 행동에 관한 서술, 정황이나 심리에 대한 묘사가 주조를 이루고 있는 이 작품에서 B와 같은 대목이 길게 삽입되어 있는 것은 여러 모로 어색한 바가 있다. 그런데도 굳이 이러한 대목이 첨부되어 있는 것은 신행 대목의 실제를 여실히 반영하는 것인 동시에, 시집살이의 무거움에 대한 인식이 송별장면 '울음의 서정'과 긴밀히 맞물려 있는 정황을 그대로 반영한 것이기도 하다. 허두에서 "신행갈 동무들아/ 석별가 드러보소" 로 출발하여 결국은 시집살이의 무거움에 대한 확인으로 기울고 있는 이 작품은, 시집살이 넘기가 그만큼 무거운 중압으로 신부에게 얹혀져 있었음을 드러내 준다고 볼 수 있다.

이렇게 시집살이의 중압감을 두고 친정집 남정네들과의 문답이 본격적인 담론의 형태로 확대된 사례도 발견되는데, 〈송회가〉의 경우가 바로 그런 사례다.[3)]

이 가사는 416구에 이르는 다소 긴 작품으로, 여신탄(女身歎)

이라 할 수 있는 종매의 말이 제1단(118구), 제3단(22구)을 이루고 있고, 종남형의 응대하는 말이 제2단(88구), 제4단(188구)을 이루고 있다. 종매의 말에 대해 처음에는 유순하고 짧게 응대를 하다가, 다시 반론을 펴며 말대꾸를 하자 본격적으로 긴 사설을 동원하여 다소 강경하게 응대한 것이라 할 수 있다. 거의 이 가사의 절반에 육박하는 제4단의 설득 사설을, '보내는 회포의 말'이라 하여 종남형 스스로가 '송회사'라 명명하고 있다.

제3단에서 종매는 "허허 쌜ᄉ 종남형아/ 남의 정곡 모라고셔/ 그런 말씀 과이 마소/ 이애(내?)심회 그 안일세"[4] 라고 반박을 하고, 시댁이 아무리 훌륭해도 시집은 시집이요 고향 그리운 심정은 어쩔 수가 없다고 반론을 편 뒤, "여ᄌ 일신이 원수로다"라고 한탄을 한다. 이에 대해 종남형은 "너의 말이 그럴진대/ 그도 역시

---

3) 이 가사는 가사문학관에서 발행한 『규방가사 Ⅰ』(2002)에 수록되어 있고, 임기중 편 『한국가사문학주해연구』에도 수록되어 있는데, 내용 파악이 제대로 안 된 채 해제를 붙인 것으로 보인다. 『규방가사 Ⅰ』에는 "친정에 돌아와서 봄철을 맞아 춘흥을 못내 겨워 노니다가 시가로 돌아와서 다시 시집살이를 하면서, 여자의 본분을 잘 지켜나가야 한다는 교훈과 함께 여자로서 겪은 회포를 가사에 실어 보낸다는 뜻으로 읊은 작품이다."(115면)라고 해제되어 있는데, 『한국가사문학주해연구』에서도 동일한 해제를 거의 그대로 轉載한 것으로 보인다. 그러나 이 작품은 "여자로서 겪은 회포를 가사에 실어 보낸" 것이 아니고, 시댁 귀환을 死地에 나가는 것처럼 여기는 여동생에게 주는 從男兄의 설득과 당부다. 그 설득과 당부를 '송회가'라는 이름으로 포장을 한 것이다. 따라서 이 해제는 다음과 같은 정도로 수정될 필요가 있다. "친정에 돌아와 좀 더 머물고 싶어 하며 여자의 신세를 한탄하는 從妹와, 그러한 종매를 다독이며 설득하는 從男兄 간의 대화 형식으로 구성된 가사로서, 從男兄의 최후진술이 '송회가'란 이름으로 종매에게 넘겨진 데서 전체의 표제도 '송회가'라 붙인 것으로 보인다."

4) 괄호 안에 ?표를 곁들여 적은 것은 필자가 교정을 시도해 본 것이지만, 아직은 미심쩍은 상태다. 이하의 경우도 같다.

당년하다"라고 수긍하는 듯 해 두고는, 곧바로 이어 "셰상 물졍 싱각잔코/ 녀즈 한탄 그리 마라"라고 말머리를 돌려 '송회사'라는 장광설을 편다.

장광설의 내용은 그대로 한 편의 계녀가사다. 계녀서에 나오는 교훈의 복창(復唱)에 가깝다. '보내는 회포'라 포장을 했지만, 실상은 잔말 말고 정신 차려 시집살이나 잘하라는 엄포요 훈계다.[5] 이런 점에서 본다면 이 가사는 계녀가사의 한 변형이라고도 할 수 있다. 친정에 돌아와 고향산천을 대하고 친척 동류들을 만나는 감회가 제1단에 생생하게 그려져 있다는 점에서 계녀가사의 전형에서는 멀어졌지만, 근친 말미에 시집 복귀를 꺼리는 여성들의 퇴영심리를 여실히 드러낸 후에 마치 확인 사살을 하듯이 그 부당함을 준절히 깨우치는 이 가사는 오히려 교훈성이 더 강화된 형태라고도 볼 수 있는 셈이다.

그러나 맨 끄트머리에 시댁 식구들이 읽을 것을 상정하여 겸사를 펴고 있는 것은, 규방가사의 제작과 소통에 관하여 많은 것을 생각게 한다.[6] 또 그 직전에 일차독자인 종매를 향하여 시집살이 여가에 언문을 배워 답가를 지어 보라고 권유하고 있는 것 또한,[7]

---

5) "이내 가스 일홈을랑/ 송회가라 ᄒᆞᄂᆞ리라/ 보낼 숑ᄌᆞ 회포 회ᄌᆞ/ 회포 잇난 노래로다"라고 규정을 해 두고 시작되는 사설이지만, 회포라 할 수 있는 정서적 내용은 전무하고 계녀서에 준하는 관념적 교훈과 행동 준칙만 나열되어 있다. (위책, 120면 및 그 이하 내용).

6) "언어불통 만ᄉᆞ오니/ 싀댁집 부녀든지/ 이 글 귀경 하시거든/ 대방가의 교안으로/ 교정ᄒᆞ심 쳔만니압"으로 끝난다. 단순히 종매만을 의식한 것이 아니고 시댁쪽 사람들을 독자로서 상정하고 있는 것이다.

7) "침션 골몰 여가 바셔/ 언문이나 힘셔 빅화/ 애(래?)인거인 인편마다/ 셔ᄉᆞ 왕복 ᄌᆞ로 ᄒᆞ고/ 시답ᄌᆞ난 이 가ᄉᆞ를/ 화답하기 바리노라"라고 당부를 하며 다독이고 있다.

규방가사가 일방적인 교훈이기만 한 것이 아니라 소통과 조율을 위한 토론의 문학이기도 했음을 보여준다. 시댁의 부녀들이 이 문답체 가사를 보았을 때 두 가지 측면에서의 인식과 이해가 아울러 이루어졌을 것으로 보인다. 첫째는 우리 집안이 아무리 훌륭하고 우리가 아무리 새아기를 다정하고 너그럽게 대한다 해도 시집은 여전히 시집이라는 사실을 재확인했을 것이고, 둘째는 시댁에 시집살이 범절을 이토록 철저히 가르치는 어른이 있다는 사실에 안도감을 느끼게 되었을 것이다.

이러한 효용과 기능의 중층성 때문에 장르 문법으로 볼 때는 전혀 어울리지 않는 이질적인 내용들이 한 편의 작품 속에 동거(同居)하게 된 것으로 보인다. 〈송회가〉의 경우는 규방가사의 이러한 중층성이나 혼효성이 한층 두드러진 예라 할 수 있는 셈이다. 친정에 머물고 싶어하는 어린 신부의 내면 토로와, 귀의처는 친정이 아니고 시집임을 확인시키려는 오라버니의 집요한 설득이 평행선을 달리고 있어 서정과 교술이 팽팽히 맞서고 있는 형국이기도 하다. 그러나 결과적으로는 이러한 규방가사 속에도 어린 신부의 시집살이 애로를 다각도로 조율하여, 친정에서나 시댁에서 좀 더 편히 발을 뻗어 볼 수 있는 심리적인 여유 공간을 마련하는 기능이 숨어 있는 셈이다. 생활의 실제와 실감을 아예 봉쇄해 버리지 않고 이렇게 수시수처에 토로할 공간을 두고 있다는 것은, 딱딱한 계녀서의 교훈을 감싸고 완충하면서 그것을 능동적으로 감내할 수 있는 힘을 기르게 하는 역할을 했을 것으로 보인다.

조혼이며 친영제가 굳어진 현실 속에서 대가족적인 질서에 스스로를 적응시키며 살아야 하는 어린 신부의 성공적인 시집 정착은 친정이나 시집 모두의 공통된 과제였을 것이다. 규방가사는 그 제작에서 소통까지 이러한 과제상황 속에서 구성원들 상호간의 소통과 조율을 매개하는 기능을 수행하고 있었던 셈이다.

아울러 〈복선화음가〉와 같은 변형계녀가사 또한 시집살이 어려움의 또 다른 국면을 겨냥한 것이라 할 수 있다. 이 가사는 여주인공의 치산 활동이 특별히 부각되어 있는 형태인데, 대개의 이본들이 여주인공과는 대척점에 놓이는 괴똥어미의 행적을 대비적으로 제시한 후에, 계녀훈을 두고 매듭을 짓고 있다. 괴똥어미가 부귀한 집에 시집와서 치산을 제대로 않고 행실을 멋대로 하다가 패가망신에 이른 경우라면, 주인공은 끼니를 거를 정도로 가난한 집에 시집을 와서 분발 치산을 하여 가문을 다시 일으킨 경우라 할 수 있다.[8)]

〈복선화음가〉 류의 경우는 계녀서에서부터 계녀가사 일반에 규정되어 있는 양반가 부녀의 치산 범주를 훨씬 벗어난 본격적인 생업활동 내지 상업활동까지를 여주인공의 행동반경으로 삼고 있는데, 이것은 전통적인 양반가의 관습과 체통에 비춰 본다면 금해야 마땅한 일들이다.[9)] 그런데 이러한 행위가 당당하고도 자랑스럽게 술회되고 있을 뿐만 아니라, 이러한 행위야말로 시댁 가문을 재건하는 실제적인 토대가 되고 있음을 증언하고 있다. 다만 물질

---

8) 『초당문답가』의 〈치산〉 편에도 '선부귀 후빈천'과 '선빈천 후부귀'를 대비하여 치산의 중요성을 강조한 바 있는데, 〈복선화음가〉는 그 구체적인 사례를 예시한 형태라 할 수 있을 것이다.

9) 계녀서나 전형계녀가사의 경우 '근검 절약'을 부녀 치산의 범주로 한정해 두고 있다. 이는 향촌사족 남성들이 '안빈낙도'를 표방하며 생업을 위한 악착을 부끄럽게 여겼던 것과 표리를 이루고 있다고 볼 수 있다.

적 재부의 위력에 그 功을 돌리지 않고, 여전히 사구고(事舅姑) 같은 부덕을 잘 닦은 결과 '복선(福善)'에 이르고 그렇지 못하여 '화음(禍淫)'의 결과를 맛보게 된 것이라는 억지춘향식의 구도를 고집하고 있다. 〈복선화음가〉라는 표제 자체가 이러한 의도적인 구도의 가장 두드러진 표징인데, 이로 말미암아 이 작품은 그 실질과 포장 사이에 현격한 괴리를 초래한 형국이 되고 말았다.

관성적으로 남정네들이 글공부에 매달려 생업활동을 하지 않으면서도 봉제사 접빈객을 위시하여 모든 체면치레는 그대로 유지하려 들었던 향촌사족층의 며느리 노릇이란 보통의 고역이 아니었다.[10] 이런 곤경 속에서 이루어진 것이 〈복선화음가〉 주인공의 생업 투신 행위였다. 결과적으로 이 작품은 양반가 부녀들이라 할지라도 규방에만 안주할 수 없고 생업 전선에 뛰어들지 않으면 안 되었던 사태를 반영한 것이라 할 수 있지만, 주인공의 생업 활동

---

10) 〈복선화음가〉에도 班家의 뿌리 깊은 因襲과 물정 모르는 글쟁이 남정네들로 말미암아 더욱 깊어지는 며느리의 고달픔이 체험적 실감으로 그려져 있는데, 굶주림으로 인한 頭痛氣를 느끼는 며느리와 한껏 여유를 부리는 남정네들의 대비가 인상적이다. 그 대목은 다음과 같은데, [A]는 부엌의 困境을 그린 것이고 [B]는 이와 대조적인 사랑의 豪氣를 그린 것이다.

[A] 여간 쌀ᄃᆡ 밥을 진들 부모 남편 진지하고/ 슈삼 노복 난화쥬니 저 먹을 것 전혀 업다/ 한 ᄣᅢ 굴머 두 ᄣᅢ 실시 치마끈을 졸나민들/ 글노 엇지 당할소냐 눈이 캄캄 하올 적ᄋᆡ 헛두통을 알노라니

[B] 사랑ᄋᆡ서 무산 호기 슈청 하님 급히 불러/ 손님 두 분 오싯스니 슐 사오고 점심해라/ 호령이 등등하니 시힝을 아니 하면 사랑ᄋᆡ 망신이요/ 시힝을 하자 한들 두 쥬먹 불것스니/ 싱각다 할 일 업서 인두 가왜 젼당쥬고/ 슐 사오고 양식 팔아 손님 ᄃᆡ접 하엿신들/ 그 무엇시 넉넉하여 지 요기르 하잣말가/ 잇흘 사흘 유한 손님 말유하기 무삼일고/ 봉제접빈 지성인들 업난 바ᄋᆡ 어이 하리/ 반깅기요 차려 노니 잔드리난 이ᄂᆡ 마음/ 일언일도 한빈지사 이 모양이 한심하다

으로 말미암아 치부(致富)에서 가문의 재건에까지 이른다는 서사구도는 현실태라기보다는 백일몽에 가까운 낭만적 환상이라 할 수 있다.

실제로 이러한 과제상황을 보고 형태로 진술한 기록도 많이 있는데, 외암(巍巖) 이간(李柬, 1677~1727)이 조사(早死)한 아내 윤씨의 행적을 기록한 〈망인안인윤씨행장(亡室安人尹氏行狀)〉과 경남 함양의 선비였던 서인순(徐璘淳, 1827~1898)의 장편시 〈전가부(田家婦)〉 〈시가부(詩家婦)〉는 그 정황이 〈복선화음가〉와 상통하는 바가 많다. 이간의 아내 윤씨는 경사(京師)의 부유한 벌열가 파평윤씨(坡平尹氏)의 따님으로 호서의 대표적인 산림학자였던 외암 이간에게 시집 와서 청빈한 산림학자의 가풍을 따라 극기(克己)와 자기희생의 삶을 살다 간 인물로서 〈복선화음가〉 여주인공의 경우와 그 배경과 처지가 유사하다.[11] 또 서인순의 시에는 '농사하는 집의 아낙'과 '글하는 집의 아낙'을 대비하여 그들의 처지와 애로를 풀어내고 있는데, 남정네가 과거 공부에만 매달려 생업을 돌보지 않는 경우 어떠한 비극적 정황이 펼쳐지는지를 '글하는 집 아낙'의 푸념을 통하여 여실히 드러내 주고 있다.[12] 현실태란 이와 같이 절검(節儉)의 극점에서 고사(枯死)하듯이 죽

11) 〈복선화음가〉와 이 작품을 대비한 논의는 졸고, 「조선후기 향촌사회와 치산관련 여성형상」(고전문학연구 31집,2007.6)을 참조할 수 있음.

12) 담을 이웃하여 사는 田家婦와 詩家婦가 자기들의 신세 타령을 늘어놓는 내용의 장편한시로서, 각각 7언 40구와 잡언 40구로 되어 있다. 안팎 노동에 시달려야 하는 향촌사족층 부녀들의 곤경이 잘 그려져 있는데, 특히 田家婦를 부러워 하면서 田家婦에게 原情을 하는 詩家婦의 푸념이 白眉다. (졸고, 「농사하는 집 아낙과 글하는 집 아낙」,한국고전여성문학연구 11집,2005. 참조)

어가거나, 안팎의 모든 노동을 떠안고 일 속에 치여 폭삭 늙고 마는 것이 예정된 길이었을 것이다. 〈복선화음가〉란 이런 절망적 상황 속에서도 희망을 가지고 살아 보려는 안간힘의 반영으로 보인다.[13)]

그리고 규방가사 가운데 또 다른 극단적인 시집살이 체험을 토로하는 작품들이 있는데, 늙은 남편을 수발해야 하는 경우나 청상과부가 된 경우가 그것이다. 남편에 대한 애증(愛憎)이나 운명에 대한 거부와 수락을 가늠해 보이는 이러한 가사들은, 우선 토로하는 당사자들에겐 자기 내면을 추스르는 기능을 했을 것으로 보인다. 이러한 가사를 수용하는 자들 또한 자기들의 고달픈 시집살이를 이들과 견주어 보면서 일말의 위안을 찾았을 것으로 보인다.

이와 같이 규방가사의 본류를 형성하고 있는 보통의 계녀가사 이외에도 시집살이를 과제상황으로 다루고 있는 작품들이 많다는 것은, 시집살이의 문제가 규방가사의 가장 근원적인 주제적 관심이었다는 것을 반영하는 현상이라고 볼 수 있다. 그리고 그것들은 오늘날의 여성현실이나 여성의식에 비추어 본다면 터무니없는 어

---

13) 〈복선화음가〉가 가문서사를 통반하며 장편화하여 가문소설과 유사하게 된 〈愚山本 복선화음가〉가 최근에 소개된 바가 있고(윤주필, 「우산본 복선화음가에 대하여」, 한국고전여성문학회 제16차 학술발표대회,이화여대, 2005.2. 졸고, 「우산본 복선화음가의 가문서사 양상과 그 여성사적 함의, 고전문학과교육 10집,2005.8), 제목에서부터 가문소설과 닮은꼴을 이루고 있는 규방가사 〈이경양가록〉이 학계에 보고된 바 있다.(강전섭, 「이경양가록에 대하여, 배달말 16호,1991. 박애경, 「장편가사 이경양가록에 나타난 사족 여성의 삶과 내면의식」, 한국고전여성문학연구 6집,2003.6). 전자는 낭만적인 환상을 극단까지 밀고 나간 형국이라 할 수 있고, 후자는 실체험에 바탕한 생애담의 성격이 크지만 가문소설적인 윤색이나 조율의 자취가 뚜렷해 보인다. 시집살이 감내에 따른 현실적인 보상에 초점을 둔 가사들이라 할 수 있다.

불성설(語不成說)로 비치지만, 당대의 여성들로서는 가장 어려운 과제를 이겨내는 힘겨운 씨름의 일환이었다는 점을 제대로 평가할 필요가 있다고 생각한다.

3. 귀의처, 그 결국은 어디인가?

규방가사 가운데는 여자의 결국은 시집귀신이 될 수밖에 없다는, 또는 그렇게 되는 것이 가장 떳떳한 도리라는 사실을 뼈저리게 환기시키는 작품들이 있다. 〈덴동어미화전가〉와 〈노처녀가〉류 등속이 바로 그것인데, 이들 작품의 주제는 다양한 측면에서 해석될 수 있지만, 그 수용적 맥락에서의 주제적 관심이 맺히는 지점은 여자의 운명, 그 귀의처가 어디인가의 문제라 할 수 있다.

〈덴동어미화전가〉는 주인공 덴동어미의 파란만장한 인생역정이 생생하게 형상화된 작품이어서 일찍부터 주목을 받아왔다. 이 작품을 처음 소개했던 김문기는 그 서민적 체험의 사실적인 재현을 높이 평가했고, 이후로도 이 점은 작품을 평가하는 중요한 기준으로 작용했다.[14)]

김종철은 작품의 배경을 역사적으로 구체화하여 그 내용이 허구가 아닌 사실의 기술일 가능성을 밝히고, 그렇다면 실제 이렇게 파란만장한 우여곡절을 겪은 여인이 지니고 있던 신명의 근원이 무엇인가를 물었다. 넘치는 신명으로 판을 주도하여 우울하게 가

---

14) 김문기, 『서민가사연구』, 형설출판사, 1983.

라앉을 수도 있었을 화전놀이를 한 판의 축제로 이끈 그 근원적인 동력은 바로 달관이었음을 논한 것이다. 운명의 작란 앞에 떨고 있는 인생들에게 '운명의 얼굴을 이미 보아 알고 있는 자의 달관의 여유'가 판을 그렇게 고양시킬 수가 있었다는 것이다.[15)]

박혜숙은 그 숱한 불행의 심연, 폭풍과 비바람 속에서 덴동어미를 건져 올리고 지탱케 한 힘이 어디서 온 것인가를 추적하였다. 그 결과 그것은 바로 견고하고도 웅숭깊은 여성 연대(連帶)에 있음을 논하고 있다. 약간의 정도 차이가 있을 뿐 거의 동일한 가부장제적 여건 속에 처한 봉건시대 여성들 상호간에서 자연스럽게 형성된 것으로 보이는 이러한 인간적인 유대(紐帶)와 상호 부조(扶助)가, 고난의 심연 속에 처한 한 여인을 일으켜 세우고 살아갈 동력을 제공하고 있는 것이 바로 〈덴동어미화전가〉이기도 하다는 해석이다.[16)]

김용철은 이 작품이, 철저하게 경제적 요인에 의하여 좌우되는 평범한 인간의 삶을 그리고 있다는 점을 직시하며 작품해석에 임하고 있다. 고난으로 점철된 덴동어미의 삶이 탁월하게 사실적으로 재현되어 있는 이 작품은, 상품화폐경제 형성기에 아무런 보호막이나 완충장치도 없이 표류하고 있는 민중적 삶의 한 전형을 가장 잘 구현하고 있는 작품이라는 것이다. 그리고 작품의 공감요인도 바로 이 점, 고난의 한 복판을 헤쳐 나가는 민중적 저력의 형상화에 있다는 것이다. 17세 청상과부가 덴동어미의 회고담을 듣고 '황연개오'를 했다는 것도, 친정 마을 '담살이'로 귀착된 덴

15) 김종철, 「운명의 얼굴과 신명」, 백영정병욱추모논문집, 신구문화사, 1992.
16) 박혜숙, 「덴동어미화전가와 여성의 연대」, 여성문학연구 14호, 2005.12.

동어미의 개가(改嫁) 체험담이 도출해 낸 '운명극복의 의지'에 대한 공감적 결의에 있는 것으로 보았다.17)

김대행은 〈덴동어미화전가〉도 역시 동일한 화전가임을 확인하고, 화전가의 문법이 그대로 적용되고 있음을 밝혔다. 화전가는 화전놀이의 즐거움과 함께 슬픈 사연이 쌍을 이루어 나란히 제시되는데, 이는 우리가 일상에서 경험하는 '즐거운 자리에서 설움을 환기하는 현상'과 동일한 것으로 '반면충동(反面衝動)'으로 부를 수 있는 보편적 현상이라는 것이다. 〈덴동어미화전가〉는 이러한 반면충동의 전형성이 극대화된 한 사례일 뿐이라는 것이다. 서사성에 초점을 둔 기존 논의들에서, 덴동어미의 술회담을 그 본질적 알맹이로 삼아 중요하게 다루고, 그 전후의 화전놀이에 관한 진술은 액자로서만 취급하는 경향이 현저했었는데, 이 논의는 화전가의 큰 틀 속에서 작품을 균형 있게 살피고, 화전가의 구조 속에 투영된 심리적 원리가 무엇인가를 통찰하고 있다.18)

이상의 논의들이 〈덴동어미화전가〉에 관한 대표적인 논의들인데, 이 작품이 지니고 있는 중요한 함의들을 잘 짚어내었다고 볼

---

17) "이 작품에서 팔자는 인생이 단순히 패배만도 승리만도 아닌 고난으로 점철된 불합리한 것이며 그것 자체가 바로 인생의 본질이라는 것을 의미한다. 이러한 점에서 청춘과부가 이 이후로 다시 마음을 바꿔 개가를 하든 안 하든 그것은 별로 중요한 것이 아니다. 그보다는 이러한 인생의 불합리성에 대한 인식을 통해 그것을 이겨 나가는 자세를 가질 수 있는가 하는 점이 중요하다. 바로 이것이 청춘과부의 상부에 대한 슬픔이 액자구조를 통해 덴동어미의 인생역정에서 겪은 경험과 만나는 지점이며 이 작품이 형상해 낸 인생의 모습이다."(김용철, 「덴동어미화전가연구1」, 『19세기 시가문학의 탐구』, 집문당, 1995, 278면.)

18) 김대행, 「덴동어미화전가와 팔자의 원형」, 박노준 외 편, 『고전시가 엮어 읽기』, 태학사, 2003.

수 있다. 그러나 이 작품은 '개가담론(改嫁談論)'이라고 불러도 좋을 논쟁적 주제를 함축하고 있는데, 이 점에 대해서는 간과를 하거나 가볍게 다루고 있다. 덴동어미의 3차에 걸친 개가 이야기, 그 파란만장한 인생유전(人生流轉)의 서사가 등장하는 맥락도 바로 이 개가문제 때문인데, 이 점은 이 작품의 제작 유통과 관련하여 진지하게 성찰해 볼 문제인 것 같다.

왜 이런 이야기가 꽤 진지한 편집으로 보이는 『소백산대관록』이란 책자에 들어가게 되었으며, 이것을 간직해 가며 돌려 읽었을 부녀들에게는 어떤 의미와 효용을 지닌 것일까 하는 문제다.

김용철이 면밀히 살핀 바와 같이 『소백산대관록』은 한시에도 소양이 있는 여인에 의하여 편집되었을 것으로 보인다.[19] 편집인이 곧바로 〈덴동어미화전가〉의 작자일지, 그것을 필사만 하여 편집한 것인지는 가리기가 어렵지만, 덴동어미의 이 긴긴 술회담을 빠짐없이 기록하거나 필사해 둔 데에는 만만치 않은 목적의식이 있었을 것이 분명하다. 필자가 보기에는 개가만류(改嫁挽留)의 설득력이 이 작품의 제작과 소통을 매개한 것으로 보인다. 문면에 구조화되어 있는 그대로 덴동어미의 설득력은 매우 탁월하다. '운명의 얼굴을 본 자의 달관에서 울어나는 신명'이라 해도 좋을 정도로, 그의 설득과 지휘에 따라 부녀들은 마음이 하나가 되어 화전판은 다시 신명나는 축제가 되며 마무리가 된다.

여기서 '운명의 얼굴을 본 자의 달관'이란 결국은 '팔자의 수락'인 셈인데, 덴동어미가 그렇게 홍겹게 들떠가는 화전놀이의 분위

19) 김용철, 위의 논문, 257면. 1번 주석 참조

기를 일거에 좌초시킨 청상과부를 설득한 논리는 작품의 문면대로 '개가고생에 비하면 수절고생은 오히려 호강'이라는 말로서 집약이 된다. 기나긴 개가담은 이 명제를 구체적으로 입증하는 논거로서의 의미를 지닐 뿐이다. 그녀의 개가는 고생이었을 뿐만 아니라 현재의 결과 또한 평생 부양이 필요한 병신 아들을 데리고 담살이하는 신세였다. 이러한 현재적 처지와 함께 그의 개가 만류 담론은 더욱 설득력을 얻을 수 있는 호재였을 것이다.

세 번에 걸친 개가를 세세히 피력하고 있다는 사실에 주목하여 이 작품을 개가를 긍정한 것으로 보거나,[20] 고생 사설의 구체성을 근거로 규방가사적 규범에 대한 반발로 본 견해가 있으나,[21] 이는 텍스트의 실상과 멀 뿐만 아니라 규방가사 제작 수용의 당대적 맥락과도 어긋난다고 생각된다. 물론 조선조 사회에서 개가 자체

---

20) 신태수, 「화전가와 개가긍정문학의 대두」, 영남어문학16집, 1989.

21) 조동일은 『한국문학통사』에서 이 작품을 다음과 같이 해석하고 있다.
"이런 작품은 사대부 부녀들의 규방가사를 본떠서 변형시키는 수법으로 기존의 관념에 대한 하층민의 반발을 나타냈다 하겠다. 살기 위해서 처절한 투쟁을 해야 하는 밑바닥 인생에서 보면, 규범과 안정 속에 머무르고 있는 규방가사는 화전놀이의 즐거움을 자랑하는 것은 물론이고, 시집살이가 괴롭고 청춘과부가 외롭다는 푸념조차도 사치스럽기만 했을 것이다. 그래서 화전가를 짓는다 해놓고, 모두들 즐기는 광경을 서술하다가 거기 모인 사람들은 전혀 겪어보지 못한 경험을 농도 짙게 내놓아 이미 설정한 분위기를 파괴했다."(3권 345면. 84년, 86 4판)
양반 부녀들의 규방가사에 대한 서민들의 반발을 담은 것으로 본 견해인데, 이것은 '가사 장르의 이행기적 변모'라는 문학사적 구도에 지나치게 집착하면서 덴동어미를 곧바로 이 가사의 작자로 가정해 버린 결과로 보인다. 그러나 김용철도 지적하고 있는 바와 같이 이 작품의 작자는 〈소빅산디관록언히가〉를 지은 여인과 동일할 것으로 보이고, '덴동어미의 일생은 그 자체로 의미를 가지는 것이 아니라 이 작자에 의해서 재구성된 의미체'로 보아야 할 것이다.

가 이데올로기적 통제를 받았고, 규방가사가 향촌사대부 가문의 문화적 관록과 상관관계를 지닌다는 점에서, 세 번에 걸친 개가 과정과 개가살이의 구체적인 실상을 파노라마처럼 드러내 보이는 이 작품은, 그 산출이며 유통-수용의 문제를 둘러싸고 여러 모로 의아한 바가 있는 게 사실이다. 그러나 그렇다 하더라도 이 문제는 규방가사문화권의 요청에 따른 '규방가사의 확대'라는 측면에서 해명될 필요가 있다. 따라서 이 문제는 텍스트의 실상이 어떠하며, 규방가사 문화권의 새로운 요청은 또 무엇이었는가를 살피는 지점에서부터 접근해 볼 필요가 있을 것 같다.

텍스트 실상으로 볼 때, 덴동어미의 어조는 시종일관 진지할 뿐만 아니라, 설득의 열정으로 충만하다. 타고난 팔자는 고칠 수가 없다는 것을 자기 일생을 술회하면서도 대목 대목에서 강조하고 있을 뿐만 아니라, 이 술회의 끝에 주변 마을이나 이웃 고을의 허다한 개가 실패 사례들을 집성하여 구체적으로 적시(摘示)하기도 한다. 배치의 구도로 보거나 어조와 태도의 측면으로 보아 덴동어미의 말이 개가 만류의 담론임은 의심의 여지가 없으며, 동요하는 청상과부를 가장 효과적으로 설득하고 감복시킨 성공한 담론이기도 하다. 또 시집살이 스트레스가 적지 않았을 부녀들 모두에게도 그 원망과 불평의 감정을 일시에 털어 버리고 오히려 감사함으로 화전놀이를 즐길 수 있도록 추동한 동력이 되기도 했다.

작자는 이 점에 주목하여 덴동어미의 이 긴긴 설득의 담론을 거의 녹음하여 전재(全載)한 것 같이 옮기고, 그 전후에 덴동어미의 차림, 행태, 신명 등등까지를 묘사하여 화전판의 군계일학(群鷄一鶴)처럼 부각시킨 것이라 할 수 있다. 이 작품이 수용되는 맥락 또한 작자의 이러한 저작 동기와 크게 다르지 않았을 것이다. 팔자를 수락하며 고난을 감내하고 살아갈 수밖에 없었던 시집살이 부녀들에게 '시집귀신이 되는 것이 가장 떳떳한 일'이라는 뚜렷한 확신을 심어주는 이 작품은, 덴동어미 인생유전의 간접체험과 더불어 그들의 내면에 적지 않은 위안과 격려의 기능을 하며 받아들여졌을 것이다.

〈노처녀가〉 류 또한 규방가사문학권을 형성하고 있는 향촌사족층의 가정 내에서는 〈덴동어미화전가〉와 비슷한 맥락에서 수용되었을 것으로 보인다. 〈노처녀가〉 류는 〈노처녀가1〉, 〈노처녀가2〉라는 가사작품과 이들과 어느 정도의 상호텍스트성이 엿보이는 소설, 〈삭독각시젼〉과 최근에 보고된 〈노처자전이라〉(박순호 소장 『필사본고소설전집』) 등이 있는데, 이들의 상호관계에 대해서는 이론(異論)이 분분하다.[22] 여기서는 이러한 창작이나 제작의도와

---

22) 최원식에 의해 본격적으로 정식화된 '가사의 소설화' 구도를 따라, 〈노처녀가1〉에서 〈노처녀가2〉가 파생되고 이것이 다시 소설 〈삭독각시젼〉으로 발전했다는 도식이 한 동안 정설처럼 굳어져 있었는데, 최근의 본격적 논의들에서 이러한 도식은 거듭 부정되고 있다.(박일용, 「삼설기에 나타난 율문적 문체와 그 의미」, 『장르교섭과 고전시가』, 월인, 1999./ 박일용, 「노처녀 1의 담론형태와 그 시학적 의미」, 『조선후기 시가와 여성』, 월인, 2005./ 고순희, 「노처녀가1 연구」, 한국시가연구 14집, 한국시가학회, 2003./성무경, 「노처녀담론의 형성과 문학양식들의 반향」, 『조선후기 시가문학의 문화담론 탐색』, 보고사, 2004.) 이들은 공통적으로 서로 다른 작가가 서로 다른 노처녀의 사연을 담아 창작한 작품들로 보고 있는데, 성무경은 특히 〈노처녀가2〉가 노처녀 담론이 時事的 초점이 되었던 18세기 당대에서 멀지 않은 선행 작품이고, 〈노처녀가1〉은 19세기 말이나 20세기 초에 잡가문화권에서 산출되고 다듬어진 작품으로 보고 있어 주목된다.

관련된 논의는 생략하고, 이 작품들이 규방문화권에서 일반 규방가사들과 함께 전승되고 있다는 사실에 비추어, 이것들의 소통과 수용을 매개한 요인이 무엇이었을까를 추론해 보고자 한다.

이들 작품은 모두 노처녀의 곤경과 결혼에 대한 갈망과 의지를 다루고 있고, 소설의 경우는 결혼을 실현시키기 위한 주인공 노처녀의 집념의 행동, 시집살이 감내를 위한 지극정성의 노력, 그 찬란한 보답 등을 아울러 그리고 있다.

우선 40대나 50줄에 들어선 노처녀의 곤경을 절절히 읊어내는 노처녀의 자탄사설(自歎辭說)은, 모든 규방가사들이 공통으로 다루고 있는 시집살이 간고(艱苦)와 대응을 이루고 있다. 체험으로나 규방가사 수용을 통하여 시집살이 고생에 주눅이 들어 있을 부녀들에게 이 둘 사이의 대비는, '시집 고생이 노처녀의 곤경보다는 그래도 낫다' 라는 귀결에 자연스럽게 이르게 되었을 것으로 보인다. 특히 병신으로 설정된 노처녀가 결혼을 하자마자 '먹은 귀 밝아지고 병신 팔을 능히 쓴다'와 같은 기적적인 치유 대목에 이르게 되면, 시집살이의 자잘한 고생들이 일순간에 가볍게 느껴질 수도 있었을 것이다. 〈노처녀가1〉에서 자신을 처녀로 늙히는 부모를 향하여 쏟아내는 막말에 가까운 비판적 언사나, 〈노처녀가2〉를 비롯한 여타의 소설작품에서 결말에 이르기까지 계속 공급되는 골계적 흥미소(興味素)들은 이들 작품에 접속된 수용자들을 붙잡아 두는 전략이기도 하다. 이렇게 웃으며 따라가는 동안 노처녀의 곤경과 그 구제의 문제가 어느덧 절박해지고, 자신의 시집살이 곤경은 상대화되는 경험이 실현되었을 것이다.

또 이들이 결혼을 이루기 위하여 기울이는 노력의 절박함이나,

결혼 후의 참담한 시댁 형편, 또 그것을 극복해 내기 위한 지극정성 등도 또한 반면교사(反面教師)로서 이들 작품의 수용자에게 작용했을 것이다. 〈복선화음가〉의 수용에서와 같이 이들 〈노처녀가〉 류의 수용 또한, 시집살이를 넘는 극복의 의지와 노력을 가상적으로 실험케 했을 것으로 보인다. 앞서 서인순의 작품 사례에서 확인되듯이, 로또 당첨보다도 더 무망한 과거공부를 빙자하여 생업활동엔 손을 묶고 앉아 있는 남정네들로 인하여 향촌사족층 부녀의 시집살이가 한층 어려워진 상황이, 이들 작품이 산출 수용되는 시대적인 배경이라 할 수 있다. 적빈(赤貧)의 상황이나 오십 줄에 들어서는 노처녀의 상황과 같은 극한적인 상황이 설정되는 이유는, 바로 이러한 향촌사족층 가정의 출구도 없는 막다른 현실과 상호 조응하는 현상일 것으로 보인다.

결과적으로 〈덴동어미화전가〉와 〈노처녀가〉 류의 작품은 그 설정된 배경이나 인물형, 사태며 정황, 언어적 자질 등에서 향촌사족층 가문의 분위기, 곧 규방가사문화권 문학의 정체성(正體性)과는 거리가 있어 보인다. 그러나 그것들은 향촌사족층 가문이 당면한 현실적 과제나 규방가사문화권의 문학적 수요를 따라, 가상적으로 새로이 창출되었거나 도시의 시정공간이나 좀더 낮은 계층으로부터 유입되었을 가능성이 크다. 〈덴동어미화전가〉가 그 개가 만류 담론으로서의 효용성 때문에 덴동어미의 독특한 개인사와 그 입담을 소재로 끌어들여 창작한 것이라면, 〈노처녀가〉 류는 그들의 고달픈 시집살이에 의미와 가치를 실어주는 기능 때문에 도성의 시정문화권으로부터 차입해 들인 것으로 보인다.[23)]

어쨌든 이들 작품이 규방가사문화권에 수용된 이유는 '귀의처가 어디인가?'를 새롭게 환기시키고 인식시키면서, 한결 고달파져 가는 그들의 시집살이를 새롭게 추슬러 감내할 수 있도록 고무하는 기능 때문이었을 것으로 보인다. '시집 고생이 개가 고생, 개가 망신보다는 그래도 낫고', '시집살이 애로가 노처녀의 곤경보다는 그래도 낫다'는 메시지를 형상적으로 탁월하게 제시하고 있다는 바로 그 점이, 이 작품들의 유통과 전승을 매개한 것이라 할 수 있을 것이다.

4. 숨 돌리기, 어디서 오는가?

규방가사 가운데 실제적으로 가장 많이 구연되고 향수되는 작품은 탄식가류라고 한다. 제목 자체가 탄식을 표방한 작품들도 무

23) 〈노처녀가〉는 〈1〉과 〈2〉를 막론하고 희화적인 어법에다 웃음 유발의 장치들을 곳곳에 두어 기본적으로 골계미의 범주로 파악되는 작품들이다. 이 점은 소설의 형태를 띤 파생작들도 마찬가지다. 그런 의미에서는 이 〈노처녀가〉 류는 곰보를 제재로 한 "바둑바둑 얽은 놈아 제발 비쟈~" 따위의 사설시조나 잡가, "두터비 파리를 물고~" 따위 골계적인 사설시조, 〈우부가〉나 〈용부가〉와 같이 장면을 극대화하면서 희극적 과장을 동반하고 있는 가사 등과 서로 상통하는 부류라고 볼 수가 있다. 익명성에 기반한 풍자와 웃기 위한 웃음이 범람하는 시정의 분위기에서 창출되고 다듬어져 나간 대중문학의 하나인 셈이다. 그것이 지방으로 전파되어 필사본들이 만들어져 규방가사문화권 여성들 사이에서 유통된 것으로 보인다. 혼인제도에 대한 비판이나 양반들의 체면과 허위의식을 풍자하는 것에서 의미를 찾았다기보다는, 시집이 있다는 사실에 대한 안도감이나 고달픈 시집살이에 대한 위안의 의미를 띠고 수용되었을 개연성이 크다.

수히 많지만, 그 밖의 대부분의 자전적(自傳的)인 술회담들도 탄식이 주를 이루는 경우가 많고, 이것들이 흔히 탄식가류 규방가사로 분류되고 있다. 그러나 탄식과는 거리가 멀 것으로 보이는 화전가류나 계녀가류에도 탄식이 범람하고 있는 현상이 확인되는 바, 이에 관해서는 양태순이 자세히 살핀 바가 있다.[24]

이러한 탄식가들은 주로 가부장제의 모순을 비판하는 저항문학으로 해석되거나 오늘날의 여성 현실을 우회적으로 비판하는 발판으로 활용되었다.[25] 그러나 이러한 탄식가류를 포함하는 남녀문답의 가사 등 규방가사 전반을 당대 여성들의 어문생활사적 관점에서 좀 더 차분하게 조망해 볼 필요가 있다. 어문생활이란 말하고 듣고 읽고 쓰는 모든 활동을 지칭하는 개념인데, 여기에는 젠더적인 권력관계가 지속적으로 작용해 왔다고 한다. 그리하여 여성들은 듣기만 했던 시대가 있었고, 듣고 말하기가 동시에 허용

---

24) 양태순, 「규방가사 여성성으로서의 한탄에 대하여」, 김병국 외 편, 『조선후기 시가와 여성』, 월인, 2005. 그러나 양태순은 규방가사의 지배적 정서로서 '한탄'을 다루면서도 이 한탄을 '여성성'의 징표로서 거론할 뿐 그 가치평가는 유보해 두고 있는 것으로 보인다.

25) 규방가사의 집성과 초창기 연구를 주도한 권영철이 '반항문학론'을 편 이래로 한국여성문학회나 한국고전여성문학회에서 규방가사를 다룰 때 이런 視角이 많이 표출되었다. 권영철은 신변탄식류 규방가사가 '女卑'라는 '位'의 제약이 가져온 '인종강요의 삶'이 그 '相'이었음을 논하고, "이러한 '위'와 '상'에서 탈출 극복 부정 등을 志向하여 反抗精神을 함양하였고, 다시 이를 止揚하여 마침내 신변탄식류의 가사를 창작하고 전사 향유하는 지경에까지 이를 승화시켰던 것이다. 다만 이 반항문학인 신변탄식류의 규방가사가 강경하기는 하지만 철저한 반항문학이 될 수 없었고, 그녀들은 그녀들이 지니는 位相을 반숙명적으로 받아들여 이를 어느 정도 긍정하면서 읊은 반항문학이었다는 것이 玉의 티라고 할 수 있겠다."(『규방가사,신변탄식류』, 효성여대출판부, 1985, 8~12면.)라고 규정한 바 있다.

된 단계, 듣고 말하고 또 국문으로 읽기까지가 가능했던 시대를 거쳐, 듣고 말하고 국문으로 읽고 쓰는 것이 가능해진 단계를 거쳐, 공식문자인 한문을 읽고 쓰는 것까지 부분적으로 허용되는 단계에 진입하는 경우까지도 생겨나기에 이른 것이 여성 어문생활사의 실상이라는 것이다.[26] 따라서 규방가사를 읽을 수 있는 단계, 나아가 규방가사를 쓸 수 있는 단계로까지 나아가는 것은, 그 자체로 역사의 진전일 뿐만 아니라 여성에게 허용되는 자율의 폭이 그만큼 확대되었다는 것을 의미한다. 특히 일부 규방가사에서 상당히 높은 한문 교양의 자취가 확인되는 것은 이것이 양반가 부녀들만의 특권의 한 징표이기도 하다는 점, 그렇기 때문에 이러한 교양 사설이 문맥적 필연성을 이탈하면서까지 현학적(衒學的)으로 확장되어 드러난다는 사실은 여성의 어문생활사적 관점에서 주의 깊게 살펴 둘 필요가 있는 지점이다.

그런 점에서 우선 규방가사의 향유 자체가 문화적 관록의 한 징표로 해석될 수 있으며, 양반가 부녀들만이 가능했던 '숨 돌리기'였다고 볼 수 있다.[27] 여기서는 이런 어문생활사적 시각에서,

---

26) 이경하, 「여성문학사 서술의 문제점과 해결방향」, 서울대 박사논문, 2004.

27) 이에 관하여는 이동영의 현장 조사 결과와 체험적 증언을 참조할 필요가 있다.(「규방가사의 전이에 대하여」, 『가사문학연구』, 부산대출판부, 2002). 그는 규방가사의 전이가 새댁에 의해서보다는 중년 넘어 시어머니가 될 즈음에 차람-전사-교환의 방식으로 이쪽 저쪽으로 전이되는 것이 훨씬 많다는 것을 보고하였고, 그 향유 또한 노년기에 이르러서야 가능했다는 것을 증언하고 있다.
"시집갈 때 전사해 준다든가, 신부가 지참해 온 가사를 돌려가며 전사했다든가, 의롱 속 가사의 양으로 신부의 교양이나 가문을 평가한다는 것은 허구에 가까운 견해"(위책 162면).
"실로 규중에서 가사가 애독되는 연배도 부녀들의 노년기에 속하며 마

전통시대 여성들의 간고한 삶의 조건 속에서 규방가사가 어떻게 그들의 시집살이에 '숨 돌리기'의 기능을 수행하고 있었는지를 좀 더 구체적으로 살펴보기로 한다.

첫째는, 문답이나 토론을 규방가사 속에 수렴해 들이고, 그 가사가 친정집이나 시댁, 동류들 사이에서 전사(轉寫) 회람(回覽)이 되는 과정을 통하여 간고한 부녀들의 사정이나 심회(心懷)가 소통이 되면서 숨 돌릴 여유가 마련될 수 있었던 것으로 보인다.

앞서 살핀 〈송회가〉의 경우도, 친정에 근친을 왔다 돌아가는 종매와 종남형 사이의 문답을 통해 어린 신부의 정황이나 심경이 친가와 시가 양쪽에 이해되고 소통되는 방식의 일단을 확인했거니와, 출가했던 여인들이 근친 온 말미에 친척집을 찾거나 고향의 승경을 돌아보는 일은 흔히 있었던 것 같다.

〈적벽가〉와 〈답적벽가〉[28]의 경우도 근친을 와서 합류한 하회마을 류씨 딸들의 선유(船遊)를 둘러싼 남녀 사이의 문답과 선유과정의 흥취, 남녀의 자존심 대결을 다루고 있는데, 기어이 선유허락을 쟁취하는 과정(〈적벽가〉), 허울뿐인 남자들의 글공부를 통타(痛打)하는 대목(〈답적벽가〉) 등은 류씨 딸들의 드센 면모를 유감없이 보여주고 있다.[29] 이 경우는 선유를 주선하는 재력이나 그

을 노구분들이 모여 閱讀하는 자리에 젊은 새댁들도 끼여서 듣다가 어른들이 미루어 읽으라 하면 읽어 드리는 정도"(위책 162면).

28) 가사문학관, 『규방가사 Ⅰ』, 2002, 61번, 62번 작품.

29) 내용이 다소 미심한 부분이 있어 원본의 확인이 필요하지만, 〈적벽가〉가 남자들의 입장에서 여자들의 선유를 분수에 넘치는 일로 여겨 선유를 허락 주선해 주고도 계속 고깝게 보거나 얕잡아 보는 시각에서의 기술이라면, 〈답적벽가〉는 이에 대한 여자들의 반박을 담은 것으로 보인다. 그러나 『규방가사 Ⅰ』(가사문학관)의 61번 〈적벽가〉 해제는 이 작품

규모, 드센 어투 등으로 보아 제법 나이가 든 부녀들이 앞장을 서서 일을 꾸미고, 〈답적벽가〉도 지은 것으로 보인다. 남자들은 앞으로 더 이상은 선유를 허락하지 않을 방침으로 〈적벽가〉를 지어 여자들의 선유를 조롱하고 나무라는 뜻을 부친 것일 터인데, 여자들은 도리어 〈답적벽가〉를 지어 자기들의 풍류가 고인들의 풍류에 비겨도 손색이 없고 만일 자기들이 남자로 태어났다면 그 따위로 허송세월을 하며 훌륭한 조상들을 욕보이지는 않을 것이라고 큰소리를 치고 있다. 실제적으로는 허락을 얻고 도움을 받아야 하는 처지임에도 이렇게 호기를 부릴 수도 있다는 것이 바로 규방가사를 통해 마련되는 여유 공간이었던 셈이다.

그 동안 많이 다루어졌던 〈조화전가〉와 〈반조화전가〉의 경우도 마찬가지라고 할 수 있다. 이 가사들은 18세기 중엽으로 연대가 분명히 밝혀져 있어 규방가사의 초창기 형태로서도 주목되는 작품들인데, 여성들의 화전놀이에 대한 남성 측의 비판적 조롱과 여성 측의 반박이 맞서면서 남녀의 본분이며 역할에 대한 상호이해나 조율이 이루어지는 과정을 매우 흥미롭게 드러내 주고 있는 자료다.30) 〈조화전가〉의 내용을 따라가 보면 겉으로는 큰소리치

을 여자들이 자기들의 선유 흥취를 자랑하고 있는 작품으로 다음과 같이 해제하고 있다.,

"소동파의 적벽놀이를 본받아 경북 안동의 하회마을의 부녀자들이 하회마을을 감싸 도는 낙동강에 뱃놀이를 하면서 지은 가사이다. … 풍류가 담긴 홍겨운 작품이다."(위책, 390면).

작품을 제대로 해독하지 못했거나 전혀 다른 작품을 해제한 것 같은 느낌을 준다. 면밀한 원본 대조를 거친 재검토를 통해 수정할 필요가 있을 것으로 보인다.

30) 이들 가사는 1회전의 형태로 주고받은 후에, 남성 측에서 〈嘲花煎歌〉의 내용을 수정을 하자 〈反嘲花煎歌〉의 작자인 안동권씨도 작품을 수

고 있지만, 속으로는 기름과 가루를 조달할 수 없어 화전놀이 날짜조차 잡지 못하고 있는 남자들의 곤경이 드러나 있다. 그리고 대장부 남자들도 하지 못하는 화전놀이 판을 여자들이 버젓이 먼저 벌이는 것에 대한 뒤틀린 심사가 내비치고 있다. 그러면서 여자들의 역할과 도리에 관하여 설교를 하면서 본분에 충실할 것을 강조하고 있다. 이에 비해 〈반조화전가〉에서는 모처럼 날을 잡아 노는 여자들의 화전놀이를 비판하는 남성들의 속 좁음을 나무라고, 사대부의 상자연(賞自然)에 손색이 없는 자신들의 관물흥취(觀物興趣)를 서술한 후에, 남성들로 하여금 흉내만 내는 학문 태도를 반성할 것을 촉구하고 있다. 그리하여 결과적으로는 〈조화전가〉의 작자가 후일 〈상심화전가〉에서 토로한 바와 같이 "졸 주고 차 받기" 형국이 되고 말았다. 어쨌든 여자들이 고달픈 삶에서 숨 돌릴 수 있는 여유가 규방가사를 통해 마련되고 있음이 확인된다.

둘째는, 규방가사의 표현 기능과 정리 기능을 잘 활용함으로써 얻어지는 내면 조율의 효과로 인하여, 숨 돌리기가 가능했던 것으로 보인다.

시집에서 부모나 형제를 그리워하는 마음, 근친 가서 고향산천을 돌아보는 감회와 견문 내용, 관혼상제의 여러 국면에서 느끼는 회포, 특별한 경험이나 의외의 일을 겪으며 느낀 감동이나 충격

정했다 하며, 〈조화전가〉의 작자는 만년에 〈상심화전가〉를 지어 젊은날의 稚氣를 반성했다고 한다. 이에 관한 자세한 논의는 박경주, 「反/嘲花煎歌 계열 가사」, 『규방가사의 양성성』, 월인, 2007과 이동연, 「화전가로서의 반조화전가」(나정순 외, 『규방가사의 작품세계와 미학』, 역락, 2002)를 참조할 수 있다.

등등, 규방가사는 이 모든 것을 담아내는 그릇으로서 그 담아내는 과정을 통하여 자기 정리와 조율이 이루어졌다. 한두 사례를 검토해 보기로 한다.

〈심중소회〉는 시아버지의 영전에 생전의 일들을 회고하여 아뢴다고 하며 지은 장편가사인데,[31] 청상과부 며느리를 위한 시아버지의 자상한 배려와 연민의 정을 회고한 대목이 매우 인상적이다.

> 오회라 아부님은 이 몸 위로 식이시랴/ 가진 소셜 구히 와셔 이것 보고 저것 바라/상육 척ㅅ 구히 쥬며 이것 던져 위안ᄒᆞ라/ 각집 쏠내 불너다가 갓치 웃고 노라 바라/ 기화요초 ᄭᅩᆺ자 두고 이것 보고 우지 마라/ 속이 타고 스리거든 년초나마 벗숨어라

이러한 배려가 청상과부 젊은 며느리로 하여금 시집살이를 이겨 넘게 한 실제적 원동력의 하나였을 것이고, 그러기에 생전의 다정하던 그 음성이, 이제는 가고 없는 그 분의 영전에서 생생하게 재생되어 나온 것으로 보인다. 또 이러한 깊은 유대감이 "윤식아을 성취시켜 저의 너외 압셔우고/ 숨더분 션영지하 누더시젼 맛긴 후난/ 아바님젼 싸르리라"하고 앞날을 헤쳐 갈 목표와 다짐을 또렷하게 할 수 있는 힘이 된 것 같다. 이렇게 '심중소회'를 가사로 풀어내는 과정을 통하여 이 여인은 사태와 상황을 정리하고 스스로의 내면을 조율할 수가 있었던 것이다.

---

31) 가사문학관, 『규방가사 I』, 2002, 32번 작품. 해제에 친정아버지의 죽음인 것처럼 기술하고 있는데 내용상으로 볼 때 시아버지의 죽음임이 분명하다. 임종을 보지 못하고 보내 드린 것에 대한 해명을 겸하여 아뢴 것으로 보이는데, 영전에서 곡을 하면서 사뢰었던 사설을 골격으로 후일에 살을 붙이고 윤색을 한 것 같다.

〈노인회심곡〉은 김씨부인이 70세 생일을 당하여 지난날을 회상하며 지은 가사인데, 신행 전야 착잡한 감정의 추이를 생생하게 재현해 낸 대목이 압권이다.

> (…계녀사…) 자식 만흔 네 어미는 항생 념뇨(염려?) 무궁이라/ 지첵지지 결사지의 말성이나 잇게 되면/ 우피지면 될지로다 이런 말삼 듣자오니/ 두통이 나는지라 어머님 그만 하소/ 명모 말삼 잘 드럿소 머리가 무거워요/ 조목조목 만흔 조목 엇지 다 행하릿가/ 쥬는대로 먹고살고 되는대로 행하리다/ 이러케 답변ᄒᆞ니 만방이 박장대소/ 웃음보가 터젓도다 어머님 화가 나서/ 버릇 업는 져 애 보라 남정 넉시 화생이라/ ᄯᅩᄒᆞᆫ 모두 웃는지라 우리 언니 류씨부인/ 얌젼하신 인물이요 인자ᄒᆞᆫ 마음으로/ 어머님 거(걱?)졍할 것 업나니라/ 머리 조흔 우리 아기 남의 밥 먹게 되면/ 자연즉 ᄶᅡ라지고/ ᄭᅬ도 졈졈 들 거시오/ 아직은 나이 어려 쟝난지심 ᄲᅮᆫ이건만/ 차차로 지각 들면 명망이 이스리다/ 이목구비 자시 보면 다복한 인생이라/ 부귀복록 직히리다 이러케 말을 ᄒᆞ니/ 겻희 안자 듯는 내가 철업는 마음이나/ 힝신도 얌젼하고 인사도 훌륭함을/ 심즁으로 탄복하고 우리 언니 최고로군/ 임사 덕힝 구비할 제 태님 태사 못지 안네/ 나의 편을 드러쥬니 고맙기도 그지업네/ 어린 질녀 집어 안고 어엿부다 우리 규야/ 못난 고모 담지 말고 너의 엄마 달마 다오/ 졍말 진졍 부탁이야 이러그러 지나다가/ 바든 날이 신속하야 우귀즉일 도엿구나[32)]

철없는 딸 걱정에 자꾸만 잔소리가 길어지는 어머니, 그러잖아도 부담감에 머리가 아파오는 소녀, 그 파국적 상황에서의 모녀간 볼멘 대화, 이러한 어긋장이 빚어내는 웃음, 이것을 중재하는 올

32) 가사문학관, 『규방가사 Ⅰ』, 2002, 21번 작품.

케의 덕담, 원군(援軍)을 만난 듯 기뻐하며 어린 조카딸을 담뿍 끌어안는 소녀, 못난 고모 닮지 말고 너의 엄마 닮으라는 말로 이루어진 대단원(大團圓) – 이 모든 것들이 눈에 보이고 귀에 들리듯이 생동하는 현장감을 준다. 탁월한 재현력이요 형상화 능력이라 아니할 수 없다. 이렇게 표현하고 정리하는 동안 작자 스스로 큰 기쁨을 얻었을 것은 물론이거니와, 이 가사를 접하는 모든 이들에게, 특히 신행을 앞둔 어떤 모녀, 어쩌면 자신의 며느리나 손녀에게 신선한 해방감을 안겨줄 수 있었을 것으로 보인다.

5. 결어

이상으로 규방가사의 작품세계를 그 주제적 관심의 측면에서 개괄해 보았다. 근대주의나 여성주의 등 현재의 학문적 관심이나 과제의 관점에서 살핀 것이 아니라, 가급적이면 전통 시대 향촌사족층 부녀들의 과제상황을 그대로 추인(追認)하고 추수(追隨)해 보고자 노력했다. 소박하게나마 어문생활사의 관점에서 살핀 것이라고 할 수 있을 것이다.

그 결과 일견 낡은 유습의 창고처럼 보이는 규방가사가, 중세적 조건 속에서 형성된 향촌사족층 부녀들의 삶을 지탱하고 추동케 하는 도구요 자원이었음을 확인할 수 있었다. 가부장제라는 제도의 틀, 향촌사족의 사회경제적인 조건, 조혼의 풍습, 어린 여성이 혼인과 더불어 곧바로 시가에 귀속되어 살아야하는 친영제 등 온갖 악조건 속에서 그들은 며느리가 되고 어머니가 되어 살아야만 했다. 다른 길이 없었고 귀의처(歸依處)는 오직 시집이었다. 그리하여 시집살이를 어떻게 넘을 것인가를 다각도로 고민하고, 그 고비 고비에서 귀의처를 재확인 재다짐하고, 또 그 숨 막히는 현실 속에서 숨 돌릴 여유를 찾아 본 것이 규방가사의 작품세계였다.

21세기 가족의 형태나 가정 문화는 규방가사의 시대와 판연히 달라졌다. 그러나 20세기 초 자유연애의 계몽적 열정으로 그린 가정상(家庭像)이 꼭 이상적인 것만도 아님이 한 세기의 실험을 통하여 입증되었다. 핵가족이 되어 인간은 얼마나 더 진보하고 성숙하고 행복해졌는가? 친정 중심으로의 경사가 과연 궁극적인 해결책인가? 무자녀 가정이나 독신주의가 대안일 수 있는가? 어느 것도 자명하지 않고 보편적인 해결책이나 대안이 되지를 못한다. 우리만 그런 것이 아니라 전 세계 인류 모두가 그렇다. 주어진 조건 속에서의 암중모색이 있을 뿐이요, 구체적인 관계 속에서의 끊임없는 조율과 감싸 안음이 있을 뿐이다.

출산과 육아 교육의 문제가 여전히 남아 있고, 오히려 그것이 문명 발달에 의해 더욱 지체되고 연장되어 가고 있는 현실; 그리하여 육아 문제에 대한 뚜렷한 대안이 없는 상태에서 다시 시부모나 친정부모에 의존할 수밖에 없는 것이 오늘 우리의 현실이기도 하다. 그런 점에서 규방가사의 문제는 여전히 현재적인 문제로 이월되어 있다고도 볼 수 있다. 규방가사에서 자기의 내면을 조율하고 관계를 성찰하고 자잘한 일상을 배려하며 삶을 추슬러 나갔던 지혜를 배울 수도 있을 것이다.

끝으로 규방가사의 계승방안에 관하여 한 마디만 첨언하기로 한다. 지금까지 가사 일반의 현대적 계승과 재창조에 관하여는 많은 이론적 실천적인 모색들이 있었다. 규방가사의 경우라 해서 별도의 새로운 논의가 필요해 보이지는 않는다. 현대시조가 하나의 양식으로 자리를 잡았듯이 가사 또한 다양한 모색의 과정을 통하여 언젠가는 양식으로 자리를 잡을 수도 있을 것이다.

그러나 이러한 장르적 재현이나 재창조도 중요하지만, 그에 못지않게 가사문학 유산을 현대 문화의 여러 콘텐츠 속에 제대로 용해시켜 내고, 적재적소에 투입하고 배치할 수 있는 역량을 배양하는 것도 긴요한 일이다. 그러려면 가사의 진술방식이며 표현 특성을 좀 더 깊이 이해하고, 가사문학 유산 속의 정채 나는 대목들을 가려 뽑아 콘텐츠의 제작에 활용하거나 변용해 보는 훈련이 필요할 것 같다. 가사적인 발상, 진술방식, 표현특성 등에 관한 김학성의 일련의 논의는 이런 점에서 매우 중요한 탐구라 할 수 있고,[33] 사극(史劇)을 만드는 단계에서부터 이제는 고전의 표현을 세심히 참조하는 수준에 이르고 있다는 사실[34] 또한 이러한 탐색과 훈련의 필요성을 새롭게 일깨워 준다.

교육의 현장에서부터 가장 쉽게 시도해 볼 수 있는 것은, 표어

33) 김학성의 최근 논의들에서 집중적으로 탐구된 바 있다. (「가사의 정체성과 담론 특성」, 『한국고전시가의 정체성』, 성균관대 대동문화연구원, 2002. 「가사의 장르적 특성과 현대사회의 존재의의」, 『고시가연구』, 21집, 2008.2. 「가사양식의 전통 유형과 계승 방향」, 『제9회 전국가사문학제 학술대회 발표요지집』, 2008.10.)

34) 최근 『바람의 화원』 같은 드라마를 만드는 데, 19세기 여항의 말투를 복원하기 위해 당시에 유행했던 대하장편 가문소설의 어투며 어법, 어미 처리 등을 다각도로 참조했다고 한다. 대하장편 전공자와 드라마 제작진의 협력이 요청되고 있음을 보여주는 한 사례라 할 수 있을 것이다.

나 비디오클립을 만들거나 광고 문안 같은 것을 구안해 보면서 가사의 활용 방안을 실제로 실험해 보는 일일 것이다. 언제 어느 대목에 어떤 형태의 가사가 활용 가능할 것인지, 혹은 어느 정황 어떤 맥락에서 가사적인 발상이나 표현법이 요청되는지를 가늠해 보는 훈련을 해 보는 것도 구체적인 한 방안이 될 수 있을 것이다.

농사하는 집 아낙과 글하는 집 아낙

-〈전가부(田家婦)〉와 〈시가부(詩家婦)〉

1. 서언

이 글은 19세기 향촌사족층의 삶과 문학을 이해하는 데 중요한 의의가 있다고 생각하는 한시 작품 두 편을 소개하고 그 의의를 탐색해 보려는 시도이다.

경남 함양의 선비였던 서인순(徐璘淳, 1827～1898)의 〈전가부(田家婦)〉와 〈시가부(詩家婦)〉라는 작품이 바로 그것인데, 『화헌유고(華軒遺稿)』 권3의 맨 끝에 수록된 두 편의 장편시이다. 서인순의 문집 『화헌유고』는 제1권에서 제3권에 걸쳐 시를 수록하고 있는데, 대부분이 7언으로서 4구이거나 8구로 이루어져 있다. 이 두 작품만이 예외적으로 장형화한 경우인데, 〈전가부〉는 7언 40구, 〈시가부〉는 7언 위주의 오칠잡언(五七雜言) 40구로 이루어

---

* 이 글은 『한국고전여성문학연구』 11집(2005.12)에 실렸던 논문을 가다듬은 것이다.

져 있다.

서인순의 『화헌유고』를 학계에 소개한 이는 경남의 지역문학 연구에 정진하고 있는 정한기 박사인데, 그의 논문 「徐璘淳의 〈田家婦〉에 나타난 여성형상의 문학적 위치」는 〈전가부〉라는 작품을 한시 전통의 맥락 속에서 살펴 그 여성형상의 특징적 국면에 주목한 글이다.[1] '노동하는 여성'을 주목하고 그것을 형상화한 한시는 유전(劉荃, 1051~1122)의 〈직부사(織婦詞)〉(7언 절구) 이래로, 안축(安軸, 1287~1348), 이곡(李穀, 1298~1351), 이달충(李達衷, 1309~1385), 이색(李穡, 1328~1396) 등 고려말의 제가(諸家)를 거쳐 서인순의 당대에 이르기까지 매우 다양한데, 서인순의 〈전가부〉는 이러한 한시들의 전통을 이으면서도 18세기 이후 새롭게 대두된 민요취향을 잘 반영하고 있으며, '욕구를 표출할 줄 아는 여성, 현실적 삶의 조건을 냉철히 인식하는 여성, 그러면서도 남편과 함께 그것을 감내해 내는 여성'을 부조(浮彫)해 냄으로써, 여성형상의 측면에서도 새로운 면모를 드러내고 있다는 것이다.

자신의 욕구나 욕망을 당당히 표출하고, 삶의 조건을 냉철하게 감지 인식하고, 그 모든 생존의 멍에를 지는 일에, 여성이 남성보다 못하다는 증거는 어디에도 없다. 또한 이 〈전가부〉 수준의 여성이 일상의 현실 속에서는 좀처럼 발견하기 어려운 것도 아니다.

그런데도 이러한 여성형상이 특별히 주목되는 이유는 무엇인가? 그 이유는 일차적으로 자료의 실상이 그러하기 때문일 것이

---

1) 김병국 외, 『조선후기 시가와 여성』(월인, 2005년 5월)에 수록되어 있음.

지만, 보다 더 중요한 것은 이러한 자료상이 드러내는 바 사대부들의 시각(視角)이며 인식태도(認識態度)의 변모상이라고 할 수 있다. 이러한 여성은 늘 있었을 것이지만, 사대부들의 눈에는 그들이 주목되지 않았거나 혹은 의도적으로 묵살되었기 때문에 한시 전통의 유구함에도 불구하고 이러한 여성형상은 제대로 부각되지를 않았을 것이다. 그러다가 서인순이라는 19세기 함양 선비의 눈에 와서야 비로소 이러한 여성의 형상이 독특하게 주목된 것이라고 할 수 있다.

초점은 바로 여기에 있다. 왜 서인순의 눈에는 이러한 여성의 형상이 그 육성(肉聲)과 함께 포착되고 각인된 것일까? 정한기 박사는 그 가장 큰 동인의 하나로 '민요 취향의 대두'를 들고 있다. 그러나 이렇게 설명해 버리고 마는 것은 사태의 본질에서 다소 멀어 보인다. 이동환 선생이 조선후기 한시의 변모를 설명하기 위해서 제기한 '민요 취향의 대두'란 기본적으로 상층 사대부 문학의 설명에 적합한 모델이라고 여겨진다. 삶의 실상으로부터는 멀어져 관념의 유희나 기교의 세련에 기울면서 활력을 잃어가는 자신들의 시를 위한 예술적 자구책(自救策)의 하나가 민요의 진솔성과 생동감을 자신들의 시 속에 끌어 들이는 일, 바로 그것이었다. 따라서 이것은 하향적 시선의 낭만적 시각을 동반하는 경우가 대부분이다. 그러나 서인순의 〈전가부〉는 그렇지를 않다. 삶의 조건과 진로의 선택을 둘러싼 한 가족의 처지와 운명이 매우 진지하고도 핍진하게 묘파되고 있다. 절박한 현실이 숨막히는 문제상황으로서 그려지고 있을 뿐만 아니라, 당면한 고통과 고민이 가감없이 그대로 드러나 있다.

특히 주목되는 점이 '왜 하필 농사뿐이냐! 이 길밖에는 다른 길이 없느냐!'고 따져 묻는 전가부(田家婦)의 물음이다. 이에 대하여 그 남편은, 농사에 손을 놓고 있는 이웃 선비의 집, 곧 '조대(措大)의 집'을 들어 비교론을 펴가며 아내를 설득하고 있다. '사(士) - 농(農)' 비교를 통하여 아내인 전가부(田家婦)의 수긍을 이끌어 내는 것 자체가 심상히 보아 넘길 수 없는 이 작품의 특징이다. 이에서 한 걸음 더 나아가 더욱 주목해야 할 것은 이 작품에 이어 『화헌유고』 시집(詩集) 전체의 대미(大尾)를 이루고 있는 〈시가부(詩家婦)〉라는 작품의 존재다. 이 작품은 담장을 격하여 이웃하고 사는 시가부(詩家婦)가 담 너머로 전가부(田家婦)를 불러 그에게 원정(原情)을 하는 내용이다. 이 또한 철저히 전가(田家)와 시가(詩家) 사이의 대비를 토대로 하여 전개되고 있다.

따라서 이 〈전가부〉라는 작품은 그저 '조선후기 한시의 민요취향'의 한 사례로서 다루기보다는, 향촌사족층의 현실적 곤경과 기로(岐路), 그 진로의 선택과 조율이라는 측면에서 좀더 정밀히 살필 필요가 있는 작품이라고 생각된다. 뿐만 아니라 이 작품은 후속하는 〈시가부〉와 함께 대비적으로 고찰될 필요가 있다. 이 두 작품은 어느 정도 연작성(連作性)을 띠고 있는 것으로 보이고, 무엇보다도 그 주제적 관심이 상호 조응하는 바가 있기 때문이다. 어쩌면 〈전가부〉보다도 〈시가부〉 쪽이 더욱 문제적일 수가 있고, 지은이 자신의 주제적 관심이 집중되는 지점일 수가 있다.

그러면 장을 달리하여 이 두 작품을 차례로 소개해 보기로 한다. 원문을 먼저 적고, 필자가 번역한 것을 나란히 병기하기로 하는데, 난해한 대목은 주석란을 통하여 보충하거나 추가 논의를 해 두고자 한다.

2. 두 작품의 번역과 주석

〈전가부(농사하는 집의 아낙)〉

田家少婦何所歎　농사하는 집 젊은 아낙 무엇을 탄식하나?
身備四愁心五悲　몸엔 네 가지 근심, 마음에 다섯 가지 슬픔.
新嫁三日承姑訓　시집온 지 삼일 만에 시어머니 말씀 받들어
織絹耘畝宜及時　명주 짜기 밭매기를 때에 맞춰야 하네.

農乃登麥期卒歲　농사는 보리 풍년이라야 한해를 마칠 수 있고
布欲供稅看星移　베는 별이 옮기도록 짜야만 세금을 바치네.
夕窓紡燭晨繼爨　석창에 실 잣던 촛불 새벽밥 짓기로 이어지고
垢膩頰淚斑斑垂　때 기름 절은 뺨엔 눈물이 아롱아롱...
夫婦情深無暇樂　부부의 정은 깊으나 즐길 여가 없으니
夜何漫漫日又遲　밤은 어이 아득하고 해는 또 더딘고?

鷰入巢兮筍成竹　제비가 둥지에 들고 죽순도 대나무가 되는데
把銚持鎛良人隨　가래 잡고 호미 들고 남편을 따라야 하네.
日午南郊耨且饁　대낮 남교에 김도 매고 들밥도 내려니
汗沾單衫流四肢　땀은 단삼 적시고 팔다리로 흘러내리네.
帶月歸家催上機　달을 띠고 돌아와선 베틀에 오르길 서두르고
燈煤挖鬐不嫌黧　등 그을음 보조개에 너울거려도 검어짐을 싫어하지 않네.

八月九月秋乃成　팔월 구월 가을걷이 다 이루고 나니

疋如雲錦稼如茨	명주는 운금인 양, 나락은 띠풀인 양.
公糴私貸都償了	관청의 환자 쌀, 사사로이 빌린 것, 몽땅 다 갚고 나니
穀無擔石箱無絲	곡식은 담석으로 헤아릴 게 없고, 상자엔 명주 한 올 없네.
大兒小兒泣相語	큰 녀석 작은 녀석 울며 서로 하소연이네,
生不得襪脚胼胝	버선도 없이 지내려니 다리가 다 트고 굳었노라고[2)]

---

2) 이 대목까지, 다음 정한기 박사의 번역을 참조할 수 있다.

전가의 젊은 며느리 무엇을 탄식하나, 몸에는 네 가지 근심 마음에는 다섯 가지 슬픔. 시집온 지 삼일만에 시어머니의 가르침을 받들어, 베 짜기 김매기를 때에 맞게 하네.
ⓐ농사는 보리 싹이 핌에 한 해 마칠 때를 기약하고, 베 짜기는 세금을 내기 위하여 별이 옮기는 것을 보네. 석창(夕窓)에 베 짜기의 촛불은 새벽까지 끓고, 때 붙은 뺨에서 눈물은 얼룩져 흘러내리네. 부부의 정은 깊으나 즐길 겨를이 없으니, 밤은 어찌 길고 낮은 또한 더딘지. ⓑ제비가 둥지로 날아들고 죽순이 대나무가 되니, 호미 쥐고 괭이 잡고 남편 뒤를 따르네. 낮에 남쪽 교외에서 김매고 들 밥까지 차리니, 땀이 홑적삼을 적시며 팔다리에 흐르네. ⓒ달빛 받으며 집에 돌아와 베틀에 오르기를 재촉하고, 등불을 태워 보조개를 검게 그슬려 곱지 않네. 팔월 구월 가을이 되니, 베는 구름 비단 같고 곡식도 쌓여 있네. 공적인 적미(糴米)와 사적으로 빌린 돈을 모두 갚고 나니, 곡식은 한 석(石)도 남지 않고 상자에는 실도 없네.
ⓓ큰 아이 작은 아이 서로 울며 보채고, 버선도 얻지 못하는 생활로 다리는 굳은살이네.

밑줄친 대목들을 조정해 보았다. ⓐ는 "農乃登麥"에서 "登"이 "豊"의 뜻이 있기 때문에 "풍년이라야"로 옮겼다. 극한의 조건 속으로 내몰리는 농민의 삶이 부각되도록 번역해 본 것이다. ⓑ는 전구와 후구 사이 접속관계를 조정하였다. 순접보다는 역접으로 보는 것이 화자의 背理感을 드러내기에 적합해 보이기 때문이다. ⓒ는 고운 뺨 그을리는 것도 돌볼 여유가 없는 정황이 좀더 잘 드러나도록 조정을 한 것이고, ⓓ는 전후구가 서로 상응하여 아이들의 푸념이 되도록 옮겨 보았다.

婦曰阿郎何由活　아낙 왈 “낭군은 무얼로 말미암아 살려 하시오?
我言非讁亦非訾　제 말은 꾸짖음도 아니오 헐뜯음도 아니라오.
昨過城南豪貴門　어제 성 남쪽의 호귀가 집 문을 지나려니
錦帳花燭夢熊羆　비단 휘장 화안히 밝히고 태몽을 꿉디다 그려.
四時不勤衣廩足　사철 근로하지 않아도 옷과 녹봉이 족함을
生未仰止死爲期　살아 우러르지 못하매 죽어서라도 기약할꺼나…”

郎曰婦看措大妻　사내 왈 “부인은 조대의 아내를 보시오.
案對黃券廚懸錡　소반에도 책뿐이요 부엌엔 솥만 덩그레,
近夜還家妾羞面　밤 다 되어 돌아오매 첩이 얼굴을 붉히고,
含淚渡水兒呼飢　눈물 머금고 물 건너니 애들은 밥 달라 보채네.
使吾自安不服田　가령 내가 스스로 태평하여 밭일을 하지 않는다면
冬未著綿夏未絺　겨울에 베옷을 못 입고 여름엔 갈옷도 못 걸치리다.”

郎言有理足相憐　“낭군 말씀 이치가 있어 서로 어여삐 여길 만하니
敢將辛苦作皺眉　감히 고생스럽다 하여 눈살을 찌푸리겠습니까?
一生耕織是本分　일평생 밭 갈고 베 짜기가 이 본분이니
妾兮郎兮復奚爲　첩이나 낭군이나 다시 무엇을 하겠습니까?
我姑歌此聊寫憂　내 짐짓 이리 노래하는 건 애오라지 근심을 덜려 함일 따름,
閭里艱難有誰知　촌마을의 간고한 어려움 누가 있어 알아 주리!”[3)]

3) 이 대목은 부부간의 문답인데, 역시 정박사의 번역을 제시해 둔다.

아내가 말하기를 “낭군은 무엇으로 살려 하십니까? 저의 말은 꾸짖는 것도 비방하는 것도 아닙니다.
ⓔ어제 도성의 남쪽 부귀한 집의 문 앞을 지났는데, 비단 휘장 화촉에 熊羆를 꿈꾸는 듯하였습니다. 四時에 부지런하지 않아도 옷이 풍족하니, 살아 앙모(仰慕)하지 못함에 죽어 기약하고자 합니다.”
남편이 말하기를 “당신은 가난뱅이 선비의 아내를 보시오, 책상에서는

서책만 대하고 부엌에는 솥이 걸려 있소. ⓕ밤 되어 집에 오니 그 아내는 부끄러운 얼굴로, 含淚에 물을 건널 정도이고 아이는 굶주림으로 보채고 있소. 만약 내가 밭일하지 않음을 편안히 여긴다면, 겨울에는 솜옷을 여름에는 칡 베옷조차 입을 수 없을 것이오"

"ⓖ낭군의 말씀이 이치가 있고 가엽게 여길 만하나, 고생으로 눈살을 찌푸렸습니다. 한 평생 김매고 베를 짜는 것이 본분이니, 저나 낭군이나 다시 어찌 하겠습니까? 제가 이 노래를 불러 잠시 근심을 없앴으니, 閭里의 고생을 누가 알겠습니까?"

ⓔ는 "夢熊羆"의 번역이 초점인데, "熊羆入夢" "熊羆之祥" 등이 사내아이를 낳을 태몽으로 관용적으로 쓰이고 있기 때문에 '화려한 저택에서 운우지락을 나누며 태몽을 꿀 수 있는 처지에 대한 선망'으로 옮겨 보았다. 봄날이 다 가도록 노역에 시달리며 잠자리조차 제대로 가져보지 못하는 아낙의 처지와의 대조를 염두에 둔 것이기도 하다. 정박사는 아낙이 '화려한 혼례 장면을 목격한 것'으로 상정하고 이 대목을 번역하였고, 해석의 방향도 남편 선택의 문제로 초점화한 바 있다. 충분히 일리가 있기 때문에 좀더 검토가 필요할 것 같다. ⓕ는 〈전가부〉 40구 전체에서 가장 난해한 부분이다. 정박사는 '선비의 아내가 부끄러운 얼굴에 눈물 범벅을 하고 있는 모양'으로 해석한 것 같다. "近夜還家妾羞面"에서는 "還家"의 주체를 남편 선비로 보고 "羞面"의 주체는 그 아내로 본 것이라 할 수 있고, "含淚渡水"에서는 "渡水"를 '눈물 머금은 상태에 대한 비유'로 해석한 셈이다. 별다른 설명이 없는 시의 문맥이기 때문에 정확한 맥락을 알기는 어렵지만, 선비의 아내가 "밤 다 되어 돌아오고(近夜還家)", "눈물 머금고 냇물을 건너고(含淚渡水)" 한 것으로 보는 것이 문맥으로나 정황 상으로 좀더 타당할 것 같아 이상과 같이 해석을 조율해 보았다. "부인은 조대의 아내를 보시오(婦看措大妻)"에 이끌리는 문맥이기 때문에 "措大妻"에 관한 묘사로 보는 것이 좀더 자연스러울 것 같기 때문이다. 남편이라는 게 있어도 생산 활동과 살림에는 완전히 손방이어서 아내가 발벗고 생업을 꾸리지 않을 수 없는 정황, 그러면서도 양반의 구습을 좇아 作妾까지 하고 있는 꼴을 보여주려 한 것이 아닐까 여겨진다. ⓖ는 전후구의 접속을 어떻게 이해할 것인가의 문제다. 정박사는 '눈살을 찌푸렸던 것에 대한 해명'으로 문맥을 잡아 전후구를 역접으로 옮겼다. '言則是也지만 기분이 나쁜 건 나쁜 거 아닙니까?' 하는 정도의 맥락인 셈이다. 여기서는 "敢"에 초점을 두어 '감히 하겠는가?'의 뜻으로 옮겨 보았다. '당신 말이 타당하고, 또 서로 연민의 정을 둘 만하니, 고생스럽다 하여 더 이상 찡그리지 않겠노라'는 다짐으로 보고자 한 것이다. 그러나 문맥상 다소 어색한 데가 있어 좀더

〈시가부(글하는 집의 아낙)〉[4)]

詩家隔在田家隣 글하는 집 농사하는 집과 붙어 있어
招招隔墻論懷悲 담을 격해 손짓하여 품은 설움 풀어내네.

田婦一歎語 농사하는 아낙 탄식의 한 마디는
休息暫無時 잠시도 쉬질 못한다는 것.
織絹償逋農輸租 비단 짜 밀린 세 내고 농사지어 조세하고
救活不覺年光移 먹고 사노라 어느덧 다 늙어 버렸대나.[5)]

比我平生嘆亦喜 "내 평생에 비한다면 탄식 또한 기쁨이지!"
語未口出淚眼垂 말도 꺼내기 전에 눈물이 주르륵.

夫壻讀書城南去 "남편은 글 읽는다 성 남쪽으로 가고선
書中富貴云不遲 책 속 부귀가 늦지 않다 하네.
弊貂何必蘇子還 낡은 갓끈이 하필 소진 선생 귀환뿐이며
後車爲恥買臣隨 수레 뒤의 부끄러움 주매신 짝을 낸다나.[6)]
去年東堂射策日 지난해 동당 향시 과거보는 날엔
賣盡嫁衣露四肢 혼수 옷 다 팔고 알거지 신세더니,

조정이 필요할 것 같다.

4) 이 작품은 다른 번역이 없기 때문에 필자의 번역만을 토대로 후속 논의를 해 나갈 수밖에 없다. 약간의 주석을 곁들여 단락별로 보충논의를 해 두고 본론을 전개해 보고자 한다.

5) "田婦一歎語 休息暫無時 織絹償逋農輸租 救活不覺年光移"의 네 개 구는, 전가부 자신의 직접 진술로 볼 수도 있겠지만, 처음의 두 개 구처럼 서술자의 객관적인 요약 진술로 보아야 할 것 같다. 그런데 갑자기 제7구의 "比我平生嘆亦喜"로 접속이 되고 있어서 시가부의 전언(傳言)으로 볼 수도 있을 것 같다. 절충을 하여 전가부의 고충을 서술자가 요약 진술한 것으로 옮겨 두었다.

6) 소진과 주매신의 고사를 끌어 들였다. 蘇秦(?~B.C.317)과 朱買臣(漢武帝時)의 고사는 貧賤을 딛고 출세한 이들의 표본 사례들이다.

今春又何科	올 봄엔 또 무슨 놈의 과거
剪盡頭髮鬣	머리마저 다 잘라 까까머리라네.7)

破窓冷突風颼颼	부서진 창, 찬 구들, 바람이 솔솔,
析薪難於登具茨	장작 패기 지붕 이는 일보다 어렵다네.
我非女工拙	내 길쌈 솜씨 서툴지 않건만
篋裏元無絲	상자 속에 실 한 오리 없음에랴.
每雇鄰家舂	매번 이웃집 디딜방아를 써야 하거늘
何嫌手足胝	손발이 트는 것을 어찌 혐의하겠나.

不窺園蕪惟下帷	전원이 묵는 건 돌보지 않고 오직 책만 읽는데,
雖然厭聽傍人呰	비록 그래도 남의 싫은 소리는 딱 질색.
不識奚妻烹伏鷄	가난한 아내 씨암닭 삶아 주던 것 알아보질 못하고
謾待周王卜匪羆	부질없이 임금이 나눠주는 큰곰만 고대한다네.8)

羨君猶有豳遺俗	자네를 부러워하노니 빈풍(豳風)의 유속 있음이라
夫耕婦饁驩永期	남정네 밭 갈고 여인네 들밥 내어 그 기쁨 길이 기약함일세.
撲棗斷瓠秋成日	대추 털고 박 타는 가을걷이 날엔

7) 이 대목은 남편의 과거 뒷바라지에 혼수는 물론 머리마저 삭발해 버린 정황을 하소연하고 있다.

8) 이 대목은 하녀나 거지의 신세로까지 내몰리는 선비의 아내와, 허황된 출세 꿈에 사로잡혀 아내의 처지나 진정, 목소리에 아랑곳하지 않는 선비가 뚜렷한 대비를 이루고 있다. “不識奚妻烹伏鷄”에서 “奚妻(해처)”는 ‘百里奚의 처’이고, “伏鷄(부계)”는 ‘알을 품고 있는 암탉’이다. 백리해가 壯志를 품고 秦나라로 떠날 때에 그 아내가 ‘문빗장으로 씨암탉을 삶아 백리해를 전송했다’는 고사를 인용한 것이다. “謾待周王卜匪羆”에서의 “匪羆(분비)”는 ‘말곰을 하사한다’의 뜻인데, 주나라와 관련한 고사가 있을 것으로 보이지만 아직 찾지는 못했다. 첫 구절인 “不窺園蕪惟下帷”에서의 “下帷”는 ‘발을 친다’는 뜻으로 집에 꿇어 앉아 독서를 하거나 글방을 차리고 글을 가르치는 것을 뜻하는 숙어다.

新稻白飯盈釜錡　햇벼 흰밥이 가마솥에 그득하리.
二月新絲五月穀　이월 새 명주와 오월의 보리 곡식
償逋有期能耐飢　묵은 세금 제 때 내고 주리지 않으리.

視我白面無恒業　우리집 백면서생 생업이 없으니
寒不能裘暑不絺　추워도 갖옷을 못 입고 더워도 갈옷을 못 입는다네.
徒喫英華浮菜色　아름다운 글귀만을 씹고 앉았으니 안색엔 주린 빛이 떠있지만,
一点貴氣肯嘘眉　한 점 귀티만은 눈썹을 번뜩이며 불어 가네.[9)]
十年做工還白首　십 년 공을 들이고도 도리어 머리털만 희었으니
紆青拕紫何時爲　고관대작 벼슬은 언제나 하려는가.
手持琅玕無羽翰　손에 낭간은 쥐었으되 날개가 없으니
每欲愬天天不知　매번 하늘에 호소하나 하늘은 아지를 못한다네."[10)]

---

9) "徒喫英華浮菜色 一点貴氣肯嘘眉"의 두 구절은 매우 난해하다. 四庫全書의 여러 용례들을 통해 볼 때, "英華"는 '美文'의 뜻으로 보는 것이 가장 타당해 보이고, "一点貴氣肯嘘眉"는 선비의 傲氣나 꼬장꼬장한 자존심의 표현으로 보아야 할 것 같다. 그러나 구체적인 용례들은 검증이 되지를 않아 정확한 번역이 어렵다. "肯"에 '번득이다'의 뜻이 있기에 '번득이며 분다'로 한 것인데, "嘘"가 '呼'와 동의어로서 호흡을 의미한다는 측면에서는 불어내는 숨[貴氣]이 눈썹을 치켜 올리고 있는 상황이 아닌가 여겨지기도 한다.

10) "우청타자(紆青拕紫)"는 熟語의 뜻 그대로 높은 지위에 오르는 걸로 해석된다. 그러나 "手持琅玕無羽翰"의 구절은 해석이 어렵다. "琅玕"은 '옥돌' '美竹' '佳文' '낭간나무 열매(神話)' '눈물방울' 등등 수다한 뜻이 있고, 수 많은 용례를 거느리고 있다. 四庫全書에서 4642개의 용례가 검색되고 있는데 그 중 다음의 용례들이 유사한 詩想을 보이고 있어 참조해 볼 만한데, 대체로 神仙의 羽化登仙과 관련되는 심상이다.
① 이백의 〈江夏送友人〉: "雪點翠雲裘 送君黃鶴樓 黃鶴振玉羽 西飛帝王州 鳳無琅玕實 何以贈遠遊 徘徊相顧影 淚下漢江流"
② 『禪月集』의 〈擬齊梁酬所知見贈二首〉 "靜只焚香坐 詠懷悲歲闌 佳人忽有贈 滿手紅琅玕 不獨耀肌魄 將行爲羽翰 酬如上青天 風雪空漫漫"
③ 『草堂雅集』의 〈題石竹圖〉 "仙人手持青琅玕 擲之飛上蓬萊頂 玉

3. 두 작품의 대비적 검토

이상에서 본 바와 같이 〈전가부〉와 〈시가부〉는 짝을 이루고 있는 작품임이 분명하다. 전자가 농경에 종사하는 남편을 둔 아낙의 고역을 형상한 것이라면, 후자는 글공부에만 매달리는 남편을 둔 아낙의 참상을 형상한 것이라 할 수 있다. 이 둘 모두 상호 비교의 시선에 기초한 아낙의 목소리가 투영되어 있는데, 두 쪽 다 삶의 간고함과 애로를 말하고 있지만 형편이 더욱 절박한 것은 후자 쪽이라 할 수 있다.

전가부는 성남(城南)의 호부가(豪富家)를 들어 자신의 삶이 비참함을 말하고 있는데, 그 남편은 '조대(措大)의 아내'를 들어 전가부의 비교우위를 설득하고 있다. 여기에 더욱 가세를 하고 있는 것이 바로 당사자인 '조대(措大)의 아내'인 시가부(詩家婦)의 증언이다. 시가부는 빈풍(豳風)의 유속(遺俗)을 따라 부부가 함께 동역하여 농경적 삶을 꾸려 가는 전가(田家)의 삶을 예찬하고, 항업(恒業)이 없이 글공부에만 매달린 채 빈궁의 나락 속으로 전락해 가는 선비의 삶을 다소 풍자적인 어조로 비판하고 있다.

만일 이상을 형식논리로 정리해 본다면, 이들 세 계층 사이 부러움과 동경의 비교우위는 '호부가(豪富家)의 아낙〉 전가(田家)의 아낙〉 시가(詩家)의 아낙' 순으로 그 차서가 결정이 되고 있는

簫綵鳳雲 中鳴 龍影醉面山骨冷"
④『孟東野詩集』의 〈出門行二首〉 "(~전략~) 手持琅玕欲有贈 愛而不見心斷絶 南山峨峨白石爛 碧海之波浩漫漫 參辰出沒不相對 我欲橫天無羽翰"

형국이라 할 수 있다.

따라서 여기서 초점을 이루고 있는 것은 바로 '조대(措大)의 문제'다. 이 '조대(措大)'란 말은 자전이나 사전에서조차 그 의미가 긍정 부정으로 양분되어 있는 어휘인데, 여기서는 부정적 어감을 동반하여 쓰이고 있음이 분명해 보인다. '큰 일을 조처할 수 있다'는 문자적 의미는 퇴색하고, '물정이나 물색을 모르고 시대착오적으로 허황되게 산다'는 비아냥이 잔뜩 덧씌워진 용어라 할 수 있다.[11)]

전통적인 신분 질서가 그대로 통용되는 경우라면 시가(詩家)가 전가(田家)보다 우위에 있고, 아내들의 삶 또한 당연히 그랬을 것인데, 여기서는 완전한 역전(逆轉)을 보이고 있는 것이다. 따라서 이 두 경우는 애초부터 신분을 달리하는 두 계층 사이의 비교라기보다는 태생(胎生)이 같은 한 계층의 또 다른 분기점(分岐點)을 드러내고 있는 것으로 보는 것이 좀더 타당할 것 같다. 실제 그 단서는 곳곳에서 포착이 되는데, 예컨대 〈전가부〉에서 남편이 아내를 설득하는 대목의 말미에 "使吾自安不服田(만일 내가 밭일을 하지 않는다면)"이라는 가정법을 쓰고 있는 것, 이 문제가 다시 〈시가부〉에서 "視我白面無恒業(우리집 백면서생 생업도 없으니)"으로 반복되는 것,[12)] 〈시가부〉 허두의 "詩家隔在田家隣

---

11) 존재 위백규도 스스로를 '궁한조대(窮寒措大)'라고 자조적으로 쓴 바 있다. 이 말의 용례를 찾아 정리할 수만 있다면 '조대'란 어휘를 단서로 하는 한 편의 사회사가 구성될 수도 있을 것이다.

12) "服田"의 여부를 말하는 것 자체가 전가부의 남편이 생래적 농군이라기보다는 삶의 행로에 따른 선택의 결과임을 드러내 주는 지표라 할 수 있다. "不服田"의 결과는 각각 "冬未著綿夏未絺(겨울에 베옷을 못 입고 여름엔 갈옷도 못 걸친다. 〈전가부〉)"이거나 "寒不能裘暑不絺(추위

招招隔墻論懷悲(시가가 전가에 이웃해 있어, 손짓하여 담을 격해 설운 타령)”라는 표현 등이 그것이다.13)

그리고 〈시가부〉의 말미에서 “羨君猶有豳遺俗 夫耕婦饁驩永期(그대를 부러워하노니 빈풍의 유속 있어, 사내는 밭을 갈고 아낙은 들밥 내어 즐거움 영원하리)”라 하여, 전가(田家)의 농경적 삶이란 그저 천(賤)하기만 한 것이 아니라 주나라 왕실의 발상지였던 빈(豳) 땅의 아름다운 풍속임을 들어 이러한 삶에 대한 선망과 동경을 표출하고 있는데, 이러한 인유(引喩)의 의도 또한 전가적(田家的) 삶과 시가적(詩家的) 삶이 서로 넘나들 수 있는 선택의 범주임을 드러내 주는 지표라 할 수 있다. 물론 실제 삶의 현장에서는 도연명이 그랬고 김시습이 그러했듯이, 전가적 삶과 시가적 삶, 농경과 독서가 반드시 배타적인 범주를 구성하지는 않았을 것이다. 그렇지만 신분의 갈림길에서는 이 두 작품이 드러내고 있는 바와 같이 보통은 당연하고도 자명한 것들조차 문제가 되기 시작하는 것이다. 농가자류로 전락을 하느냐, 사족의 체면과 신분을 유지하느냐의 갈림길에 선 경우에 이러한 대조의 스펙트럼은 한층 선명해질 수가 있기 때문이다.

지은이 서인순 자신은 이 문제에 대하여 어느 정도는 자기 나름의 대책을 가지고 한 평생을 살았던 것으로 보인다.14) 그러나

도 갖옷을 못 입고 더워도 갈옷을 못 입는다: 〈시가부〉)로 표현만 다를 뿐 동일한 귀결을 보이고 있다.

13) 班村의 가옥 배치 상 담을 이웃하고 산다는 것이나 담을 사이에 두고 상대에게 속내를 털어 놓을 수 있다는 것은 그들의 신분적 기반이 유사함을 드러내는 한 지표라고 볼 수 있을 것이다.

14) 그는 본관이 達成이고 字가 殷鄕, 호가 華軒인데, 부친 徐麒輔와 모친 金寧 金氏 사이에서 다섯 아들 가운데 季子로 1827년 출생하였다. 어

이러한 자기정리에 이르기까지는 그 나름의 고민과 모색이 있었을 것이다.[15] 따라서 이 두 작품은 일차적으로는 이러한 고민과 모색의 투영으로 보이지만, 나아가서는 문중의 후손이나 당대의 향촌사족층 일반을 향한 설득의 담론으로도 기능했을 것으로 보인다.

서인순이 실로 우려했던 것은 과거(科擧)라는 함정(陷穽)이었던 것 같다. 젊은 시절 그에게 신기루처럼 다가와 곧 잡힐 듯 좀처럼 잡을 수가 없었던 과거는 위험한 덫이라고 여겨졌을 것이다. 도박이나 로또와도 같은 과거에 더 이상 집착해서는 안 된다는 것을 보여주기 위해서 그는 이 두 편의 장편시를 연작으로 남긴 것으로 보인다. 차라리 충실한 〈전가〉가 될지언정, 과거에 목숨을 거는 〈시가〉는 되지 말라는 것이 이들 연작의 의도인 것 같다.

실제 이 두 작품의 직전에 놓인 〈병침서시제아(病枕書示諸兒)〉에서는 자녀들에게 절검치가(節儉治家)를 강조하면서 분영탈지(紛榮奪志)를 경계한 바가 있다. 이 작품을 번역해 보이면 다음과 같다.

릴 때부터 孝行이 뛰어났고 학문에 대한 열의가 대단하여 18세 때까지 鄕試에 여러 차례 합격하였으나, 京試에서는 번번이 낙방하였다고 한다. 이에 그는 科業을 포기하고 평생 향촌에서 학문과 稼穡에 힘쓰는 삶을 살았는데, 농사의 절차를 잘 알아서 때를 잘 맞추었기 때문에 살림에는 어느 정도 여유가 있었다고 한다. ("課農勸僕 耕畬播穫 不違其時 而稍存贏餘 以備不虞". 『華軒遺稿』권5, 〈行狀〉. "專意劬學 兼務稼穡 以備瀡瀡之供". 『華軒遺稿』권5, 〈墓表〉.)

15) 〈행장〉이나 〈묘표〉의 논평 그대로 그는 대체로 讀耕竝行의 삶을 추구했던 것으로 보인다. 〈山居課耕〉, 〈甘藷〉, 〈蠶〉, 〈幽居〉, 〈華陰雜詠 5수〉, 〈述懷 2수〉, 〈病枕書示諸兒〉 등의 시에 이러한 내면 조율의 양상이 드러나 있다.

七十無聞悔莫追	칠십에도 문달치 못함은 후회막급이나
病軀猶切念諸兒	병든 몸에 자녀들 걱정은 오히려 더욱 간절해지네.
須知孝友爲仁本	모름지기 알찌니 효우는 위인의 근본이요,
盍念詩書學道資	시서가 학도의 바탕임을 어찌 아니 생각하리!
節儉治家方有裕	절검하여 치가하면 바야흐로 여유가 있을지니
紛榮奪志竟何裨	영화에 급급하여 뜻을 잃으면 마침내 어디에 보탬이 되리!
常行萬善言難述	떳떳한 행실 만 가지 선, 이루 다 말하기 어려우나
在汝彛衷汝自知	모두가 자신의 바른 속마음에 있나니 너희는 마땅히 알지어다.16)

칠십 노경의 병상에서 유언처럼 남긴 이 시의 이 구절들 속에 이 두 장편시의 의도가 집약되어 있는 것으로 보인다. 이 두 작품을 마주 세운 의도도, '전가부'의 남편을 긍정하고 두둔하면서 '시가부'의 남편을 더욱 문제적으로 드러나 보이도록 하는 전략적인 장치라 할 수 있을 것이다.

4. 여성 형상과 여성의 목소리가 지닌 의미

마지막으로 이 두 작품 속에 투영되어 있는 여성의 목소리며 여성 형상의 문제를 간략히 살피고 논의를 마치고자 한다.

앞서 소개한 바와 같이 〈전가부〉가 특별히 주목된 것은 그 여성 형상의 독특한 특징 때문이었다. 낮에는 남편을 따라 들에 나

---

16) 『화헌유고(華軒遺稿)』 권3, 〈病枕書示諸兒〉

가 일을 하고, 때에 맞춰 들밥을 차려내고, 저물어 돌아와서도 제대로 쉬지를 못하고 밤이 맞도록 길쌈에 매달려야 하는 고달픈 삶이 매우 형상적으로 제시되었다는 점 이외에도, 여성이 자기 목소리를 가지고 사대부 한시 속에 등장한다는 점이 이 작품의 새로운 특징이 될 것이다. 그리고 이러한 여성의 목소리는 〈시가부〉에 이르러 더욱 증폭되고 극대화된 양상을 드러내고 있다.[17)]

그렇다면 향촌사족 서인순 자신의 현실인식과 방향감각을 담아내고 있는 것으로 볼 수 있는 이들 작품이, 여성의 목소리를 빌고 여성 형상을 통해 담론을 형성케 된 이유는 무엇인가? 이것은 좀 더 폭을 넓혀 파악해야 될 과제지만, 우선적으로 들 수 있는 것은 더 이상 방치할 수 없을 정도로 벼랑에 내몰리고 있는 향촌사족층 가정 내부의 여성 현실이라 할 수 있을 것이다.

반가(班家)의 규범을 따른다면 여성이 해야 할 일은 집 안에서의 일이었다. 그러나 향촌사족층의 현실은 여성에게 안팎 살림의 모든 짐을 다 지우고도 생계가 막연한 지경으로 내몰리는 형편이었다. 그러나 가부장제 유습(遺習)에 갇혀 안주(安住)하고 있는 남성들에게는 이러한 여성 현실은 간과되기 일쑤였다. 이것이 극단에까지 이른 경우가 바로 〈시가부〉의 경우라 할 수 있다. 이 때 이러한 모순의 고발자는 당연히 여성일 수밖에는 없다. 〈시가부〉의 40구 전체가 거의 통째로 벼랑에 내몰린 시가(詩家) 아낙의

17) 물론 이들 작품 속의 목소리가 자연 그대로의 여성적 목소리라고 하기는 어렵다. 典故의 인용이라든가 동원된 修辭의 양태가 노동하는 여성의 말과는 거리가 있다. 그렇기는 해도 그 하소연의 내용적 진정성은 그 시대 그 지역 여성현실을 여실히 반영하고 있을 뿐만 아니라, 그 푸념과 수다의 기미는 터져 나오는 여성 原情의 語套와 상통하는 바가 있다.

원정(原情)으로 채워져 있는 것은 바로 이 때문이라 할 수 있다.

이런 맥락에서 본다면 〈전가부〉는 사실 〈시가부〉에 이르는 징검다리의 성격을 띤 것으로 볼 수 있다. 자신의 평생에 비한다면 전가부의 탄식은 오히려 호강이라는 시가부의 푸념(比我平生嘆亦喜)이 바로 이러한 관계를 잘 드러내 주고 있다. 결국 이들 두 작품은 고금 여성 한탄의 단골 메뉴인 '서방탄(書房歎)'의 성격을 띤 것이라 할 수 있고, 전가부에 대한 시가부의 판정승을 이끌어낸 형국이라 할 수 있다. 그러나 '여자 팔자는 디웅박 팔자'라는 속담의 함유(含有) 그대로 가부장제 하에서 아내의 자각이나 노력은 여전히 제한적일 수밖에는 없다. 〈시가부〉의 절망적 한탄이 다시 '전가부의 남편'에 대한 선망으로 귀결되는 이유가 바로 여기에 있을 것이다. 그리고 이렇게 다시 남성의 문제로 환원되는 지점에 19세기 영남 함양의 향촌사족이었던 서인순의 주제적 관심이 응축(凝縮)되고 있었던 것이다.

경향(京鄕)의 분기(分岐) 이후 각 계층의 내부에서는 시대의 흐름을 따라 다양한 재분화(再分化)가 이루어졌다. 이 두 작품은 경향분기(京鄕分岐) 이후, 뿌리를 같이하는 같은 사족(士族)임에도 불구하고 사농분기(士農分岐)라는 또 다른 기로 앞에 서게 된 19세기 향촌사족층의 번민을, 아내들의 목소리로 잡아낸 한 편의 스냅사진이다. 향촌사족층 문학의 이해에 매우 긴요한 자료가 될 것으로 여겨진다.

좀더 충실한 작가론을 곁들여 이들 작품의 심층적인 의미를 해석해 내고, 문학사적인 위상까지를 비정하는 데까지 나아가야 함에도 불구하고, 이 글은 작품의 번역 주해와 개론적인 소개에 머물고 말았다. 이는 분명 필자의 역량의 한계이기도 하지만, 향촌사족층 문학 일반이 지니고 있는 자료적 성격의 한계이기도 하다. 소통의 맥락이 단절된 채 고립된 섬처럼 남아 있는 향촌사족층의 문학은, 좀더 많은 작가의 발굴 탐구와 더불어, 이들 고립된 섬을 잇고 있는 지맥(地脈) 찾기 작업이 병행될 때, 좀더 명료한 상(像)을 드러낼 수 있게 될 것으로 보인다.

우산본 복선화음가의 가문서사 양상과 그 여성사적 함의

1. 서언

〈복선화음가〉는 조선후기 변형계녀가의 대표작으로 계녀가사 변이폭의 최대치를 드러내 주는 자료다. 그런데 이러한 변이의 폭은 텍스트 자체의 변용 양상이 지니는 시학적 의미 못지않게 여성사적으로도 중요한 함의를 지닌 것이라 할 수 있다.

계녀가사는 이미 밝혀진 바와 같이 주로 안동지역의 향촌사족층 가정 내부에서 분비되어 나온 산물로서, 18세기 이후 정치적으로 소외되어 가던 영남 남인층의 현실적 처지가 반영된 것이라 할 수 있다. 이들의 정치적 소외는 곧바로 이들 사족층 부녀의 삶이며 행동반경에도 영향을 미치게 되는데, 계녀가사의 발생 - 유행 - 변용에는 이러한 향촌사족층 여성 현실이 매개되어 있는 셈이

* 이 글은 『고전문학과 교육』 10집(2005.8)에 실렸던 논문을 가다듬은 것이다.

다. 이렇게 안동문화권 향촌사족층의 계녀용으로 시작된 계녀가사는 처음에는 우암 송시열의 〈계녀서〉가 그랬듯이 『여사서(女四書)』나 『소학(小學)』 등에서 뽑은 여성의 범절(範節)을 다소 기계적으로 나열하는 방식이었는데, 변형계녀가에 이르면 범절의 항목은 축소되고 그 대신 특정 항목을 강조 부각하는 방향으로 내용이 달라지는 양상을 보이고 있다.

〈복선화음가〉는 변형계녀가 가운데서도 특별히 '치산(治産)' 항목을 강조한 경우라 할 수 있는데, 그 치산의 내용이 계녀서나 전형계녀가처럼 '근검(勤儉)' '절용(節用)'이 아닌 여성의 생업활동(生業活動) 자체를 화제(話題)로 삼고 있으며, 그 제시의 방식도 한 인물의 일생담(一生談)을 통해 교훈을 구체화하는 예시형 훈화의 형태를 띠고 있다. 이렇게 여성의 생업활동을 화제로 하여 그 활동의 범주, 정도, 태세 등에 관한 기술이 다기다양해지고, 또 그 반면교사(反面教師)가 되는 또 다른 인물형을 추가하는 경우까지 생기면서 〈복선화음가〉는 다양한 이본군을 낳게 되었다. 또 이 치산 중심을 미흡하게 생각하는 이들에 의해 여타의 범절들이 다시 강조되거나, 치산의 행위나 결과가 좀더 보수적인 시각으로 해석되기도 하고, 이러한 해석들을 뒷받침하기 위한 또 다른 예화들이 집성되는 경우까지 가세하여 이본의 파생은 더욱더 배가되었다. 그리고 결정적으로 이본의 증폭을 가져온 것은 소위 '전기형(傳記型)'의 출현이라 할 수 있다.[1] '교술적 의도'를 외피화하

---

1) '전기형'의 설정은 서영숙 교수의 제안인데 복선화음가의 스펙트럼을 정리하는 데 매우 유용하다. (「복선화음가류 가사의 서술구조와 의미」, 『한국여성가사연구』, 국학자료원, 1996.)

면서 계녀의 본령을 넘어 점차 '서사적 관심'으로 기울어 가는 이 전기형의 출현으로 말미암아 〈복선화음가〉는 훨씬 더 다기다양한 이본군을 거느리게 되었다.

본고에서 검토하고자 하는 우산본(愚山本) 〈복선화음가〉는 전기형에 속하는 유형으로서 〈복선화음가〉의 여러 이본들 가운데서도 그 변이의 폭이 가장 큰 경우인데, 최근에야 소개가 이루어져서 그 동안의 규방가사 연구사에서는 다루어지지 않았던 자료다.[2] 이 우산본은 '여성형(女性型) 〈구운몽〉'이라 일컬어도 좋을 정도로 가문서사의 파노라마를 이루고 있는데, 본고에서는 이 가문서사의 양상에 초점을 맞추어 텍스트를 조명해 보고, 여성사적 관점에서 그 의미를 탐색해 보고자 한다.

2. 우산본의 이본적 위상

우산본 〈복선화음가〉는 3320구에 이르는 대장편으로서,[3] 우산

2) 윤주필, 「우산본 〈복선화음가〉에 대하여 - 조선후기 상층여성의 치산과 문화향유 의식을 중심으로」, 한국고전여성문학회 제16차 학술발표대회 발표요지, 이화여대 인문관 111호, 2005.2.1.
〈복선화음가〉란 명칭은 표제로서 밝혀진 것은 아니고 윤주필 교수가 내용을 종합하여 붙인 것이다. 전체의 구도를 고려하고 특히 마지막 대목의 "복션화음 하는 이치"라는 구절을 살려서 활용한 제명이다. 윤교수는 이 발표에서 텍스트 속에 등장하는 중심인물이며 절대연대를 추적하여 텍스트 산출의 실마리가 무엇인가를 진지하게 탐색하였고, 문헌고증을 통하여 작품의 리얼리티를 그 세부적인 층위까지 해명해 내고 있다. 이로써 우산본의 역사 사회적인 연관은 어느 정도 수면 위에 떠오르게 되었다. 그렇지만 그 미학적 성격이며 여성사적 의미는 이제부터의 탐색과 제라 할 수 있다.

(愚山) 홍윤표(洪允杓) 교수의 소장본이다. 1995년 경 전주의 광명당에서 구입한 것이라 한다. 총 94면인데, 몇 개 면을 제외하고는 대개 1면에 36구가 들어 있다. 2개 구가 짝을 이루어 2줄로 배열되는 귀글체인데, 세로 3단에 가로 6단의 형태다. 예외인 면으로는, 제5면이 가로 1단이 추가된 7단 42구이고, 제11면에서 제18면까지의 8개 면이 가로 1단이 빠진 5단 30구이다.

보기에 따라서는 〈복선화음가〉의 이본이라기보다는 새로운 장르의 별개 작품으로도 보이지만, 〈복선화음가〉류 문학현상의 입체적인 해명을 위해서는 응당 이본의 하나로 포함시켜서 종합적으로 살필 필요가 있는 텍스트이다. 비록 이것이 대장편이고 장르적 성격에 있어서도 잡종성(雜種性)이 강하긴 하지만, 전체구도나 작품성격으로 보아 〈복선화음가〉로부터 진화된 산물임이 분명하기 때문이다.

우산본은 통상 우리가 알고 있는 '표준형 복선화음가'[4]의 7배쯤이 된다. 그러나 이렇게 장형화가 이루어졌음에도 불구하고 대체로 정연한 4·4조의 가사체 율문으로 시종하고 있다. 이 점은 형태가 흐트러진 허다한 이본의 총중(叢中)에서 매우 특기할 만

---

3) 1구는 2음보이고, 1음보는 평균 4음이어서 26,560여 음절에 이르는 분량이다. 띄어쓰기를 계산하지 않고도 200자 원고지 135매 정도이니 중편소설을 넘는 분량이다. 실제 장편가사의 하나로 꼽히고 있는 〈농가월령가(農家月令歌)〉의 경우, 농가(農家)의 세시풍속이며 농삿일들을 망라하고 있는 열두 개의 월령(月令)에 서사(序詞)와 결사(結詞)를 합하여 상당히 방대한 서술량을 포괄하고 있음에도 불구하고 그 평균 분량은 1,000구(8,000자) 안팎이다. 〈홍씨본 복선화음가〉는 이 〈농가월령가〉의 3배를 넘는 분량인 셈이다.

4) 여성화자의 자기서사와 괴똥어미 사적을 두루 구비한 형태로 평균 450구~500구의 분량을 지니고 있는 작품을 잠정적으로 지칭하는 용어다.

한 점이다. 특히 그 장형화에 있어서 우산본에 버금간다고도 볼 수 있는 나손 김동욱 소장본 〈여자행실록(女子行實錄)〉이[5] 잡다한 형태의 풀어진 서술을 보이는 것과는 뚜렷한 대조를 이루는 현상이다. 그렇다면 무엇이 이렇게 방대한 텍스트를 구성하게 만든 것일까? 일차적인 의문이 머무는 지점이 바로 여기다. 이러한 장형화의 동인(動因)에 대해서는 윤주필 교수도 관심을 표명하고 '상층여성의 치산과 문화향유 의식'을 특별히 주목한 바가 있다. 이 텍스트를 조선후기 문화적 정보의 보고(寶庫)로서 그 자료적 가치를 고평하고 있는 윤교수의 관점에 따른 작품이해라 할 수 있다

이러한 해석은 이 텍스트의 실증적 연관을 지속적으로 해명해 나가는 데는 여전히 유용한 구도가 될 수 있을 것이다. 그러나 통시적으로나 공시적으로 방대한 연변(沿邊)을 형성하고 있는 〈복선화음가〉의 문학현상을 종합적으로 파악해 나가는 데는 이본의 계열상(系列相) 속에서 이 텍스트의 성격을 비정(比定)해 두는 것이 필요할 듯싶다. 필자는 〈복선화음가〉 이본의 계열상을 다음과 같이 정리해 본 바 있는데, 비록 잠정적인 분류지만 우산본의 이해에도 다소의 도움이 될 수 있으리라 본다.[6]

---

5) 이 텍스트는 보경문화사에서 발행한 『나손본 필사본고소설자료총서』 제29책에 수록된 자료다. 가사체를 벗어난 정도가 심해서 정확하게 구수를 헤아리기는 어렵지만 어림잡아 산정한다 해도 1150구 정도에 이르는 분량이어서 표준형 〈복선화음가〉의 2배가 넘는 분량이다.

6) 김석회, 「복선화음가 이본의 계열상과 그 여성사적 의미」, 『조선후기 시가와 여성』, 월인(근간예정).

- 계녀형
  - 복선형: 〈부인셩힝녹〉(장서각(藏書閣) 소장 『가사집』)
  - 복선화음형: 〈김씨계녀ᄉᆞ〉(국립도서관 소장)[7]
  - 복선화음확대형: 〈여자행실록(女子行實錄)〉(나손 김동욱 소장)

- 전기형
  - 괴ᄯᅩᆼ어미 유지형: 〈복선화음가(福善禍淫歌)〉(권영철 편, 『규방가사 I』)
  - 괴ᄯᅩᆼ어미 탈락형
    - 여주인공 일대기형: 〈복션화음녹이라〉(국립도서관 소장)
    - 가문서사 확대형: 우산본 〈복선화음가〉

이 구도에서 드러내 보인 바와 같이 우산본의 장형화는 가문서사로의 확대로 인하여 빚어진 것이라 종합할 수가 있다. 계녀가사로서의 교술적 의도로부터 일탈하여 여주인공(여성화자)의 일대기에 대한 서사적인 관심과 흥미를 강화한 것이 전기형인데, 우산본은 여주인공(여성화자)의 자기서사로 범주를 한정하지 않고 서술의 초점을 오히려 남편 쪽으로 옮겨 남편을 중심인물로 부각시키고 여주인공은 부주인공의 자리로 내려앉히고 있다. 그리고 다양한 서술시점을 활용하여 남주인공 김정국이 가문을 다시 일으키고 벌열(閥閱)로 성장해 나가는 과정을 도취적으로 묘파해 내고 있다. 우산본의 여주인공은 〈복선화음가〉 일반에서와 같이 대체적으로 서술을 이끌어가는 화자를 겸하고 있지만, 화자가 반드시 여주인공과 밀착되거나 일치되지는 않는다. 여기서의 화자 여주인공

7) 임기중 편, 『역대가사문학전집』 제8책의 앞머리에 실려있는 자료다. 출전이 밝혀져 있지 않은데, 이는 국립도서관에 소장된 원본의 표제가 판독 불명 상태이기 때문인 것으로 보인다.

은 남편의 벌열화에 편승하여 온갖 영화와 호강을 다 누리는 '행복한 서술자'의 얼굴을 가지고 있다.[8)]

이는 동일한 '괴똥어미 탈락형'의 〈복션화음녹이라〉가 일껏 여주인공의 성공담을 공들여 서술하고도, 복선(福善)에 대한 어떤 확신도 없이 "이 쎤 보고 되랴그면 언의 뉘가 못술쇼야!" 라는 탄식을 발하며 서둘러 종결을 지어버린 것과는 뚜렷한 대조를 이룬다. 계녀사 한 마디 없이 세월무정, 인생무상, 삶의 고난과 애달픔만을 되뇌이며 끝나는 〈복션화음녹이라〉가 계녀가사를 멀리 벗어난 자탄(自嘆) 사설에 가깝다면, 우산본은 여전히 계녀가사의 기본틀을 유지하고 있는 문호자랑이요 호강사설이라 할 수 있다. 그리하여 현실의 가혹함이나 가난의 강고한 굴레를 절감하는 〈복션화음녹이라〉는 좀더 서민적인 층위의 시집살이 민요를 닮은 자취가 뚜렷한 반면, 우산본은 대가집 마님의 벌열적 체험에 기반한 벌열화의 향수(鄕愁)와 동경(憧憬)을 반영한 자취가 뚜렷하다.

우산본의 이러한 계층적 귀속성 해명을 위해서는 텍스트의 내질(內質)을 통해 드러나는 가문서사의 양상을 좀더 정밀히 탐색해 볼 필요가 있다. 그러면 구체적으로 우산본의 구조와 특징을

---

8) 허두와 대미는 전지적 제3자의 진술에 가까워 고소설과 방불하다. 그리고 영조가 승하했을 때의 정황과 상공의 소임을 서술하는 대목 같은 곳은 삼인칭관찰자 내지 전지자의 시점에 가깝다. 이에 비해 여성 관련 대목은 여성화자의 자기진술로 이루어져 있어 〈복선화음가〉 일반과 같이 확고한 1인칭 시점이 견지된다. 그러나 대부분의 대목들은 시점을 어느 한 쪽으로 규정하기 어려울 정도로 모호하다. 수많은 중간지대의 서술들이 어쩌면 1인칭 시점과 3인칭 시점 사이에서 유동하고 있거나 두 시점이 복합 혼효되어 있는 양상이다. 이는 아마도 〈복선화음가〉류 일반으로부터 유래한 1인칭 자기서술과 고소설의 자장(磁場) 속에서 새로 형성된 3인칭 서술이 상호 간섭을 일으키면서 빚어진 현상으로 보인다.

분석하여 가문서사의 양상과 성격에 접근해 보기로 한다.

3. 우산본의 가문서사 양상

논의의 간명화를 위해서 먼저 우산본의 내용을 단락으로 구분하여 그 요지를 파악해 두고 넘어가기로 한다.

1. 여주인공 소개(42구): 출신과 성장(이 판서의 외딸, 조승상의 외손녀).
2. 혼처와 정혼(112구): 택서(擇壻)의 과정(김 산림 손자).
3. 혼례와 신행(74구): 초례와 신행의 모든 절차를 거쳐 동구(洞口) 밖에서의 시가(媤家) 관망까지(*계녀사설 24구 포함).
4. 시댁도착과 구고상봉(58구): 초라한 가세(家勢).
5. 배행객들의 귀환자리(36구): 오라비의 귀환회유와 여주인공의 반론.
6. 시가 살이 어려움(194구): 전당 잡히기에서 채상가채(債上加債)까지.
7. 분발 치산(230구): 부자되기 - 집짓고 살림 갖추기 - 구제하기.
8. 시조모 죽음(10구): 극진한 예..
9. 시부, 남편, 아들들의 출사와 영화(1996구): 정국 추이, 과거 장면, 평안감사 도임 장면, 관광 및 연회 풍류 장면, 저택 신축, 시누이 홍감역댁의 친정 더부살이, 며느리 자랑 등 벌열가(閥閱家) 풍속 관련 다양한 사안들의 파노라마적 묘사.
10. 계녀사설(174구): 막내로 둔 딸의 성혼을 앞두고 복선(福善)의 도리 다하기를 당부.
11. 사돈 가문 및 사위 자랑(8구): 오음 상공 현손.

12. 만년(晩年) 영화(榮華)(374구): 시부모의 초종 장례와 충효쌍전(忠孝雙全)의 명성, 여주인공 자신의 회갑연, 남편의 기로소(耆老所) 출입과 군신상우(君臣相遇), 회혼례, 영조 승하와 봉조하(奉朝賀)로서의 남편의 역할, 회방연(回榜宴).
13. 부부 종천(終天)과 결사(12구): 부인 선화(仙化), 상공 하세(下世), 후세 창달의 기대. 모든 영화를 복선화음(福善禍淫)의 귀결로서 돌리고 있는 평결.

이상에서 고딕체로 적은 단락 2, 8, 9, 12는 남성과 남성 가문에 관한 서술로서 중심인물도 남편 김씨[주로 상공(相公)으로 지칭됨]로 되어 있다. 몰락 사족(士族)이었던 남편 가문의 회복(回復)과 벌열화(閥閱化)에 관한 이야기다. 본격적인 벌열화 과정을 다룬 제9단락의 1996구를 비롯하여 도합 2492구에 이르고 있어 전체의 3분의 2에 상당하는 분량이다. 이렇게 명시적인 것 말고도 부분 부분에 가문 중심의 서술이 군살처럼 붙어 있기 때문에 남주인공과 그 가문 관련 서술의 분량은 실제로는 이보다도 훨씬 더 크다고 할 수 있다.

이와 같이 홍씨본은 그 대부분의 서술이 남주인공이라고도 할 수 있는 남편 김정국의 출세담 및 가문극대화(家門極大化)에 할애되어 있다. 그러나 기본적인 골격은 〈복선화음가〉류 일반의 구도처럼 이씨부인의 자기서사를 발단으로 해서 종국적으로는 복선화음의 교훈을 확인하는 것으로 끝나고 있다.[9] 따라서 이 홍씨본

9) 그러나 이 '복선화음'의 교훈은 '계녀사' 속에 나오는 것이 아니라, 남편이나 화자의 일대기가 다 종료된 이후 최후의 단락에서 소위 '권선징악'을 재확인하는 고소설의 결말부와 같이 제3자적 논평으로 제시되어 있다. 그리고 '계녀사'의 배치나 위상 또한 여타의 본들과는 판연히 다르

은 〈복선화음가〉 일반의 구도 속에 이씨부인의 자기서사와 맞물린 남편 김정국의 일대기를 영웅소설 식으로 꾸며서 포괄하고 있는 형태라 할 수 있다. 그런데 분량은 물론 서술의 초점과 비중까지도 이 영웅형 남주인공 쪽으로 확연하게 기울어 있어 남편의 일대기[傳記]를 핵으로 하는 가문서사에 가깝다.[10]

우산본 가문서사의 가장 큰 특징은 갈등이 원천적으로 배제된 예정조화적 세계라는 점이다. 끼니를 잇지 못하고 채상가채(債上加債) 빚구덩이를 헤어나지 못하는 백면서생 김정국이 곽분양(郭汾陽)에 버금가는 벌열가문을 이루기까지, 그 낙차(落差)가 현격함에도 불구하고 벌열화의 전과정은 순풍에 돛을 단 듯이 순조롭기만 하다. 남인세력과의 정치적 대립이나 살림의 문제, 축첩의 문제, 시누이의 친정살이 등 가문 내적인 문제까지, 갈등의 소지

다. 여타 〈복선화음가〉류는 일반적으로 계녀사설의 분량이나 위치, 횟수 등에 관계 없이 화자 주인공이 시집가는 딸에게 훈계하는 것으로만 설정이 되어 있다. 그러나 여기서는 여성 주인공 자신이 출가하던 때 부모로부터 들은 계녀훈이 앞에 나오고[3단락 후반후의 24구], 작품 후반부에는 딸에게 주는 본격적인 계녀훈이 길게 진술되고 있다[10단락 174구]. '계녀사'를 규방문화의 일부로 혼인 때마다 첨부한 것이라 할 수 있겠다.

10) 참고로 윤주필 교수의 분단을 제시해 둔다. 일반 〈복선화음가〉와의 이동(異同)에 주안점을 둔 분단이다.
(1)소개 - (2)혼사 논의 - (3) 친정부모 당부 - (4)초례와 신행 - (5)시집살이 - (6)치산과 구휼 - (7)영조초년 정사와 시부 초선 - (8)부군의 과거응시와 합격 및 연희 - (9)부군의 사환 - (10)평양감사 부임과 혼실등대(도임행차 노정기 - (11)평양 기악·잡희 구경 - (12)정경부인 제수와 적서5형제의 사환 - (13)부군 상공의 명망제우(名望際遇) - (14)상공의 은퇴와 향제 경영 - (15)각종치레(내당/세화/문방/화초/세간방/반빗간/ - (16)오형제와 존구고의 근황 - (17)막내딸 성혼의 경계할 말 - (18)존구상사 - (19) 상공 환갑 및 칠순 - (20)회혼례 - (21)성상 승하 - (22)회방례 - (23)결사

가 아주 없는 것은 아니지만 이것들이 갈등의 형태로 불거지지는 않는다. 정치적 갈등은 성심(聖心)의 개오(改悟)나 성군(聖君)의 등극(登極)으로 인한 환국(換局)에 의하여, 가문내적 갈등은 벌열화의 열망과 긍지 속에서 인격적 덕성을 통하여 조화롭게 해소된다. 장편소설에 근접하는 분량임에도 불구하고 이 텍스트가 소설적인 본격서사가 아니고 여전히 가사에 머물고 있는 의사서사(擬似敍事)임을 드러내는 뚜렷한 징표다.

그런데 이러한 '수신 - 제가 - 치국 - 평천하'의 순조로움은 예정조화의 산물로서 그 씨앗은 이미 제2단락의 택서(擇壻) 대목 속에 마련되어 있다. 특히 관상(觀相)을 논하는 대목이 인상적이다.

> 용모가 쥰슈ᄒᆞ고 문식이 부셤ᄒᆞ며
> 산악의 긔상이요 셩월지 졍신이라
> 젼쳬를 다 보아도 ᄇᆡᆨ무일흠 귀격일세
> 귀가 심이 희엇스니 명만쳔하 할 터이요
> 관골이 뭇쳐스니 식육부귀 할 거시오
> ᄇᆡ와 등이 원만ᄒᆞ니 옥ᄯᅴ를 ᄯᅴᆯ 격이요
> 쳔졍이 널러스며 쥰두가 놉하스니
> ᄇᆡᆨᄌᆞ쳔숀 할 터이요 유방ᄇᆡᆨ세 ᄒᆞ리로다
> 미우에 쳥낭ᄒᆞ믄 지예가 과인ᄒᆞ고
> 숀길이 돈후ᄒᆞ믄 슈롱만금 부골이요
> 음셩이 웅장ᄒᆞ니 영걸한 ᄃᆡ남ᄌᆞ요
> 쳐신이 졍ᄃᆡᄒᆞ니 츙후한 장ᄌᆞ로다

여주인공의 부친 이판서가 성균관에서 과거를 주시(主試)하고 돌아오는 길에 만났다는 사윗감 김정국의 관상이다. 삼삼오오 관광을 하고 있는 선비들 가운데서 군계일학(群鷄一鶴)으로 눈에 들어온 이를 불러서 대면하여 시험해 본 결과를 아내와 딸에게 전언하는 대목이다. 이 대목에는 이 밖에도 가문이며 행동거지, 선대(先代)의 교유(交遊) 등이 다 거론되고 있지만, 정작 이 대목의 서사적 핵심 기능은 바로 이 관상에 있다.

관상학이며 관상 보기란 '차별적 위계 만들기'의 한 전략이기도 한데, 인간이 사회를 이루고 살아가는 한 영원히 존재할 뿌리 깊은 관습이라 한다.[11] 그런 점에서 관상은 편견(偏見)의 온상으로서 '차별적 위계'를 필요로 하는 곳에서는 어제나 전염병처럼 창궐하기 마련이다. 비록 그것을 편견이라 이름 붙이는 순간 갑자기 그 권위를 잃고 초라해지기는 하지만, 사주며 관상이란 성패(成敗)와 화복(禍福), 행불행(幸不幸)의 최후적 보루(堡壘)이기도 하다. 여기서도 곽분양에 버금가는 벌열 만들기를 위해 관상학이 동원된 것으로 이해할 수 있을 것이다.[12]

그러나 이러한 예정조화가 실현되는 통로는 '복선화음(福善禍

11) 설혜심, 「관상학을 통해 본 서양의 타자 만들기」, 한국고전여성문학회 제24회 콜로키움 발표요지 참조.

12) 존재 위백규는 〈예예설(泄泄說)〉을 통해 당대 혁혁한 경화벌열 가운데 하나인 여흥민씨 삼방파(三房派)의 핵심인물 민형수(1690~1741)의 행태를 매우 우려스럽게 보고한 바 있는데, 민형수의 관상에 관한 풍문으로 대미(大尾)로 장식하여 풍자적인 효과를 극대화하고 있다. 타락의 화신으로밖에는 보이지 않는 이 썩어빠진 인물이 공인된 정치실세(政治實勢)로서 유배조차 하나의 통과의례처럼 거치고 예약된 출세길을 달리게 된다는 사실이 목격자 위문덕이나 서술자 위백규의 눈에는 못내 의아하면서도 우려스러웠음에도 불구하고, 벌열핵심에게는 이러한 관상(觀相)을 위시한 차별의 보루(堡壘)들이 사방에 진을 치고 있었던 것이다. 이와 관련한 논의는 「조선후기 향촌사대부 시가와 취향의 문제」(김석회, 『조선후기 시가 연구』, 월인, 2003, 263~266면.)를 참조.

淫)'이라는 유가적 의장(意匠)이었다. 벌열적 예정조화의 유가적인 재구조화인 셈이다. 천명(天命)을 신뢰하며 인고하고, 수신을 하면서 음덕(陰德)을 쌓으면 응당 복은 내 것이라는 벌열적 낙관(樂觀)이 든든히 뒷받침되어 있는 구도(構圖)다.13)

우산본에서 '복선화음(福善禍淫)'을 표나게 언급하고 있는 곳은 딸을 시집보내며 당부하는 계녀사의 끝 부분[제10단락]과 맨 마지막의 결사 대목[제13단락]이다. 계녀사에서는 "이 몃 가지 훈계 즁에/ 훈 일만 부죡히도/ 슉덕이라 못 ᄒᆞᄂᆞ니/ 도라보건ᄃᆡ 여자가/ ᄉᆡ집ᄉᆞ리 ᄒᆞ는 직칙/ 어렵지 아니ᄒᆞ냐"로 170구 정도 길게 끌어온 사설을 마무리하면서 "장ᄂᆡ 부귀 쳔졍이요/ 유ᄌᆞ유녀 팔ᄌᆞ로ᄃᆡ/ ᄂᆡ 도리가 극진ᄒᆞ면/ 복이 졀노 오는이라/ <u>용녈ᄒᆞᆫ 네 어미는/ 본바들 것 업거이와/ 거룩ᄒᆞ신 너의 부친/ 일동일졍 계작ᄒᆞ라</u>"하고 복선(福善)의 도리를 강조하고 있다. 밑줄친 부분처럼, 보통의 〈복선화음가〉 들과 달리 자기보다 남편의 일동일정(一動一靜)을 헤아려 본받으라고 교훈하는 점이 특이하다. 그리고 대미(大尾)에서는 "후셰자숀 셰셰승승/ 만ᄃᆡ영화 할터이니/ 복션화음는 이치/

13) 巍巖 李柬(1677~1727)은 40세에 早死한 아내의 행적을 적은 〈亡室安人尹氏行狀〉에서 착잡한 고뇌와 함께 복선화음(福善禍淫)의 천도(天道)에 대한 깊은 회의를 표명한 바 있다. 부유한 벌열가에서 가난한 산림학자의 집에 시집을 와서 고생만 하다 가버린 아내의 영전에서 그는 이렇게 토로하고 있다. "先民의 말씀에 善人은 반드시 복을 받고 仁人은 반드시 장수한다 하였으나, 이제 우리 안인 같은 이는 그 뜻과 행실이 어질고 착하지 않음이 없음에도…(중략)…궁핍히 주리기를 스무 해, 쇠하기도 전에 문득 아침이슬의 신세가 되었으니 福이란 과연 어떤 물건이며 壽란 과연 어디에 있단 말인가!" 이에 관련한 논의도 위 책에 있는 「조선후기 향촌사족층 여성의 삶과 시집살이 서사」를 참조할 수 있음.

이러ᄒᆞ다 ᄒᆞᄂᆞ니라" 하고 매듭을 지었다.

자신의 행적뿐만 아니라 남편의 행적이며 가문서사 전체를 복선화음(福善禍淫)의 결과로서 해석하고, 이를 토대로 시집가는 딸과 모든 읽는 이들을 고무하려는 의도인 셈이다. 여주인공 자신의 행적은 본받을 것이 없다고 겸사(謙辭)를 하고 있음에도 불구하고 역시 이 가문서사 전체의 복선(福善)의 씨앗은 여주인공의 인고(忍苦) 치산(治產)이었다. 이것은 모든 〈복선화음가〉가 공유하고 있는 것으로서, 치산 행위의 세목이나 치산 후의 세간 장만 등이 확장적으로 서술되고는 있지만,[14] 그 수사적인 구도와 기능에 있어서는 동질적이라 할 수 있다. 따라서 이 점에 대해서는 별도의 검토를 생략하고 한두 가지 특징적인 점을 살펴 보기로 한다.

먼저 축첩(蓄妾)을 용인하고 첩자(妾子)를 포용해 들이는 대목을 보기로 한다.

ᄒᆡ읍 기ᄉᆡᆼ 각션이가 명기로 유명ᄒᆞᆫᄃᆡ
슈쳥으로 두엇다가 작쳡ᄒᆞ여 솔ᄂᆡᄒᆞ니
ᄃᆡ장부의 풍치로셔 그러할만 한 일이라
만일 범범 ᄒᆞ거드면 투긔ᄒᆞᆫ다 ᄒᆞ오리니

14) 치산 행위며 치산 후의 조처 모두 다방면에 걸쳐 확장적 부연이 이루어지고 있는데, 특별히 주목을 요하는 것은 장사 교역 행위를 망라하고 있는 점이 될 것이다. 치산은 길쌈에서 농사를 거쳐 시장교역으로("져ᄌᆞ의 무쳔ᄆᆡ귀 ᄌᆞ공의 법이로다~좌고힝상 각항ᄆᆡᄆᆡ 누거만금 밋쳔이요") 완성이 되고, 이렇게 축적한 부의 온전한 누림은 농산물을 밑천으로 각도 특산물을 산지 교역을 통해 조달함으로("츄슈ᄒᆞ온 ᄇᆡᆨ곡으로 쇼산 물건 교역ᄒᆞ여~보물 마는 단쳔 짜에 금은이며 청옥 황옥 허다 물건 다 드러와 구간ᄒᆞᆫ 게 도졔 업ᄂᆡ") 완성이 된다.

양반에 집 부인 쳬면 그 아니 ᄉᆞᆫ실인가
즉시 불너 ᄉᆞ안ᄒᆞ고 극진이 ᄋᆡ호ᄒᆞᆫᄃᆡ
ᄉᆞ상ᄒᆞ든 인물이라 여군 존경 진셩일ᄉᆡ
ᄇᆡᆨ일 지ᄂᆞᆫ 강보 남ᄌᆞ 신인의 쇼ᄉᆡᆼ이요
ᄯᅩ ᄒᆞᆫ 남ᄌᆞ 더려오니 황쥬기ᄉᆡᆼ 연홍이
셔쟝으로 연ᄒᆡᆼ할졔 슈쳥 거ᄒᆡᆼ ᄒᆞ든 기ᄉᆡᆼ
일야방연 두셧ᄂᆞᆫᄃᆡ 이 아ᄒᆡ를 ᄐᆡᄉᆡᆼᄒᆞ여
지금 삼셰 되엿스ᄆᆡ 역노의 더려오니
춍명 쥰슈ᄒᆞᆫ 골격 가군을 혹효ᄒᆞ고
긔출남ᄌᆞ ᄉᆞᆷ형졔에 셰지 아니(이?) 동갑인ᄃᆡ
ᄉᆡᆼ일 일삭 나죵이니 더옥 긔ᄋᆡ 한 일이라
젹셔 남ᄌᆞ 오형졔가 여룡여호 쥰슈ᄒᆞ다

ᄒᆡ읍(該邑)이란 성천을 가리키는데, 성천부사는 남편 김정국이 처음으로 맡았던 외임(外任)이다. 중앙의 청요직을 두루 역임하고 한창 뻗어나가던 청년 관료 김정국의 기적적인 선정(善政) 기사(記事) 뒤에 이 대목이 이어지고 있다. 남편이 곳곳에 뿌린 씨를 아내는 거두어들이고 있다. 질투를 관용으로 바꾸는 극기(克己)의 덕을 실천하면서, 결과적으로는 "젹셔(嫡庶) 남ᄌᆞ 오형졔가 여룡여호(如龍如虎) 쥰슈ᄒᆞ다"며 만족감을 표현하고 있다.

왜 이런 일이 벌어지며, 왜 이런 서술이 요청되는가? 한마디로 가문을 위해서라 할 수 있다. 마치 왕가(王家)에서 비빈(妃嬪)을 두고 왕자 생산을 독려하듯이, 벌열 가문의 창성을 위해서 다남(多男)이 요청되고 있는 것이다. 노론의 예학이 군신동례(君臣同禮)에 기반하고 있듯이 벌열 노론은 왕가와 같은 가문의 창성을 꿈꾸고 있었던 것 같다.

위 인용문에서 밑줄친 대목은 가사체 율문의 기본틀을 충실히 따르고 있음에도 불구하고 그 행문(行文)의 형태는 가사와는 판연히 다르다. 통사적인 대구나 병열의 구조가 아닌 기계적인 4·4조로 무늬만의 가사체인 셈이다. 서사적인 단락이 완결되기까지는 사연(事緣)을 따라 실타래처럼 길게 이어지는 행문 형태다. 사건을 집약하여 서술한 탓에 서사적으로는 여전히 미진한 것이 남게 되는데, 이러한 연유로 황주기생 연홍이에 관한 사연은 이후 평안감사 도임 행차의 한 대목으로 다시 나오게 된다. 여기서 연홍이는 김씨 가문으로의 편입을 희망하지만 여주인공인 이씨부인의 직권에 의해 편입이 보류된다. 같은 기생이지만 가부장의 첩이 되어 김씨가문의 일원이 된 각선이와는 운명을 달리하고 있는 경우라 하겠다.

이어서 친정살이를 하게 된 시누이 홍감역댁 관련 서술을 보기로 한다.

홍감역댁 삽화는 우산본이 가문서사 형태로 변용되면서 발생한 또 하나의 중요한 특징인데, 어떤 의미에서는 괴똥어미 이야기를 대체하는 기능을 지니고 있다고도 볼 수가 있다. 괴똥어미 이야기는 '화음(禍淫)'이라는 계녀훈을 이끌어내기 위하여 필수적인데, 홍씨본에는 이 괴똥어미 이야기가 몽땅 빠지고 그 대신 청상과부(靑孀寡婦)의 신세로 전락한 시누이의 사연이 새로 첨가되어 있다. '홍감역댁'으로 설정된 이 시누이의 이야기는 그 서술 분량이나 의미 비중으로 보아 괴똥어미 이야기와는 비교할 수 없을 정도로 미미하지만, 홍씨본에서는 어느 정도 화음(禍淫)의 한 사례처럼 기술되고 있다는 점에서 그 서사적 위상은 서로 통하는 바가 있다. 시누이의 친정살이를 그리고 있는 대목은 다음과 같다.

ᄉᆡ누이 홍감역ᄃᆡᆨ　즁년의 홀노 되고
명녕ᄌᆞ 더리고셔　형셰가 젹빈ᄒᆞ여
친졍의 와 의탁ᄒᆞ니　상공이 긍휼ᄒᆞ셔
격장에 집을 짓고　범ᄉᆞ 죠급ᄒᆞ시ᄂᆞᆫᄃᆡ
싱질은 진ᄉᆞ하여　지금 명능 참봉이요
ᄉᆡ누의ᄂᆞᆫ 쥬야으로　항상 잇셔 시칙ᄒᆞ여
고담도 시기시고　쇼셜칙도 뵈이시며

밑줄친 대목은 그 서술어의 형태가 사동(使動)으로 되어 있는데, 이는 삶의 주도권이 시누이 자신에게 있지 않고 오직 벌열가 최고 지위에 있는 시어머니와 실질적 가부장인 남편 상공의 처분에 매인 인생임을 단적으로 드러내는 한 지표라 할 수 있다. 뿐만 아니라 하필 자식 하나 있는 것마저 '명령자(螟蛉子)'로서 규정한 것도 '며느리의 입장' '올케의 시각'이 첨예화된 징표라 할 수 있다. '명령(螟蛉)'이란 '나비나 나방의 유충(幼蟲)'인데 나나니벌이 업고 가서 제 자식으로 삼아 기른다는 전설에서 '명령자(螟蛉子)'라는 말이 생겼다고 한다. 친자(親子)가 아닌 양자(養子)를 특별히 차별화하여 지칭하는 말임을 알 수가 있다. 자신은 첩의 자식까지를 거두어 당당 5형제를 두었는데, 시누이에게는 한 아들을 아끼고 있는 셈이라 할 수 있다. 그런데 모든 시누이들이 다 그렇듯이, 이 시누이도 여성주인공이 눈물겨운 가난 속에서 시집살이를 할 때에 톡톡히 가시 노릇을 했던 것으로 그려져 있다.[15)]

15) "야살구진 ᄉᆡ누의ᄂᆞᆫ/ 업ᄂᆞᆫ 모히 일슈로ᄃᆡ/ 못 드르며 못 보ᄂᆞᆫ 듯/ 벙어리

이렇게 딱한 시누이를 받아들여 시어머니의 말벗이나 책보기를 위한 시종(侍從)으로 삼는 것은 이중의 의미가 내장된 것으로 보인다. 가시 같은 시누이를 징치하려는 의도가 그 하나요, 남편 김정국 가(家)의 재부(財富)와 포용력을 과시하기 위한 의도가 다른 하나인 셈이다. 따라서 이 대목의 서술은 전후 맥락을 꿰어 본다면, 모해(謀害)를 일삼던 시누이가 불행의 그늘에 앉고, 묵묵히 도리를 다하며 고난을 이겨낸 자신은 남편 가문의 번영과 함께 복된 삶을 누린다는 구도다. 이는 비록 간략한 형태지만, 그 자체로 '복선화음(福善禍淫)'의 한 구도라 할 수 있다.

이상에서 살핀 바와 같이, 우산본은 남주인공인 남편 김정국의 언행이나 처신 등, 김정국 자신의 본격적인 입신출세담(立身出世談) 이외에도 김씨 가문의 벌열화를 지향하는 수많은 부대 서술과 다양한 서술 전략들이 들어 있다. 그러면 이렇게 가문서사로 기울며 공룡처럼 커져버린 우산본 〈복선화음가〉의 의미는 무엇일까? 장을 달리하여 그 여성사적인 함의를 좀더 논의해 보기로 한다.

4. 우산본 복선화음가의 여성사적 의미

관직으로의 진출이 원천적으로 봉쇄되다시피한 조선후기 향촌사족층의 생계문제는 그 자체로 커다란 사회문제가 되기도 했다.[16] 특히 한미(寒微)한 집의 대책 없는 궁핍(窮乏)은 생존 자체

와 등신인 쳬~"(409~412구)

16) 이에 관해서는 향촌사족층 내부에서의 허다한 논의와 모색, 증언들이 있

를 위협하는 수준이었다. 이렇게 적체되어 가는 현실 모순의 최후 담지자는 이들 반가(班家)의 부녀들이었다. 가부장제의 최하층 바닥을 이루는 이들 부녀들은 이러한 현실모순의 압력을 가장 많이 받으면서 가족의 생존까지 책임져야 하는 생계주체(生計主體)이기도 했다.

이러한 모순의 해결은 크게 두 가지 길이 있을 수 있는데, 하나는 남편이나 아들이 관직에 진출하는 것이요, 다른 하나는 농업에 종사하는 것이었다.17) 이도 저도 못한 채 사내들이 발을 묶고 들어앉아 있는 경우는, 부녀들이 대신 나서 생계를 책임질 수밖에는 없었다. 〈복선화음가〉를 위시하여 치산(治産)이며 생계(生計)의 문제를 화두로 삼는 다양한 문학이 족출(簇出)하는 것은 이러한 현실적 요청들의 반영이라 할 수 있다. 〈복선화음가〉의 다양한 이

고, 조정에서도 묘의(廟議)로 다룰 정도로 중대한 이슈였기 때문에 구태어 긴 설명이 필요치 않을 것 같다. 문제는 의식(意識)과 관습(慣習)을 조정하고 태도(態度)와 관점(觀點)을 바꾸는 일이었는데, 언제나 그렇듯이 실로 이것은 혁명(革命)보다도 더 어려운 일이었다. 박제가(1750~1815)가 원중거를 전별하면서 쓴 글은 이 점에서 특별히 음미할 만하다. 박제가는 원중거가 시세(時勢)를 정확히 이해하고 외진 땅을 얻어 나무를 기르고 다시 그것을 팔아 밭을 사서 온 가족이 힘모아 자영(自營)하여 자급(自給)하고 있음을 매우 높이 평가하고, 곧 죽을 지경이라도 상공업은 물론 농사조차 짓지 않는 사족층의 풍조를 개탄한 바 있다. 이에 관해서는 이지양의 논문을 참조할 수 있다.(「18세기 이후 사의식(士意識)의 변화」, 『고전문학 담당층과 문학의식의 제 문제』, 보고사, 2004.)

17) 경남 함양의 향촌사족 徐璘淳(1827~1898)의 『華軒遺稿』권3 말미에는 〈田家婦〉와 〈詩家婦〉라는 장편시가 나란히 실려 있는데, 각각 농부의 길로 들어선 이의 아내, 여전히 손을 묶고 과거에 매달리는 이의 아내를 그리고 있다. 19세기 함양 반촌(班村) 부녀 운명의 분기(分岐)를 잘 형상화하고 있는 작품이라 할 수 있다. 공주의 유생이었던 윤우병의 〈농부가〉 속에도 독(讀)-경(耕)의 갈림길에서 허덕이는 향촌사족의 모습이 나온다.

본군은 이러한 시대적인 화두가 계녀가사 속에 이끌려 들어와 각이한 형태의 담론으로 변형된 것들이라 할 수 있다.

우산본의 경우도 우선 이러한 변형 담론의 하나로서 살펴볼 필요가 있을 것 같다. 표제의 문제로부터 실마리를 풀어보기로 한다. 〈복선화음가〉는 〈복선화음가〉라는 제목 이외에도 〈복선화음록〉, 〈권선징악가〉, 〈효봉구고치산가〉, 〈계녀옥설〉, 〈홍규권장가〉, 〈가정경계록〉, 〈괴똥전〉, 〈여자행실록〉, 〈여자가〉, 〈여자탄식사〉, 〈김씨계녀사〉, 〈김낭전〉, 〈부인성행록〉, 〈행실록〉, 〈성행록〉 등 이본에 따라 그 명칭이 다양하다.

아마도 전형계녀가로부터 처음 파생되었을 당시의 명칭은 〈계녀옥설〉, 〈홍규권장가〉, 〈김씨계녀사〉 등 계녀를 표제로 했을 것으로 보인다. 그러다가 필사 전승의 과정에서 그 내용을 집약한 이름으로 〈여자행실록〉, 〈부인성행록〉, 〈행실록〉, 〈성행록〉 등이 나왔고, 다시 이것에 대한 2차적 의미부여를 하는 과정에서 〈복선화음가〉, 〈복선화음록〉, 〈권선징악가〉, 〈효봉구고치산가〉 등의 표제가 붙었을 것이다. 그리고 〈여자가〉, 〈여자탄식사〉 등은 화전가나 시집살이 민요의 영향을 받은 자취로 보인다.

대표적인 명칭으로 굳어진 〈복선화음가〉의 '복선화음(福善禍淫)'이란 『서경(書經)』의 〈탕고(湯誥)〉에 나오는 "天道福善禍淫"이란 구절에서 유래한 것으로, 정사가 선하면 하늘이 복을 주고 범람함이 지나치면 하늘이 화를 준다는 뜻이었다.[18] 〈복선화음가〉라는 표제는 한 가정의 경영과 치산(治産)도 국가 대사와

---

18) 『서경(書經)』 제12편, 〈탕고(湯誥)〉.

마찬가지라는 의미에서 이 『서경(書經)』의 말을 따온 것으로 보인다. 왕도정치(王道政治) 유가이념(儒家理念)의 투영이란 점에서, 여성의 일상성이 이념의 높이를 얻은 것이라고도 할 수 있을 것이다. 처음에는 '양반 여성의 생업활동'이라는 '보도가치(報道價值)'[19]에서 다소 가볍게 출발한 이야기가 무거운 이념의 갑주를 덧입은 형국이다.

그런데 주목을 요하는 것은 이러한 명칭변경의 과정에서 포장과 실질 사이에 편차가 생겼다는 점이다. 화자의 치산 행적이나 괴똥어미의 패가 사적은 그 자체로만 볼 때는 '항산(恒産)'을 확보해야만 된다는 뼈저린 교훈이다. 불구화한 남정네들만 바라보고 손을 놓고 있어서는 안된다는 깨달음이 그 핵심이라 할 수 있다. 그런데도 이러한 사적들로부터 이끌어내는 귀착점은 '승순구자'나 '효봉구고'와 같은 덕목이고, 마침내 해석은 '복선화음'의 교훈으로 고정이 된다.

내용대로라면 '효봉구고'를 필두로 시작되는 구태의연한 판박

19) 반가(班家)의 부녀가 발벗고 나서서 생산활동을 하고 생계주체가 되는 것은 가문의 체통을 허무는 일이기에, 관습에 반하는 이러한 행위는 처음에는 하나의 뉴스 거리가 되었을 것으로 보인다. 물론 '내려주기' 계녀서에나 전형 계녀가사에도 치산의 항목이 들어 있긴 하지만, 11가지 항목 가운데 거의 맨 끝 자리에 놓이는 것이 치산이었고 그 내용도 '근검(勤儉)'과 '절용(節用)에 초점을 둔 것이었다. 그리고 그것은 사치에 대한 경계의 성격을 띠거나, 수신(修身)의 한 방편으로서 강조된 측면이 컸다. 그러나 〈복선화음가〉는 체면을 벗어던진 부녀의 생산활동을 그려내고 있을 뿐만 아니라 적극적으로 생계주체(生計主體)로 서 나가는 부녀 형상을 모범으로 제시하고 있다. 그 인식의 단호함이며 결단의 과감성, 그리고 재부(財富)의 위력에 대한 증언의 맥락, 또 이것들을 뒷받침하고 있는 어조며 필세 등이 '전복(顚覆)의 결의(決意)' 같은 것을 느끼게 한다.

이 계녀훈은 비판되거나 부정되어야 마땅할 것이다. “뭐니뭐니 해도 먹고 입을 것이 우선이다. 체면 지키고 예의 차리고 도덕 타령하고 있어 봐야 가진 쪽박마저 깨버리기 쉽다. 다 벗어 던지고 먹고 살 길을 찾아야 한다.” — 이것이 아마 서사의 맥락을 따르는 바른 귀결일 것이다. 그런데도 계녀형 〈복선화음가〉는 이와는 다르게 전통에 기대어 인습적 계녀훈을 복창(復唱)하고 있다. 그리고 마침내는 ‘효봉구고’나 ‘승순구자’ 등 계녀훈을 이루는 것이 복선(福善)의 길이요, 그것을 저버리는 것이 화음(禍淫)의 구렁텅이라고 단안(斷案)하여 표제(標題)하고 있다.

체험적 실감이나 사태 인식이 이렇게 혁신적인 폭발성을 내장하고 있음에도 불구하고 그것을 담아내고 있는 틀은 여전히 강고한 이념과 관습이라 할 수 있다.

그러나 계녀형이 지니고 있던 실질과 포장 사이의 이러한 어색한 동거는 전기형에 이르러 대부분 깨어지게 된다. 교술성이나 교훈적 목적을 서사 자체에 대한 흥미와 관심으로 대체하거나 아예 그러한 교훈을 전복시켜 탄식가의 형태로 변용하기도 한다. 우산본은 서사 자체에 대한 흥미와 관심이 자기서사를 넘어 가문서사로 확산된 경우이면서도, ‘복선화음’의 교훈을 가장 교조적이며 보편적인 형태로 반복 강조하고 있는 텍스트이기도 하다. 정확한 표제는 낙장이 되어 잘 알 수가 없지만, 틀림없이 〈복선화음가〉나 〈복선화음록〉이었을 것으로 보인다.

이렇게 본다면 이 우산본은 서사적 확장의 측면에서는 〈복선화음가〉 이본군의 프론티어에 해당이 되지만, 전기형 일반의 특징인 탈규범 탈관습의 측면에서는 오히려 후퇴하여 계녀형에 접근하고 있는 텍스트이기도 하다. 그렇다면 이러한 현상의 여성사적 함의는 과연 무엇인가? 그 이유는 무엇보다도 우산본의 상층성, 벌열성에서 찾아질 것으로 보인다.

윤주필 교수가 이미 공들여 추적한 바와 같이 이 작품은 18세기 영정조 당대의 구체적인 혼벌(婚閥) 양상을 토대로 산출된 텍스트임이 분명하다. 윤교수의 추적대로 이 텍스트는, 사대(四代) 문형(文衡)을 배출한 연안이씨(延安李氏) 가문과 혁혁한 노론 산림의 전통을 이으면서 정치적인 저울추 역할을 담당했던 안동김씨(安東金氏) 가문의 구체적인 결합을 토대로 산출되었을 공산이 크다. 텍스트에 반영된 절대연대, 정치적 동향과 추이, 의례와 풍습, 각종 문물과 민속에 대한 정보, 그리고 묘사의 감각이며 서술의 태도 등등, 여러 측면에서 18세기 이후의 최상층 여성의 생활감각과 관점을 반영한 것이 분명해 보이기 때문이다.

좀더 구체적으로는 신임사화(辛壬士禍, 1721～1722)[20]로 극도로 위기에 몰려 있던 노론측이 영조의 등극으로 권토중래(捲土重來)하고 무신란(戊申亂, 1728)[21]을 계기로 일당독재를 강화하면서 벌열로 성장해 가는 양상과 그 가능태(可能態)를 다룬 것이 우산본의 내용이라 할 수 있다. 우산본에는 영조의 등극에서 영조의 죽음, 정조의 등극까지를 거의 정확하게 기술하고 있는데, 이런 시대적 배경 속에서 노론 벌열의 가문극대화(家門極大化) 가능성을 최대치로 드러내 보인 것이라 할 수 있다. 우산본의 서사

20) 경종 때 연잉군의 세제(世弟) 책봉 문제를 둘러싸고 빚어진 노론 숙청 사건.

21) 영조 등극과 경종 독살설로 촉발된 소론측의 구데타로 청주의 이인좌가 주동이 되었음.

적 팽창(膨脹)과 복선화음적 결속(結束)은 이러한 가문극대화를 담아내기 위한 구도였던 셈이다.

그 결과 우산본은 〈복선화음가〉 문학현상에서 주목할 만한 몇 가지 사실과 함께 여성사적으로도 중요한 시사점을 우리에게 던져주고 있다.

무엇보다도 주목할 만한 점은 계녀가사의 계층적 지역적 확산 현상을 새롭게 드러내 주고 있다는 점이다. 서론에서도 잠깐 언급한 바와 같이 계녀가사는 주로 영남지역의 실세(失勢) 남인층(南人層) 반가(班家)에서 태동 발전한 양식이라고 할 수 있다. 자료의 분포 양상 자체가 이러한 사실을 뒷받침해 주고 있다. 그런데 우산본은 비록 최근의 일이기는 하지만 자료 출처가 전주(全州)이고, 그 내용 또한 기호(畿湖) 노론(老論) 벌열(閥閱)의 관점에서 서술되고 있다. 18세기 후반 이후의 골수 노론계가 견지하고 있던 시국관(時局觀)과 시각(視角)을 반영한 것이라고 할 수 있다. 이는 계녀가사가 본고장인 영남지역을 벗어나서 기호지방으로, 또 경화벌열층으로 확산된 자취라 할 수 있을 것이다.

이에 따라 우산본은 향촌사족층 부녀의 삶과 경화벌열층 부녀의 삶을 모두 반영하고 있으며, 이들에게 기생하거나 이들의 삶을 뒷바라지하는 도시와 시골의 하층과 중간층 모두를 포괄하고 있다. 가장 중심이 되는 것은 역시 경화벌열층 부녀의 삶과 의식과 감각이라 할 수 있는데, 이는 가문서사로의 확대에 따른 자연스런 현상으로서 〈복선화음가〉의 총중(叢中)에서 우산본만이 지니고 있는 독특한 점이다.

우산본의 이러한 특질은 연쇄적으로 〈복선화음가〉 문학현상에 관한 기존의 관점과 견해들을 재검토하게 만들어 주고 있다. 기존의 관점은 대체적으로 상층에서 출발한 〈복선화음가〉가 하층으로 확산되어 가면서 다양한 변이를 낳은 것으로 보는 것이었다. 주정적 한탄이나 넋두리 서사의 증가 현상, 그리고 이것들을 뒷받침하고 있는 수사적 장치들은 모두가 하층으로의 확산이나 하층과의 교섭에 의하여 빚어진 것으로 설명하는 방식이었다. 〈복선화음가〉의 유통 범주를 영남지역 중심으로 잡는데서 오는 당연한 귀결이었다. 그러나 우산본은 이러한 하향 변이 이외에도 상향 변이의 축이 또 따로 있음을 보여주고 있다. 주정적 한탄 대신 신명난 콧노래, 넋두리 서사 대신 푸짐한 자랑 사설이 들어서는 모습을 확인할 수가 있는 것이다.

다음으로 주목할 만한 점은 우산본의 복합성 내지 잡종성이다. 우산본은 3320구에 이르는 방대한 분량 속에 만화경적 파노라마를 담고 있는데, 우선 이러한 정보 내용의 출처 자체가 궁금하다. 모든 것을 실체험으로 돌릴 수는 없지만, 그렇다고 단순한 허구나 독서(讀書) 전문(傳聞)의 결과로 돌릴 수가 없는 체험적 진정성과 임장감(臨場感) 같은 게 배어들어 있다. 적어도 30% 이상의 실체험을 바탕에 깔고 진행되는 이야기요, 이것을 토대로 까치발서서 바라본 세계라는 생각이 든다. 윤주필 교수가 우산본의 세계를 있는 그대로 '상층여성의 치산과 문화향유 의식'으로 파악하고 있는 것도 이러한 사실성 때문인 것으로 보인다.

그리고 이러한 정보의 출처 문제를 떠나서도 화자나 시점의 착종 양상, 충실한 가사체 율문에 얹히는 산문적 방식의 행문구조(行文構造), 상층언어와 하층언어가 교직되고 일상 구어와 교양

문어가 혼효된 문체, 가부장제와 남주인공을 충실히 추수(追隨)해 나가면서도 여성의 입지와 여성적 실리를 충분히 활용하고 향유하는 태도 등등, 우산본 〈복선화음가〉는 단선적으로 규정할 수 없는 입체성을 지니고 있다. 이러한 입체성을 이 자리에서 다 해명할 수는 없다. 그러나 우산본의 복합성, 잡종성, 입체성은 조선후기 여성사나 여성문학의 제반 현상을 해명해 나가는 데 있어, 두고두고 중요한 지렛대나 실마리가 되어줄 수 있을 것으로 보인다.

복선화음가 이본의 계열상과 그 여성사적 의미

1. 서언

〈복선화음가〉는 '복선형(福善型) 인물'과 '화음형(禍淫型) 인물'을 설정하고, 이러한 인물형상을 하나의 표상으로 하여 계녀훈(戒女訓)을 펼치는 규방가사의 하나다. 제목으로서의 '복선화음(福善禍淫)'이란 『서경(書經)』의 〈탕고(湯誥)〉에 나오는 "天道福善禍淫"이란 구절에서 유래한 것으로, 정사가 선하면 하늘이 복을 주고 범람함이 지나치면 하늘이 화를 준다는 뜻이었다.[1] 〈복선화음가〉라는 표제는 한 가정의 경영과 치산(治産)도 국가 대사와 마찬가지라는 의미에서 이 『서경(書經)』의 말을 따온 것으로 보인다. 이 작품은 〈복선화음가〉라는 제목 이외에도 〈복선화음록

---

* 이 글은 『韓國詩歌研究』 18집(2005.5)에 실렸던 논문을 가다듬은 것이다.

1) 『서경(書經)』 제12편, 〈탕고(湯誥)〉.

(福善禍淫錄)〉, 〈권선증악가(勸善懲惡歌)〉, 〈효봉구고치산가(孝奉舅姑治産歌)〉, 〈계녀옥설(戒女玉屑)〉, 〈홍규권장가(紅閨勸奬歌)〉, 〈가정경계록(家庭警戒錄)〉, 〈괴똥전〉, 〈여자행실록(女子行實錄)〉, 〈여자가(女子歌)〉, 〈여자탄식사〉, 〈김씨계녀사〉, 〈김낭전(김낭전)〉, 〈부인성행록(婦人成行錄)〉, 〈행실록〉, 〈성행록〉 등 이본에 따라 그 명칭이 다양하다.

이 가사는 전형적인 형태의 계녀가로부터 가장 크게 벗어나 있어 변형계녀가의 한 극점으로 일찍부터 주목되었고, 그 다양한 이본의 존재로 말미암아 계녀가의 총중(叢中)에서도 가장 많이 논의된 작품 가운데 하나다. 그러나 이러한 논의의 적층에도 불구하고 〈복선화음가〉의 이해는 오히려 오리무중(五里霧中)에 빠져들고 있는 형국이다. 작품 성격에 대한 이해가 정반대의 양극을 이루고 있기 때문이다. 한 편에서는 이 작품이 여성들의 도덕성에 낭만적인 보상을 안기는 형태일 뿐 가부장제적 유가 이념의 강고한 틀을 그대로 강제하고 있는 여성억압적 텍스트임을 강조한다.[2] 그러나 다른 한 편에서는 가사의 장르운동에 비추어 이 작품의 진보적 의의를 인정하거나,[3] 계녀가의 전통윤리를 외피화(外皮化)해 두고 텍스트의 내부나 이면이나 행간 속에 여성들 자신의 욕망이나 꿈을 다양하게 내장하고 있다는 점에서 그 진보적인 의의를 부각하고 있다.[4] 그리고 최근에는 이 작품의 대중적인 소통

2) 장정수, 「복선화음가 연구 - 여성형상과 치산의 의미를 중심으로」, 『19세기 시가문학의 탐구』, 고려대학교 고전문학 한문학 연구회, 집문당, 1995.

3) 서영숙, 「복선화음가류 가사의 서술구조와 의미」, 『한국여성가사연구』, 국학자료원, 1996.

에 따른 교양물화 양상을 주목하고 "〈계녀가〉류 가사는 이념적 세뇌 기능을 수행했다는 혐의를 받기 쉽지만 작품소통의 실질은 이와 달리 고난을 헤쳐 나온 여성의 자긍이나 올바른 행실에 관한 품위있는 교양의식이 잔잔하게 깔려 있다"고 다소 중립적인 견해를 제출하는 연구자도 있는가 하면,[5] 이 가사가 안동지역 사족층 남성의 여성 수탈을 위한 음험한 기도(企圖)라고 혹평하는 연구자도 있다.[6]

그러나 필자는 이데올로기 분석에 앞서 두 가지 사안을 먼저 검토해 둘 필요가 있다고 생각한다. 첫째는 〈복선화음가〉가 여성가사 전체의 스펙트럼에서 어느 위치에 놓이는가를 면밀히 살피는 것이다. 둘째는 〈복선화음가〉 이본의 계열상을 파악해 내는 것이다. 그리하여 200여년에 걸친 여성가사의 통시적 전개 속에서 〈복선화음가〉가 어떠한 변용을 거치며 어떠한 문학현상을 구현하고 있는가를 탐구해 나가야 할 것이다. 개별 텍스트의 이데올로기 분석 작업은 이러한 토대 위에서, 혹은 이러한 탐구작업과 병행해서 이루어질 필요가 있다. 물론 이 두 가지 작업은 필자가 혼자서 감당해 낼 수 있는 작업이 아니다. 여성가사 전반에 대한 섭렵과 이해가 부족할뿐더러, 〈복선화음가〉의 이본에 대한 섭렵도 아직은 불충분하기 때문이다. 그러나 시각(視角)을 가다듬고 구도(構圖)

---

4) 이동연, 「조선후기 여성치산과 〈복선화음가〉」, 『한국고전여성문학연구』, 제4집, 2002.6.
5) 성무경, 「복선화음가류 가사의 이본현황과 텍스트 소통」, 『신발굴 자료를 통해 본 가사문학의 재인식』(2002년 민족문학사학회 공개학술발표회 자료집), 2002.12.
6) 이형래, 「복선화음가 연구」, 부산대 석사논문, 2000.

를 잡아보는 일은 부족한 이대로 매우 긴요하다고 생각한다. 본고에서는 주로 필자의 섭렵 범위 안에서 〈복선화음가〉 이본의 계열상을 파악하고, 여력이 미치는 대로 계열 형성의 문학사적 의미가 무엇인가를 시론적(試論的)으로 탐색해 보기로 한다.

2. 복선화음가 이본의 계열상

〈복선화음가〉의 일반적인 구조는 서영숙 교수가 요령있게 정리한 바와 같이, 화자(흔히 김씨부인)의 이야기와 괴똥어미 이야기의 대비 속에 계녀 사설을 배치한 것인데,7) 이본에 따라 계녀사설의 위치와 분량이 화자의 자기서사8) 양상과 맞물려 다소간의 편차를 드러내고 있는 형국이다.9) 통상적으로는 화자의 자기서사가 '복선(福善)'에 대응하고 괴똥어미 이야기가 '화음(禍淫)'에 대응

7) 서영숙, 「복선화음가류 가사의 서술구조와 의미」, 『한국여성가사연구』, 국학자료원, 1996, 255~257면, 271~273면.

8) '자기서사'란 박혜숙 교수가 사용한 용어로 주로 여성이 자신의 일생을 술회한 글들을 분석할 때 그 술회의 양태를 '자기서라'로 명명한 바 있다. 〈복선화음가〉의 경우도 화자가 자신의 간고했던 시집살이를 술회하면서 그 극복의 과정을 서술하고 있다는 점에서 자기서사라 할 수 있다.

9) 참고로 서영숙 교수의 구도를 소개하면 다음과 같다. 우선 '계녀형'인 〈김씨계녀ᄉ〉는 김부인 이야기가 182구, 괴똥어미 이야기가 164구이며 괴똥어미 이야기의 앞뒤에 포진되어 있는 계녀사설이 140구로서, 괴똥어미 이야기는 계녀사설 속에 액자처럼 둘러싸인 형태라 하며, 다음으로 '전기형'인 〈복선화음가〉는 김부인 이야기가 406구, 괴똥어미 이야기가 81구, 계녀부분은 12구인데, 김부인 이야기와 괴똥어미 이야기가 나란히 병치된 후에 짤막한 계녀사설이 붙은 구조라 한다. 계녀부분이 크게 축소되고 화자인 김부인 이야기가 크게 확대되었다는 점에서 전기형이라 명명한 것이라 할 수 있다.

하지만 이본에 따라 다소의 편차가 있다.

〈복선화음가〉의 기본 골격은 이렇게 명료하지만, 수많은 이본군 사이 편차가 만만치 않아서 그 분류가 큰 과제로 남아 있다. 게다가 아직도 수다한 이본들이 미발굴, 미공개, 미섭렵 상태여서 분류 자체의 완성은 먼 후일의 일이 될 것이다. 그러나 현재 알려진 것들만으로도 〈복선화음가〉류의 스펙트럼이나 그 진화의 방향을 파악하는 데는 큰 무리가 없을 것으로 보인다. 그러면 〈복선화음가〉류의 스펙트럼이나 그 진화의 방향을 파악해 보기 위하여 우선 그 유형을 설정해 두기로 한다.

〈복선화음가〉류의 유형은 일찍이 서영숙 교수에 의해 계녀형(戒女型)과 전기형(傳記型)으로 분립된 바 있다.[10] 이에 관하여는 다소의 이견들이 없지 않지만,[11] 규방가사의 장르운동이나

10) 서영숙, 「복선화음가류 가사의 서술구조와 의미」, 『한국여성가사연구』, 국학자료원, 1996.

11) 예컨대 장정수 교수는 "계녀형"-"전기형" 대신에 A형과 B형을 설정했는데, A형은 "계녀가가 삽입되어 있으며, 주인공의 생애 외에 괴똥어미의 생애가 처음부터 끝까지 완벽하게 그려진 작품군"이고, B형은 "계녀가가 빠져 있고 주인공의 생애가 강조된 작품군"이다. (장정수, 전게논문.) 그러나 이러한 분류는 이본 가운데 '필사 미비'나 '필사 미완'의 본들을 미처 여과해 내지 못했기 때문에 생긴 혼선도 개입되어 있는 것으로 보인다.

그리고 성무경 교수는 이본 형태가 너무나 다기다양하기 때문에 결코 이러한 두 개의 유형으로 이본군의 총체를 단순 분류할 수 없다는 회의론을 펴고 있다(성무경, 전게논문). 이본의 총체가 파악되지 않은 현재의 상황에서 원칙적으로 타당한 입론이지만 분류목적에 따라서는 그 총체가 파악되지 않은 상태에서라도 얼마든지 타당하고 유익한 분류가 가능하다는 점에서, 이러한 견해는 지나친 신중론에 가깝다.

필자는 아직도 여전히, 서영숙 교수의 분류가 〈복선화음가〉류의 진화나 가사의 장르운동 탐구에는 매우 유용한 구도라고 생각한다. 물론 이러한 분류는 다기다양한 이본군의 출현에 의하여 수정되거나 보완될 필요는

〈복선화음가〉류의 진화 방향을 파악하는 데는 여전히 매우 유용한 구도라고 볼 수가 있다. 따라서 〈복선화음가〉류의 스펙트럼 파악을 위하여 이들 두 유형을 그대로 수용해 들이기로 하고, 그 하위 유형들을 설정해 나가기로 한다.

우선 계녀형은 그 하위 유형을 셋으로 나누어 검토해 볼 수가 있다. 첫째는 화자 자신의 자기서사만으로 계녀의 자료를 삼고 있는 '복선형(福善型)'이고, 둘째는 자기서사 이외에 괴똥어미 이야기를 대비시키고 있는 '복선화음 구비형(福善禍淫具備型)'(*이후 '복선화음형(福善禍淫型)'으로 약칭함)이고, 셋째는 이 두 이야기 이외에 수다한 예화들을 집성해서 계녀훈을 강화하고 있는 '복선화음 확대형(福善禍淫擴大型)'이다.

다음으로 전기형은 그 하위 유형을 둘로 나누어 볼 수가 있다. 첫째는 괴똥어미 이야기가 들어 있는 '괴똥어미 유지형'이고, 둘째는 괴똥어미 이야기가 탈락되고 계녀가로서의 기본구조 자체가 변형되어 있는 '괴똥어미 탈락형'이다. 그리고 둘째 유형은 다시 여주인공 일생담으로 끝나는 '여주인공 일대기형'과, 여주인공을 넘어 남편의 일대기로 확대되는 '가문서사 확대형'으로 나눌 수가 있다.

이에 따라 본고에서 중점적으로 다루게 될 작품을 제시해 두면 다음과 같다.

첫째 계녀형의 자료들은 다음과 같다. 복선형으로는 장서각(藏

있을 것이다. 그러나 〈복선화음가〉류 스펙트럼의 편폭을 밝히는 데는 이러한 대극(對極)의 설정이 우선적으로 요청된다는 점에서, 서영숙 교수의 분류는 두고두고 참고될 필요가 있다.

書閣) 소장 『가사집』에 수록되어 있는 〈부인셩힝녹〉, 복선화음형으로는 국립도서관 소장의 〈김씨계녀ᄉ〉,[12] 복선화음확대형으로는 나손 김동욱 소장본 〈여자행실록(女子行實錄)〉 등이다.[13]

둘째 전기형의 자료들은 다음과 같다. '괴똥어미 유지형'으로 『규방가사Ⅰ』(권영철 편)에 실려있는 〈복선화음가(福善禍淫歌)〉를 들 수 있고,[14] '괴똥어미 탈락형'으로는 '여주인공 일대기형'으로 국립도서관 소장의 〈복션화음녹이라〉와 '가문서사 확대형'으로 홍윤표 교수 소장의 〈우산본(愚山本) 복선화음가〉를 들 수 있다.[15]

---

12) 임기중 편, 『역대가사문학전집』 제8책의 앞머리에 실려있는 자료다. 출전이 밝혀져 있지 않은데, 이는 국립도서관에 소장된 원본의 표제가 판독 불명 상태이기 때문인 것으로 보인다.

13) 이 텍스트는 보경문화사에서 발행한 『나손본 필사본고소설자료총서』 제29책에 수록된 자료다.

14) 표지 제명은 『복션화가』로 되어 있다.

15) 이는 아직 학계에는 본격적으로 소개된 적이 없는 자료로, 보기에 따라서는 〈복선화음가〉의 이본이라기보다는 새로운 장르의 별개 작품으로 볼 수도 있는 텍스트이다. 총 94면인데, 몇 개 면을 제외하고는 대개 1면에 36구(1구=2음보)가 들어 있어 3320구에 이르는 분량이다. 2개 구가 짝을 이루어 2줄로 배열되는 귀글체인데, 세로 3단에 가로 6단의 형태다. 예외인 면으로는, 제5면이 가로 1단이 추가된 7단 42구이고, 제11면에서 제18면까지의 8개 면이 가로 1단이 빠진 5단 30구이다.
홍윤표(洪允杓) 교수가 전주의 광명당에서 구입한 것이라 한다. 현재 소수의 연구자들이 복사본을 가지고는 있으나 아직 본격적으로 소개되거나 검토된 바가 없다. 서지 사항이 불명료한데다 해독이 불가능하거나 미심한 대목들이 많고, 장르적 성격 자체도 가사의 범주를 이탈한 것처럼 보이기 때문이 아니었나 싶다. 그러나 〈복선화음가〉류 문학현상의 입체적인 해명을 위해서는 이 〈우산본 복선화음가〉를 이본으로 포함시켜 종합적으로 살필 필요가 있다. 비록 이 작품이 대장편이고 장르적 성격에 있어서도 잡종성(雜種性)이 강하긴 하지만, 전체구도나 작품성격으로 보아 〈복선화음가〉로부터 진화된 산물임이 분명하기 때문이다. 최근 윤주필 교수가 이 작품을 소개한 바 있으며, 주해작업도 진행중임을 이상의 논의결과를 그 대응 자료와 함께 표로 보이면 다음과 같다.

계녀형 ┌ 복선형: 〈부인셩힝녹〉,
├ 복선화음형: 〈김씨계녀ᄉᆞ〉,
└ 복선화음 확대형: 〈여자행실록(女子行實錄)〉

전기형 ┌ 괴똥어미 유지형: 〈복선화음가(福善禍淫歌)〉
└ 괴똥어미 탈락형 ┌ 여주인공 일대기형: 〈복션화음녹이라〉
└ 가문서사 확대형: 〈홍씨본 복선화음가〉

1) 계녀형의 세 형태

계녀형은 〈복선화음가〉류가 전형 계녀가로부터 파생되어 나온 것임을 뚜렷이 드러내 주는 자료로서 앞서 제시한 바와 같이 복선형, 복선화음형, 복선화음확대형으로 나눠볼 수 있다. 이들은 그 명칭부터가 '부인셩힝녹', '김씨계녀ᄉᆞ', '여자행실록(女子行實錄)' 등으로 되어 있어 여인의 행실에 관한 훈계임을 강조하고 있다.

우선 복선형(福善型)을 대표하는 〈부인셩힝녹〉의 경우부터 먼저 검토해 보기로 한다. 이 본은 그 분량이 350구 정도로서 정확히 괴똥어미 이야기의 평균량이 빠진 정도다. 단락은 서두의 발어

밝혔다. [윤주필, 「우산본 〈복선화음록〉에 대하여 - 전통시대 여성의 치산과 문화 향유를 중심으로」, 한국고전여성문학회 제16차 학술발표대회 발표요지, 2005년 2월 1일.]

사(發語辭) 2구와 결사(結辭) 2구를 제외하면, 친정에서의 호강살이, 시집에서의 가난살이, 분발 치산, 치부(致富) 이후의 살림, 계녀사로 나뉘는데, 계녀사가 전체의 절반에 가까운 분량을 이루고 있다.

괴똥어미 이야기가 포함된 계녀형(戒女型)의 경우, 계녀사는 대개 괴똥어미 이야기의 앞과 뒤에 배치되어 앞의 계녀사를 제1계녀사, 뒤의 계녀사를 제2계녀사로 나눌 수가 있다. 제1계녀사에서는 효봉구고(孝奉舅姑), 승순군자(承順君子) 등의 판박이 계녀훈을 다소 딱닥하게 나열하는데 비해, 제2계녀사에서는 딸을 보내는 어미 마음을 담아 다소 격정적인 연민의 어조로 인고(忍苦)의 도리를 당부하는 것이 보통이다.

그러나 〈부인셩힝녹〉의 경우는 괴똥어미 이야기가 없기 때문에 계녀사가 둘로 분리되지 않고 하나로 통합되어 있다. 소위 정격규방가사라 일컫는 전통 계녀가의 경우는 효봉구고(孝奉舅姑)가 승순군자(承順君子)에 우선하고 그 분량 또한 다른 항목들에 비해 적지 않은 편인데, 〈복선화음가〉류의 경우는 대개가 승순군자(承順君子)가 우선하고, 그 분량은 여타의 항목을 압도한다. 특히 계녀형 이본들의 경우 남편 공경 대목이 전체 계녀사의 절반 이상을 차지한다. 〈부인셩힝녹〉에서는 이 '승순군자(承順君子)' 대목의 중동에 "딸아 딸아 어린 딸아" 부르짖는 돈호(頓呼) 어구가 나오는데, 이 구절의 앞 대목에서는 승순군자(承順君子)'의 도리를 개괄적으로 제시하고 뒷 대목에서는 그 구체적인 항목과 경우를 나열하며 공감적 설득을 꾀하고 있다.[16] 이에 후속하여 나머지 덕목들이 나열되고는 있으나 그 분량이나 비중이 매우 미미하고,

다시 다음과 같이 이 남편 공경의 도리를 강조한 후에 결론으로 넘어가고 있다.

> 나의 나이 오십이나 남편 공경 하는 마음
> 평싱을 첫날 갓치 일분인들 다랄손냐
> 고명짤 어린너을 쳔금갓치 귀히길너
> 츌가외인 될지라도 부부화락 금실조화
> 유ᄌᆞ싱녀 하ᄂᆞᆫ날이 그른말이 업나니라
> 나의팔ᄌᆞ 싱각하니 고진감ᄂᆡ 하엿도다
> 남호여가 하온후ᄋᆡ ᄌᆞ손의 창셩하고
> 금옥이 만당하니 ᄂᆡ집가산 이갓ᄒᆞ니
> 동역집을 무얼보고 남의부귀 보려할가
> 식상의 여ᄌᆞ되여 수신힝동 할지어다

밑줄친 대목에 화자의 뜻이 잘 드러나 있는 셈이다. 화자는 친정에서 호강과 영화를 누리며 살다가, 한사(寒士)의 집에 시집을 와서 졸지에 나락에 떨어지듯 갖은 고생을 다 하고, 마침내 분발치산하여 시집을 다시 일으키고, 그것을 거울삼아 시집가는 딸을 격려하는 형태다. 부디 시집 형편 탓하지 말고 부부 화락의 도리를 구하며 인고하라는 당부다. 이렇게 〈부인셩힝녹〉은 자기서사를 철저히 계녀훈에 맞게 통제하며 효율적으로 활용하고 있는 텍스트라 할 수 있다.

---

16) 딸도 어린 데다 신랑 또한 "초가쓴 어린 신랑 부ᄃᆡ 류이 보지말아 그르히도 ᄒᆞᄂᆞᆯ이라"에서 보듯 한 가지로 어리기 때문에 특별히 여기에 역점이 두어진 것으로 보인다.

이어서 '복선화음형(福善禍淫型)' 〈김씨계녀ᄉᆞ〉를 보기로 한다. 이 본은 서영숙 교수의 분석대로 크게 셋으로 나눠볼 수가 있는데, 전체 486구 중에 김부인의 자기서사가 182구, 계녀사가 140구, 괴ᄯᅩᆼ어미 이야기 164구로 이루어져 있다. 이를 다시 서술 순차에 따라 정리해 보면, 김부인의 일생(182구)+제1계녀사(124구)+괴ᄯᅩᆼ어미 이야기(164구)+제2계녀사(16구)의 구성이다. 김부인의 일생이며 괴ᄯᅩᆼ어미 이야기는 거의 틀에 박힌 그대로이고, 제1계녀사의 내용 또한 〈부인셩ᄒᆡᆼ녹〉과 거의 일치한다. 다른 부분은 괴ᄯᅩᆼ어미 이야기와 연접(連接)하는 대목인데, 이 대목은 괴ᄯᅩᆼ어미 이야기의 끝구절이나 제2계녀사의 처음 대목과 함께 주목을 요하는 부분이다. 이들 연접 부위를 보이면 다음과 같다.

ᄂᆡ 나히 오십이나 남편의게 죠심ᄒᆞ기
화촉동방 쳣날밤과 일분이ᄂᆞ 달을손야
ᄒᆞ날 아릐 그른 부모 잇단 말을 못 드럿다
져건너 괴ᄯᅩᆼ어미 시집ᄉᆞ리 ᄒᆞ던말은
너도익히 알년이와 다시일너 경게ᄒᆞ마 …(중략)…
<u>불효모함 ᄒᆞ던앙화 역역히도 바덧시니</u>
<u>복션화음 발근이치 일노보ᄆᆡ 분명ᄒᆞ다</u>
아기아기 아기ᄯᆞ라 시집ᄉᆞ리 극난ᄒᆞ다
어미ᄒᆡᆼ셰 본을바다 괴ᄯᅩᆼ어미 경게ᄒᆞ라
ᄯᆞ라ᄯᆞ라 우지말아 어미마음 살ᄂᆞᆫᄒᆞ다
ᄌᆞ고로 녀ᄌᆞ유ᄒᆡᆼ 부모형졔 머러씨니
어엿부다 아기ᄯᆞ라 동동축축 잇지마라
명년ᄉᆞᆷ월 봄이되면 너를다시 보리로다
가도의 흥망셩쇠 녀ᄌᆞ의게 잇ᄂᆞᆫ이라

증ᄌᆞ의 효칙ᄒᆞ여 효도가 졔일리라

제1계녀사의 끝 부분 "ᄂᆡ 나히 오십이나 남편의게 죠심ᄒᆞ기/ 화촉동방 첫날밤과 일분이ᄂᆞ 달을손야"는 〈부인셩힝녹〉의 경우와 동일한 내용이다. 그러나 〈부인셩힝녹〉이 "고명ᄯᆞᆯ 어린 너을 쳔금갓치 귀히길너/ 출가외인 될지라도 부부화락 금실조화"로 이어져 결론을 서두르고 있는데 비해, 여기서는 "ᄒᆞ날 아ᄅᆡ 그른 부모 잇단 말을 못 드럿다"로 제1계녀사를 강조해 두고 "저 건너"로 운을 떼어 괴똥어미 이야기로 넘어간다. 이 괴똥어미 이야기는 밑줄친 대목에 드러나는 바와 같이 '불효 모함한 행실의 응보(應報)'라고 매듭이 지어져 있다. 이들 이야기로부터 '복선화음(福善禍淫)'의 교훈을 이끌어 내고, 바로 이어서 "아기아기 아기ᄯᆞ라 시집ᄉᆞ리 극난ᄒᆞ다" 하면서 제2계녀사를 꺼낸다. 제2계녀사는 시집을 앞두고 우는 딸을 달래면서 효도를 다하여 가도를 일으킬 것을 당부하는 내용인데, 딸을 부르는 돈호법이 계속 이어져 절박한 느낌을 불러 일으킨다.

화자의 자기서사로부터 고진감래(苦盡甘來) 복선(福善)의 교훈만을 이끌어내고 있는 〈부인셩힝녹〉이 일관되게 부부의 화락 문제에 초점을 두고 있는데 비해, 이러한 교훈을 제1계녀사로 매듭을 지어두고 다시 괴똥어미 이야기를 거쳐 '화음(禍淫)'까지를 구비한 〈김씨계녀ᄉᆞ〉는 제2계녀사에서 효도의 문제를 초점화하고 있다.

괴똥어미 이야기 자체는 다각도로 해석이 가능한 텍스트이다. 범람한 지출로 인한 치산 실패에 초점이 놓일 수도 있고, 푼수데기 처신 자체의 골계적 효과에 초점이 놓일 수도 있고, 심지어 현대의 일부 연구자들은 괴똥어미를 '금기 파괴자'로 보아 가부장제 질곡을 넘어서려는 여성으로까지 해석하고 있다.

그러나 이 계녀형 〈복선화음가〉에서는 괴똥어미 이야기를 "불효 모함"으로 집약하고 있다. 가도(家道)를 망치는 '불효 모함꾼'과, 저항할 줄 아는 '금기 파괴자'; 이 두 평가는 극단적으로 상반되지만, 기실 그 내면적 진실은 하나일지도 모른다. 시집살이 노래에서 보듯이, 그리고 이 〈복선화음가〉에서도 부분적으로 증언하고 있듯이, 가부장제 아래 며느리는 억울한 존재요 불리한 입장이다.[17] 괴똥어미의 일탈이 저항의 의미로 해석될 수 있는 소지는 바로 여기에 있다 할 것이다. 그러나 바로 그 지점이 가부장제를 위협하는 민감한 금기이기 때문에 극형(極刑)으로 치죄(治罪)해야 하는 이유이기도 하다.

어쨌든 〈김씨계녀스〉는 김부인 자신의 자기서사를 집약한 제1계녀사에서는 '승순군자'의 도리가, 괴똥어미 이야기를 거친 이후의 제2계녀사에서는 '효봉구고'의 도리가 강조되어 있다. 이렇게 본다면 의외로 '여성 치산'의 의미는 상대적으로 부차화되거나 주변화되어 있는 느낌이다. 〈복선화음가〉류의 가장 큰 특징이 '여성 치산'이고, 학계에서도 이 점을 지속적으로 주목해 왔는데, 계녀형 〈복선화음가〉류의 경우는 치산의 문제를 승순군자, 효봉구고의 덕목 안에 포괄해 버린 것이라 할 수 있는 셈이다.

---

17) 그것이 〈부인셩힝녹〉에서는 "여즈는 죄인이라 부터 부터 조심하라"로 표현된 것이라고 할 수 있다. 성행, 곧 여성적 행실의 완성이란 시집살이 - 죄인살이 - 노예살이를 감내한 자의 몫이라는 의미일 수가 있겠다.

이제 계녀형의 마지막으로 복선화음 확대형(福善禍淫擴大型)인 〈여자행실록(女子行實錄)〉을 보기로 한다.

우선 〈여자행실록(女子行實錄)〉은 평균 분량의 〈복선화음가〉들보다 2배 가량이 길다. 산문적으로 풀어진 서술이 태반이어서 정확하게 구수를 헤아리기는 어렵지만 어림잡아 산정한다 해도 1150구 정도에 이르는 분량이어서, 그 장편화의 양상과 동인에 자연스레 관심의 초점이 쏠린다. 그렇지만 그 내용을 뜯어보면 이러한 장편화는 서사적인 입체화의 결과라기보다는 에피소드들의 병렬적 집성에 있음이 드러난다. 무엇보다도 계녀를 위한 예화(例話)를 다양하게 집성한 것이 가장 큰 이유라 할 수가 있다. 이 본도 기본적인 구도는 앞의 〈김씨계녀ᄉᆞ〉와 동일하여 "김부인의 일생+제1계녀사+원낭에 어미 이야기[18]+제2계녀사"의 골격으로 되어 있다. 그런데 제1계녀사의 끝에는 순임금의 효행 기사, 주나라 황후 강씨 이야기 등이 부록되어 있고, 제2계녀사의 끝에도 증자 어머니 이야기, 맹자 어머니 이야기, 송나라 위씨부인의 이야기 등이 부록되어 있다.

제1계녀사의 끝에 있는 순임금의 효행 기사는 상식이 되다시피 널리 알려진 효행담인데, 여기서는 이 기사를 그대로 반복하면서도 결론에 가서 방향을 조금 틀어 그의 아내 쪽에 초점을 맞추고 있다. "잇ᄯᅢ에 아황녀는 쳔ᄌᆞ에 귀공쥬로 만승찬을 찰여놋코 겻모즁에 시집가서 슌에 ᄯᅳᆺ과 갓치 허며 고슈 갓튼 시모을 지성으로 고양헌이~"에서 보이듯이 시집의 조건, 시어머니의 선악을 불문

18) 이 텍스트는 화음형(禍淫型) 인물의 이야기로 '괴ᄯᅩᆼ어미' 대신 '원낭에 어미'를 들고 있는데, 이야기의 내용은 거의 동일하다.

하고 시집살이를 잘 해내라는 교훈을 교묘히 이끌어 내고 있다. 강 황후의 이야기로부터는 남편을 색으로 유혹하여 사람 도리를 그르치게 해서는 안된다는 교훈을 이끌어 내고 있다. 이것은 『열녀전(列女傳)』의 내용 그대로를 굴절없이 수용해 들인 것이다.

제2계녀사에 부록된 이야기들은 기존의 계녀형 〈복선화음가〉류와는 그 주제의 방향이 판연히 달라져 있다. 증자 어머니, 맹자 어머니, 위씨부인 모두 자녀 교육을 위하여 특단의 조치를 취한 여인들의 이야기로서, 자녀 교육의 문제가 여성의 일로 새롭게 부각된 시대조류의 반영이 아닌가 여겨진다.[19]

이밖에도 이 본의 장편화에 작용한 요인들은 여러 가지다. 산문적인 풀어짐, 장면극대화 지향의 묘사, 플롯 지향의 이야기 조율, 감정과 흥취를 살리기 위한 조흥구 등등이 그것인데, 이것들은 바로 이 본만이 가지는 형상적 특질이요 형상화 방식이기도 하다. 이와 관련된 몇 대목을 살펴 보기로 한다.

[A] 닉몸이 불힝허여 여ᄌᆞ가 되여슨나
삼죵지에 본을바다 부부을 증헌 후에야 남편을 좃는 거시 위본이요
ᄯᅩ한 남편을 좃는바에 읏지 빈부을 가리오잇가
친졍집 장원에 빅화만발 허여건만은 츌가외인에 가불가허고
다 쓰러진 슈간두옥이 닉 시가일망졍 하날리 증허신 비요 ᄯᅩ한 연분이라

19) 실제 이 본의 필사기에는 "辛亥年 正月 九日"이라 적혀 있는데, 1911년으로 추정된다. 개화기를 지난 조선사회의 조류나 풍속이 반영된 것으로 보인다.

옛말에 허여스되 츙신은 불사이군이요 열녀는 불경이라
웃지 짐싱과 갓치 두 가지로 마음을 먹ᄉᆞ오잇가
글어허오물로 못 가온이 너 싱각 마르시고 평안이 도라가시와
양친 부모임게 이런 말삼 마으시고 어셔 가옵쇼셔
양친 부모임게 이르시면 마음이 불평허시니다

[B] ᄯᅩ한 부인에 말쇼릐가 문박게 감이 ᄂᆞ며
ᄯᅩ 힉가 져셔 황혼이 되면 오날날은 아모 죄 안이 지여슨이 다힝허다 허고
너일은 엇지허리요 엄엄허고 무셔운 마음 시각이ᄂᆞ 변헐손야
힝여 시모에 눈에 날가 죠심도 죵죵허며
친가에 보너는 편지 속게도 스른 ᄉᆞ졍 부즐업다
너 쇽마음으로만 너 팔ᄌᆞ을 웃지 허이요 친부모게셔 아셔도 시연치 안이허신 걱졍이요
이 ᄉᆞ셜을 허다가 다시금 싱각허되 …(중략)…
이목구비가 남과 갓건만은
온야 이졔라도 부지련이 심스면 언의 누가 시비헐가 허고
온야 구간헐 힘을 펴이고 쳔헌 몸을 면허이라 허고 분헌 마음을 도쳐먹고 시가범졀 심스리라 허고
온야 이웃 김부ᄌᆞ가 은졔부터 잘아아요 허고 밤낫 웁시 불면 넌들 안이 잘살손야 허고

[C] 그후에 친졍 오라번이 와셔 보고 집구경헐 졔
젼후퇴에 분납장지 미다지와 울이창경 둘너붓치고
각장장판 빅능화로 빅에 층층이 병장다락이요
온금보화 깁피두고 온는부인 뉘안이 층찬허리요
안방 운묵 바라본이 삼층찬장 기게슈리요
ᄌᆞ기함농 아릐겻더 유경쵸더 겻좌놋코
쏫문에논 호피 펼쳐놋코 쳔둥 화류에 빅탄슈술 이글이글리 피여

놋코
인물평풍 슈족즈며 상용그린 슈족즈며
옷거리는 인물보을 덥퍼두고 비단이불 열두치은 보장에 다도록 싸와두고
화문요 방셕 퇴침안셕 좌우에 버려잇고
또 한편 둘너본이 육간딕청 부벽소을 두너본이
엄즈용이 유황숙을 보려허고 남양 쵸당 풍셜즁에 좀이 곱게 들러 군나
또 부억을 도라본이 옹숏 큰숏 줄비하게 거러두고
또 한편 도라본이 놋동에 밥쇼리는 쥭쥭이 싸와두고 오지독 질그릇도 즐비허게 버놋고
또 한편 도라나와 즁문에 느셔본이
쥴힝낭 쇼슬딕문 안팟스랑 즐비허게 잇고
쥬련부벽 입춘셔는 아들아기 필법이요
만권셔칙 긔문벽셔 칙릭 셜독헌이 유경 쵸딕예 빅낙쵸로 밤을 신이 뉘 안이 질길쇼야
젼후 좌우로 츄죵들른 쌍쌍이 왕릭허며
양지에 물방아 걸고 명당에 우물을 파고
그리 찰난허게 지엿쓴이 그안이 죠흘숀가
누에야 누에야 그안이 질길숀야
누에야 나는 도라간이 만셰무강에 잔손만당 허여라 허고 간이라

[D] 어불스 닉 쌀이야 남에 쌀도 져러헌가
아리싸온 닉 쌀이야 어미 훈게 다시 드러 보아라
지아비는 하날이요 지어미는 짱이로다 말리장공 노푼 하날 짱이 읏지 결울손야

인용 대목 모두가 산문적으로 풀어져서 4.4조 연첩 형태인 가

사의 율격을 훨씬 벗어나 있음이 우선적으로 확인된다. 각 대목의 특징을 좀더 자세히 부연 설명하면 다음과 같다.

A는 돌아가자는 오라비에게 대답하는 말인데, 다른 본들에 비해 훨씬 길어져 있다. 내용도 대폭 확장되었을 뿐만 아니라, 형식 또한 각색(脚色)하듯이 극적 연출에 가깝게 구어투로 다듬어져 있다. 내용의 확장은 옛말의 인용, 묘사의 구체화, 구어적 반복 등을 통해 이루어졌고, 완전한 대화체로의 전환은 4.4조의 기계적 어투를 버리고 일상어에 기초한 일관된 직접화법을 통해 실현되고 있다. '웃지' 등의 적절한 부사어 첨가 또한 구어적 현장감을 배가시키고 있다.

B는 중략된 앞 대목이 끼니조차 이어 댈 수 없어 혼자 고민하고 한탄하는 내용이고, 뒷 대목이 이웃집 부자에게 수모를 당한 직후 발분하는 심정을 그린 것이다. 여기서도 앞 대목은 곤경에 처한 화자의 심경이 아주 핍진하게 형상화되어 있는데, 설명조의 서술로 그치고 마는 다른 본과는 달리 "닉 쇽마음으로만 닉 팔즈을 웃지 허이요 친부모게셔 아셔도 시연치 안이허신 걱정이요 이 ᄉ셜을 허다가 다시금 싱각허되~"와 같이 답답한 속을 독백 형태로 가다듬어 내었기 때문에 그런 효과를 얻은 것으로 보인다. 뒷 대목 또한 "온야!"하는 외침을 여러 번 반복하여 결의(決意)의 강도며 현장감을 배가시키고 있다.

C는 배행 때에 실망을 하고 돌아갔던 오라비가 다시 와 보고 찬탄을 발하는 대목이다. 대개의 본에는 없는 대목인데, 여기서는 특별히 치산의 성취를 극대화하기 위하여 고안해 낸 대목이다. 특히 이 대목은 사물이나 정경을 흥겹게 확장적으로 나열하는 자진

몰이 장단의 판소리 한 대목을 연상케 하는데, 장면극대화 지향의 전형적인 언어 구사 방식이라 할 수 있다. D 대목 또한 "<u>어불ᄉᆞ ᄂᆡ ᄯᆞᆯ이야</u> 남에 ᄯᆞᆯ도 져러헌가 <u>아리ᄯᆞ온 ᄂᆡ ᄯᆞᆯ이야</u> 어미 훈게 다시 드러 보아라"에서 보듯, 그 부르는 어법이며 반복의 형태가 역시 판소리를 닮아 있다. 이로 보아 〈여자행실록(女子行實錄)〉은 판소리가 대중화된 단계에서 그 어법이며 어조를 많이 차용해 들인 것이 아닌가 여겨진다.[20]

또한 이 〈여자행실록(女子行實錄)〉은 곳곳에 고소설의 영향이 보인다. 제1계녀사가 시작되는 대목의 "ᄯᅩ ᄯᅡ을 길너 츌가헐 제 손을 잡고 경계헌이 <u>그 말리 허여쓰되 이른 말이</u>" 같은 어투라든가, 제2계녀사의 말미에 "아모죠록 남녀 낫커든 놀이지 말고 모조록 교육 잘 시기쇼셔 <u>각셜이라 옌날에 증ᄌᆞ에 어먼이는</u>"이나, "<u>화셜 숑나라적 증ᄌᆞ에 어먼이 위씨라 허는 부인이</u>"하는 대목의 어법은 그대로 소설의 차용이라 이를 만하다. 또한 다음과 같은 대목은 소위 시점(視點)의 착종(錯綜)이라 이를 만한데, 〈복선화음가〉라는 가사 문체의 바탕 속으로 소설적 분위기가 틈입(闖入)하는 한 현장이라 이를 만하다.

> 시비죵을 불너ᄂᆡ여 이웃집에 가셔 양식 쒸여 오라던이
> 도라와셔 허는 말이 쒼 쌀도 안이 쥬고 염체읍시 ᄯᅩ 왓는다
> 두말 말고 그져 가라 헌이 일언 일도 ᄯᅩ 잇는가 허고
> 도라와셔 ᄌᆞ셔이 고헌이

20) "압 들에 논을 ᄉᆞ고 뒤 들에 밧츨 ᄉᆞ고 뒤 두란에 길게 담을 싸코 담에 기야을 올이고 죠흔 ᄌᆡᆨ목 치목허여 정ᄌᆞ터을 닥글 제 <u>어의여라 지경이야</u>" 같이 지경다지는 소리를 차용한 대목도 있다.

부인이 옥지한을 너여팔라 쌀말이나 주쳐허여
한식 되식 죽을 쑨이 너야 무어슬 변벼이 먹어볼가

이 대목은 이웃집에게 수모를 당하는 장면인데, 동일인에 대한 문체적 지명(指名)이 1행 사이에서 "부인이"와 "내야"로 분기(分岐)되고 있다. 물론 전후의 사정으로 볼 때, "부인이"라는 지명이 어이없는 실수라 할 수도 있다. 그러나 이것은 그저 교정해 버리면 그만인 단순한 착오나 실수라기보다는, 이 장면의 서술을 소설적 파노라마로 수용해 들인 필사자(筆寫者)의 인식이 낳은 의도적인 교체에 가깝다. 이렇게 장편화하면서 시점의 혼효(混淆)나 서술의 착종(錯綜)이 일어나는 현상[21]은 가장 긴 이본 홍씨본에서 특히 두드러지는데, 이에 대해서는 홍씨본을 다루는 자리에서 다시 논의하기로 한다.

이상 계녀형은 복선형, 복선화음형, 복선화음 확대형 모두 계녀사를 중심으로 서술된 이본군들임을 확인할 수 있다. 그 분량이 평균 형태 〈복선화음가〉류의 2배가 넘는 복선화음 확대형 〈여자행실록(女子行實錄)〉도 부분적으로는 소설화의 기미가 있지만,

21) 예컨대 '원낭에 어미 이야기'와 '괴똥어미 이야기' 사이의 지명(指名) 착종도 이런 현상의 하나다. 이야기의 서두에서는 '원낭에 어미'로 지칭하여 말을 꺼내고 진술을 이어가다가, 이야기가 다 끝난 직후에는 뜬금없이 "아가딸라 시집ᄉ리 조심허여 어미 힝실 본을 밧고 잘 ᄉ라아 져근너 괴동어미 갓튼 연은 효힝 불칙허다 혹시 그른 일 한 가지라도 뵐셔라" 라고 하여, 마치 괴똥어미 이야기를 사례로 들었던 것처럼 서술하고 있다. 물론 '원앙에 어미'는 구체적인 사례이고 '괴똥어미'는 보통명사처럼 쓰인 것일 수도 있지만, 설명적 진술이 따로 없는 한 독자나 청자는 어리둥절할 수밖에 없는 서술태(敍述態)다.

그 장편화의 근본 동인은 예화(例話)의 집성에 있었다. 철저히 계녀사 중심으로 응집된 이야기들로서 계녀훈을 뒷받침하기 위한 예화 수준의 교술 담론들이다. 이는 다음에서 검토할 전기형과는 판연히 다른 방향성이라 할 수 있는데, 전기형을 마저 검토한 후에 그 변별성의 문학사적인 의미를 상론해 보기로 한다.

2) 전기형의 두 형태

전기형은 서영숙 교수가 이미 밝힌 바와 같이 소설화의 경향이 강한 이본군이다. 계녀사가 축소되거나 약화되어 있어 계녀형 이본군에 비해 교술성이 상대적으로 적고, 약화된 교술성을 서사적 관심이 대체하고 있는 형국이다.

먼저 전기형의 첫째 유형인 괴똥어미 유지형의 〈복선화음가(福善禍淫歌)〉를 보기로 한다. 이 텍스트는 이씨부인의 이야기와 괴똥어미 이야기에 짤막한 계녀훈을 덧붙여 매듭을 지은 형태로서, 그 구성은 이씨부인 이야기(406구)+괴똥어미 이야기(81구)+계녀사(12구)로 되어 있다. 이씨부인 이야기가 크게 확장되어 있고, 계녀사는 극도로 축소된 형태라 할 수 있다. 계녀사 중심의 서술 통제 또한 크게 약화되어 있다.

흔히 괴똥어미 이야기의 앞은 제1계녀사가 오는 자리다. 통상 마지막에 오는 제2계녀사보다 훨씬 긴 분량으로 전통 계녀가의 여행(女行) 범절 덕목들이 펼쳐지는 대목이다. 그러나 이 〈복선화음가(福善禍淫歌)〉에는 그 자리에 다음과 같은 내용이 채워져 있다.

ᄯᆞᆯ을 길러 출가하니 혼슈범절 치힝이야 다시 일러 엇드하리
츈하츄동 사철 이복 ᄃᆡ의 싱전 유족하다
바느질ᄋᆡ 침선치며 ᄃᆡ마 구죵 츈득이요 전갈 한님 영ᄋᆡ로다
남노 여비 가젓스니 전답인들 안이 주랴
ᄃᆡ한불갈 조흔 전답 삼빅 석 밧난 츄슈
등도지 오천 양은 요용소치 유연하다
나ᄋᆡ 신힝 올 ᄯᆡ가 도리혀 싱각난다

이렇게 오히려 혼수며 유산(遺産) 자랑으로 일관한 후에 곧바로 "저 건너 괴똥어미"로 이어진다. 따라서 이 대목은 계녀와는 무관한 김씨부인 자신의 재부(財富)며 성공에 대한 부연적 귀결의 하나일 따름이다. 이렇게 이 본의 특징은 이씨부인 이야기의 극대화를 지향한 텍스트라 할 수 있다. 상대적으로 괴똥어미 이야기는 81구에 불과하여 오히려 축소된 형태에 가깝다. 이는 계녀형의 표준이라 할 수 있는 '복선화음형(福善禍淫型)' 〈김씨계녀ᄉᆞ〉의 164구에 비해 절반에도 못 미치는 분량이기 때문이다. 따라서 이 본은 이씨부인의 자기서사를 초점화한 자기서사 중심의 텍스트인 셈이다.

그러면 이 본의 자기서사는 어떠한 방식으로 확장되고 있으며 어떤 지향을 보이고 있는가? 첫째로 꼽을 수 있는 것은 영웅소설적 분식(粉飾)이다. 몇 대목을 들어 본다.

[A] 악한 힝실 경계ᄒᆞ고 착한 사람 쓴을 바다

일동 일정 셴히 하니　남녀노소 하난 말이
천상 적강 이소저난　부기공명 누리리라
이러하기 층찬 받고　금옥으로 귀히 길너

[B] 하날이 정한 팔자　순죵하면 복이 딕고
시덕이 간구하나　천성지록 잇스리라
굼고 벗기 믜양이며　가도가 심하시도
구고의 뜻을 바다　효셩으로 봉양하면
도로혀 감동하소　불상 기특 사랑하오 …(중략)…
오라버님 하난 말삼　아름다운 우리 누의
오히려 놀낫드니　금일의야 다시 보니
빅힝이 구비하니　무궁복녹 누리리라

A의 인용은 친정에서 자랄 때의 이야기인데, 다른 본에는 없는 "칭찬" 사설이 삽입되어 있다. 그리고 그 내용은 밑줄 친 구절의 예언성 언명이다. '적강형 소설'이란 분류가 있을 정도로 우리의 고소설은 주인공을 천상에서 하강한 존재로 설정하는 것이 하나의 공식인데, 이 칭찬 사설은 그러한 영웅소설 발단부의 분위기를 환기(喚起)시킨다.

B의 인용은 배행왔던 오라비가 돌아갈 것을 종용할 때의 문답인데, 여기서도 역시 운명적 결정론의 분위기가 강하다. 태생이 그렇듯이 시집 또한 일시적 간구함은 있을지라도 '천성지록'이 있는 가문이라는 것이다. 그리고 이러한 믿음은 오라비의 사설을 통해 다시 한번 확정되고 있다. 이 또한 다른 본에 없는 독특한 고안(考案)에 해당이 된다.

이러한 장치들은 이 본에서의 자기서사 확장에 영웅소설적 의

장(意匠)들이 영향을 미친 흔적이라 할 수 있다. 영웅소설적 분식을 통하여 텍스트 확장이 이루어진 자취인 셈이다.

다음으로는 구체적 상세화를 통한 장면화를 꼽을 수 있다.

[A] 풍유 남자 오라버님 비ᄒᆡᆼ 기구 거룩하다
은안 ᄇᆡᆨ마 뒤 시우고 청사ᄒᆡᆼ 사인교ᄋᆡ
청사도포 학술 안경 ᄃᆡ모 장도 빗겨 차고

[B] 앞픠 드림 금봉치난 김장자집 전당하고
왜포 당포 찿찬 이복 시찬가ᄋᆡ 전당하고
상ᄀᆡ 구ᄀᆡ 두루불슈 안진 빗ᄋᆡ 길기하고
공단 대단 핫이불은 이자랑집 영영방ᄆᆡ

[C] 비단 치마 입던 허리 힝자 치마 둘너 입고
운혜 당혜 신든 발ᄂᆡ 석식 집신 졸여 신고

[D] 안동방고 리한님은 실ᄂᆡ위 ᄒᆞ난 소ᄅᆡ
어엿분 우리 낭군 분성적도 괴괴ᄒᆞ다
당분 왜밀 어ᄃᆡ 두고 먹을 갈아 성적할지
회가로 칠을 하니 얼숭덜숭 그린 모양 호랑등을 불워할가
모자 ᄡᅡ진 허망근ᄋᆡ ᄯᅩᆼ지천 무삼일고
ᄭᅡ지 잡고 난 연후ᄋᆡ 팔 벌이고 ᄀᆡ금 쥴지
박장ᄃᆡ소 뉘 아닐가

A는 배행 행차를 그린 대목인데 오라비의 차림까지를 상세히 묘사했고, B는 혼수를 저당 잡히는 대목인데 물목별로 나열하며 저당 유형도 다채롭게 제시를 했고, C는 치산에 팔을 걷어붙이는

대목인데 치마뿐 아니라 신발까지 언급을 했고, D는 급제 후에 삼일유가(三日遊街)를 하는 대목인데 남편의 행색까지 다채롭게 묘사하고 있다. A는 배행 자체가 누락된 본들도 있고, 들어 있다 해도 이렇게 구체적으로 인물을 초점화하여 묘사한 본은 드물다. B는 대부분 들어 있긴 하지만 이렇게 상세히 나열한 본이 드물고, C도 치마를 언급한 본이 더러 있으나 신발까지 언급한 것은 극히 드물다. D는 남편의 급제를 언급한 본들은 더러 있지만 유가까지 묘사한 본은 드물고, 특히 이렇게 구체적인 인물치레까지 동원한 본은 극히 드물다.

이밖에도 다음과 같은 새로운 장면의 창출과 전략적 배치 또한 장편화의 요인이면서 이 본만의 독자적인 개성을 형성하는 요소다.

[A] 여간 쌀티 밥을 진들
부모 남편 진지하고 슈삼 노복 난화쥬니
저 먹을 것 전혀 업다
한 때 굴머 두 때 실시
치마끈을 졸나민들 글노 엇지 당할소냐
눈이 캄캄 하올 적의 헛두통을 알노라니

[B] 사랑의서 무산 호기 슈청 하님 급히 불러
손님 두 분 오싯스니 슐 사오고 점심해라
호령이 등등하니 시힝을 아니 하면 사랑의 망신이요
시힝을 하자 한들 두 쥬먹 불것스니
싱각다 할 일 업서 인두 가왜 젼당쥬고
슐 사오고 양식 팔아 손님 디접 하엿신들

그 무엇시 넉넉하여　지 요기르 하잣말가
잇흘 사흘 유한 손님　말유하기 무삼일고
봉제접빈 지성인들　업난 바의 어이 하리
반깅기요 차려 노니　잔드리난 이너 마음
일언일도 한빈지사　이 모양이 한심하다

시집의 가난이 물정 모르는 글쟁이 남정네들로 말미암아 더욱 깊어지고 있음을 드러내 주는 삽화다. 아울러 반가(班家)의 뿌리 깊은 인습(因襲)이 며느리의 삶을 얼마나 고달프게 하는지를 체험적 실감으로 그려 내고 있다. "한 째 굴머 두 째 실시 치마끈을 졸나민들 글노 엇지 당할소냐 눈이 캄캄 하올 적의 헛두통을 알노라니" 같은 표현은 굶주림으로 인한 두통기(頭痛氣)를 겪어 본 이의 실감이 배어 있는 표현이다. 이렇게 A에 그려진 부엌의 곤경(困境)과 B에 그려진 사랑방의 호기(豪氣)가 절묘하게 대비를 이루며 표현효과를 극대화하고 있다.

〈복선화음가〉의 허다한 이본들이 있지만 이렇게 사랑방의 허세와 호기를 그린 텍스트는 거의 없고, 특히 이렇게 부엌의 곤경과 사랑방의 호기를 대비시킨 경우는 찾아볼 수가 없다. 이러한 배치는 이 텍스트만의 탁월한 전략적 배치가 아닐 수 없다.

이밖에도 미시적으로는 더 많은 요소들이 있어, 이 〈복선화음가(福善禍淫歌)〉라는 텍스트는 다른 이본들에 비해 화자의 자기서사 일생담이 극대화되어 있을 뿐만 아니라, 구조적으로도 그것 자체로 잘 짜여지고 다듬어져서 완정(完整)된 형태를 갖추고 있다. 계녀형에 비하여 확실히 초점과 비중이 화자의 자기서사 쪽으로 이동한 텍스트라 할 수 있겠다.

다음으로 전기형의 둘째 유형인 괴똥어미 탈락형의 〈복션화음녹이라〉와 〈홍씨본 복선화음가〉를 보기로 한다. 먼저 여주인공 일대기형인 〈복션화음녹이라〉를 보기로 한다.

〈복션화음녹이라〉는 200구 가량으로 완결되어 있는 짤막한 형태의 이본으로서, 여주인공이라 할 수 있는 김씨부인의 일생담에 그저 필사자의 독후감적 논평이 첨가되어 있는 형태로 보인다. 마지막 대목을 보이면 다음과 같다.

ᄂᆞ만죵 못ᄉᆞᄂᆞ니 집 지셔 구졔ᄒᆞ고
가산이 허다 소용 일용이 빅금이라
아달 형졔 급졔ᄒᆞ고 부부 히로 부귀ᄒᆞ니
팔ᄶᆞ도 거룩ᄒᆞ다
복녹ᄯᅩ 무궁ᄒᆞ다 후셰 전장 거룩ᄒᆞ다
<u>이 ᄲᅳᆫ 보고 되라긔면 언의 뉘가 못술쇼야</u>
졔 힘ᄃᆡ로 셔드러도 못술면 그것도 다 헐술다
무졍셰월만 속속 다 너머간다 ᄋᆡ군ᄒᆞᆫ 인ᄉᆡᆼ들은 무엇ᄒᆞᆯ고

밑줄친 구절의 앞은 치산 성취 이후 부귀영화와 복록을 누렸다는 김씨부인 서사의 귀결이고, 뒷 부분은 오히려 자탄(自嘆) 사설에 가깝다. 계녀사 한 마디 없이 세월무정, 인생무상, 삶의 고난과 애달픔만을 되뇌이며 끝난다. 제목은 〈복션화음녹이라〉 하였지만, 화음(禍淫)은 아예 없고, 복선(福善)의 교훈 또한 찾기 어렵다. 김씨부인 서사로부터 복선의 교훈을 이끌어 내는 대신 현실의 가

혹함이나 가난의 강고한 굴레를 절감할 따름이다. 이러한 절망적 인식이 "이 쓴 보고 되랴ㄱ면 언의 뉘가 못술쇼야!" 라는 탄식으로 표현되어 있다. 후속하는 "졔 힘디로 셔드러도 못술면 그것도 다 헐술다"는 냉철한 현실 인식이다. 이야기 속의 김씨부인처럼만 된다면야 무슨 걱정이리요만 아무리 애를 쓰고 서둘러 봐도 그렇지 못한 것이 현실이니 참으로 불쌍한 인생이라는 장탄식(長歎息)이다.

그렇다면 〈복션화음녹이라〉의 필자는 왜 이런 텍스트를 만들어 낸 것일까? 아마도 김씨부인 이야기 속으로의 감정이입이 가장 큰 이유였을 것 같다. 공주 같이 자란 여인이라 해도 여자라는 운명, 여자라는 죄 때문에 시집살이의 온갖 어려움은 피할 수가 없었다는 바로 그 사연이 일차적으로 큰 공감을 불러 일으켰을 것이고, 고난을 다 이겨내고 보란 듯이 살 수 있게 되었다는 그 결과가 비록 일장(一場)의 백일몽(白日夢)에 불과하다 하더라도 일시적으로는 타는 목을 축여주는 해갈(解渴)의 기능을 했을 것 같다. 이렇게 본다면 이 경우는 그 동기와 효용이 시집살이 노래와 거의 유사한 것이라고 볼 수 있는 셈이다. 계녀가로부터 파생된 〈복선화음가〉류지만, 정통 계녀가와는 대척지점(對蹠地點)에 있는 시집살이 노래를 닮았다는 점에 이 자료의 독특한 개성이 있다 하겠다.

이어서 가문서사 확대형의 〈우산본 복선화음가〉를 검토해 본다.22) 이 우산본은 성무경 교수의 최근 이본현황 조사에서도 빠진 것으로, 우선 그 분량이 3320구 정도에 이르는 대장편(大長篇)이다. 이는 기존의 〈복선화음가〉 중에서도 장편이라 할 수 있는 바로 앞의 〈복선화음가(福善禍淫歌)〉보다도 엄청나게 긴 분량이다. 〈복선화음가(福善禍淫歌)〉는 아무리 늘려 잡아도 500구를 넘지 않기 때문에 무려 7배에 육박하는 분량이라 할 수 있다. 텍스트의 성격 또한 매우 복합적이고 중층적이어서 그 세부적인 검토는 별도의 작품론을 필요로 하는 과제가 될 것이다.[23]

우선 단락별로 그 내용을 정리해 보면 다음과 같다.

1. 여주인공 소개(42구): 출신과 성장(이 판서의 외딸).
2. 혼처와 정혼(112구): 택서(擇壻)의 과정(김 산림 손자).
3. 혼례와 신행(74구): 초례와 신행의 모든 절차를 거쳐 동구(洞口) 밖에서의 시가(媤家) 관망까지(*계녀사설 24구 포함).
4. 시댁도착과 구고상봉(58구): 초라한 가세(家勢).
5. 배행객들의 귀환자리(36구): 오라비의 귀환회유와 여주인공의 반론.
6. 시가 살이 어려움(194구): 전당 잡히기에서 채상가채(債上加債)까지.
7. 분발 치산(230구): 부자되기—집짓고 살림 갖추기—구제하기.
8. 시조모 죽음(10구): 극진한 예.
9. 시부, 남편, 아들들의 출사와 영화(1996구): 정국 추이, 과거 장면, 평안감사 도임 장면, 관광 및 연회 풍류 장면, 저택 신

22) 이에 관해서는 「우산본 복선화음가의 가문서사 양상과 그 여성사적 함의」(고전문학과교육 10집,2005.8)에서 상세히 다룬 바 있다. 이 책에서도 이 글의 바로 앞에 수록해 두었으니 자세한 것은 그 글을 참조하기 바란다. 이하의 〈우산본〉 논의는 거기서 논의한 바를 집약하여 차용한 것이다.

23) 이하의 愚山本 논의를 토대로 愚山本에 관하여 詳論한 것이 「우산본 복선화음가의 가문서사양상과 여성사적 함의」인데 본서에서는 이 글의 앞에 수록되어 있다.

축, 시누이인 홍감역댁의 친정 더부살이, 며느리 자랑 등 벌열가(閥閱家) 풍속 관련 다양한 사안들의 파노라마적 묘사.

10. 계녀사설(174구): 막내로 둔 딸의 성혼을 앞두고 복선(福善)의 도리 다하기를 당부.
11. 사돈 가문 및 사위 자랑(8구): 오음 상공 현손.
12. **만년(晩年) 영화(榮華)(374구): 시부모의 초종 장례와 충효쌍전(忠孝雙全)의 명성, 여주인공 자신의 회갑연, 남편의 기로소(耆老所) 출입과 군신상우(君臣相遇), 회혼례, 영조 승하와 남편의 역할, 회방연(回榜宴).**
13. 부부 종천(終天)과 결사(12구): 부인 선화(仙化), 상공 하세(下世), 후세 창달의 기대. 모든 영화를 복선화음(福善禍淫)의 귀결로서 평결.

이상에서 고딕체로 적은 단락 2, 8, 9, 12는 남성과 남성 가문에 관한 서술로서 중심인물도 남편 김씨[주로 상공(相公)으로 지칭됨]로 되어 있다. 몰락 사족(士族)이었던 남편 가문의 회복(回復)과 벌열화(閥閱化)에 관한 이야기다. 본격적인 벌열화 과정을 다룬 제9단락의 1996구를 비롯하여 도합 2492구에 이르고 있어 전체의 3분의 2에 상당하는 분량이다. 이렇게 명시적인 것 말고도 부분 부분에 가문 중심의 서술이 군살처럼 붙어 있기 때문에 남주인공과 그 가문 관련 서술의 분량은 실제로는 이보다도 훨씬 더 크다고 할 수 있다.

이와 같이 홍씨본은 그 대부분의 서술이 남주인공이라고도 할 수 있는 남편 김정국의 출세담 및 가문극대화(家門極大化)에 할애되어 있다. 그러나 기본적인 골격은 〈복선화음가〉류 일반의 구도처럼 이씨부인의 자기서사를 발단으로 해서 종국적으로는 복선화음의 교훈을 확인하는 것으로 끝나고 있다.24) 따라서 이 홍씨본은 〈복선화음가〉 일반의 구도 속에 이씨부인의 자기서사와 맞물린 남편 김정국의 일대기를 영웅소설 식으로 꾸며서 포괄하고 있는 형태라 할 수 있다. 그런데 분량은 물론 서술의 초점과 비중까지도 이 영웅형 남주인공 쪽으로 확연하게 기울어 있어 남편의 일대기[傳記]를 핵으로 하는 가문서사에 가깝다. 〈복선화음가〉류의 전기적(傳記的) 변용 가운데 특이한 변종(變種)이라 할 수가 있다.

이러한 가문서사로의 중심 이동 이외에도 홍씨본은 다양한 특징을 드러내고 있다. 시점(視點)의 착종, 문체의 혼효, 괴똥어미 이야기의 탈락, 시누이의 친정살이, 시앗과 첩자(妾子)의 포용, 가문간의 교류, 기행이나 견문 혹은 시속(時俗)의 정보에 의한 풍속이나 문물의 집성 등등, 다른 〈복선화음가〉류에서는 볼 수 없는 많은 것들이 담겨 있다. 그러면 이들 각 항목에 관하여 간략히 검토해 보기로 한다.

먼저 시점(視點)의 착종 양상을 보기로 한다.

---

24) 그러나 이 '복선화음'의 교훈은 '계녀사' 속에 나오는 것이 아니라, 남편이나 화자의 일대기가 다 종료된 이후 최후의 단락에서 소위 '권선징악'을 재확인하는 고소설의 결말부와 같이 제3자적 논평으로 제시되어 있다. 그리고 '계녀사'의 배치나 위상 또한 여타의 본들과는 판연히 다르다. 여타 〈복선화음가〉류는 일반적으로 계녀사설의 분량이나 위치, 횟수 등에 관계 없이 화자 주인공이 시집가는 딸에게 훈계하는 것으로만 설정이 되어 있다. 그러나 여기서는 여성 주인공 자신이 출가하던 때 부모로부터 들은 계녀훈이 앞에 나오고[3단락 후반후의 24구], 작품 후반부에는 딸에게 주는 본격적인 계녀훈이 길게 진술되고 있다[10단락 174구]. '계녀사'를 규방문화의 일부로 혼인 때마다 첨부한 것이라 할 수 있겠다.

[A-1] 숙종ᄃᆡ왕 즉위 후에　국ᄐᆡ민안 승평셰계
강구년월 노ᄅᆡ소ᄅᆡ　시화셰풍 지락이라
잇ᄯᆡ 맛참 경셩 ᄂᆡ에　일 여ᄌᆞ가 싱장ᄒᆞ니
니판셔의 외ᄯᆞᆯ이요　됴승상의 외손녀라
[A-2] ᄉᆞᆷ월 오일 병ᄌᆞ에　경희궁 집경당의　승하ᄅᆞᆯ ᄒᆞᄋᆞᆸ시니
셩슈 팔십ᄉᆞᆷ셰시고　ᄌᆡ위 오십이년이라
신민이 망극ᄒᆞ여　여상고비ᄒᆞᄂᆞᆫ 즁에
상공이 원상으로　궐ᄂᆡ의 항상 계셔~
[A-3] 회방연 잔치ᄒᆞ고　슈박을 ? ? ? ?
부인 먼져 션화ᄒᆞ여 셩복 계오 지ᄂᆡ고셔 상공마저 하셰ᄒᆞ니~

[B-1] 슬프도다 이ᄂᆡ 몸이　부모 압희 ᄌᆞ라날졔~
왕후장상 씨 업ᄂᆞ니　ᄂᆡ들 평상 못 살소냐~
고진감ᄂᆡ ᄒᆞᄋᆞᆸᄂᆞ니　밤낫스로 비ᄂᆞ이다
[B-2] ᄯᅩ 한 틀 팔인교의　존고 힝ᄎᆞ 뫼셔 가며
압히 가ᄂᆞᆫ 쌍교의ᄂᆞᆫ　도빅이 힝ᄎᆞᄒᆞ고
ᄯᅩ ᄒᆞᆫ 쌍교 ᄂᆡ가 타니　건곤지의 분명ᄒᆞ다
[B-3] ᄂᆡ가 지금 오십오셰　상공 연셰 오십뉵셰
망ᄂᆡ로 일 녀ᄌᆞ 잇셔　방금 십삼셰인ᄃᆡ~
장ᄎᆞᆺ 셩혼 ᄒᆞ랴 할 졔　경계할 말 ᄌᆞ연 만타
ᄯᆞᆯ아 ᄯᆞᆯ아 고명ᄯᆞᆯ아　금옥 갓치 귀한 ᄯᆞᆯ야
ᄯᆞᆯ아 ᄯᆞᆯ아 아기ᄯᆞᆯ아　연지 갓치 고흔 ᄯᆞᆯ아
우리 ᄯᆞᆯ 망ᄂᆡᄯᆞᆯ이　어미 교훈 드러 보라

A-1은 허두 대목으로 전지적 제3자의 진술에 가까워 고소설의 허두와 방불하다. A-2는 영조가 승하했을 때의 정황과 상공의 소임을 서술하는 대목인데 삼인칭관찰자의 시점에 가깝다. A-3는 최후 종결로서 허두와 마찬가지로 전지적 제3자의 진술이다.

이에 비해 B는 〈복선화음가〉류 일반과 같이 여성화자의 자기진술이다. 허두에서부터 B-1 이전까지는 명백한 3인칭 시점이던 것이 B-1에 이르면 1인칭 자기진술에 가까워진다. 그러나 B-1의 경우는 독백을 직접 따온 것으로도 볼 수 있어 3인칭 서술 속에 독백이 끼어든 것으로도 볼 수가 있다. 하지만 B-2나 B-3 같은 경우는 1인칭 시점의 서술임이 분명하다.

그런데 A나 B와 같이 시점이 비교적 명료하게 판명되는 대목들도 있지만, 대부분의 대목들은 시점을 어느 한 쪽으로 규정하기가 어렵다. 어쩌면 1인칭 시점과 3인칭 시점 사이에서 유동하고 있거나 두 시점이 복합 혼효되어 있는 양상에 가깝다. 이는 아마도 〈복선화음가〉류 일반으로부터 유래한 1인칭 자기서술과 고소설의 자장(磁場) 속에서 새로 형성된 3인칭 서술이 상호 간섭을 일으키면서 빚어진 현상으로 보인다.[25)]

다음은 문체의 혼효 양상을 일별해 보기로 한다.

[A]

* 이 궁촌 가는한 집　ᄀᆡᆨ과문이불입일세－[客過門而不入]

* 죠그마ᄒᆞᆫ 아희 죵놈　등남산이쵸가ᄒᆞ고－[登南山而樵歌]

* 불위농시 지어너셔　평질셔성 츄슈ᄒᆞ니－[不違農時, 平秩西成]

불가승슈식 다 못 먹어 너젹너창　ᄒᆞ여고나－[不可勝數食, 乃積乃

25) 여성주인공의 서술자로서의 지위나 서술 지배는 여성 관련 대목에서는 확고하여 1인칭 시점의 서술이 분명하지만, 가문(家門) 일반에 관한 진술이나 특히 조정(朝廷)의 문제를 언급하는 대목에 이르러서는 서술자의 정체가 다시 모호해져서 전지적 서술자에 가깝게 된다. 그리고 이들 두 대극 사이 수많은 중간지대의 서술들은 시점이 다소 모호한 측면이 있다.

倉]

* 남훈젼 명월야의　　히오민지온혜로다-[南薰殿 明月夜, 解吾民之慍兮]

* 취과양쥬굴만거에　　두목지 호풍치요
춘풍셰우마제질은　　밍동야의 예글귀라
* 안류는 의의ᄒᆞ야　　셩권 너롤 씌어잇고
경화는 작작ᄒᆞ야　　가는 나븨 머무는 듯
* 셩공ᄒᆞ니 월일편이오　　셕노ᄒᆞ니 운쳔츄라
장셩일면 용용슈요　　디야동두 졈졈산에
* 밍호연에 져는 나귀　　슐 시러 압세우고
도리화발 모춘졀과　　오동엽낙 즁츄월에
강호에 빅를 씌고　　여어하 우미록에
범쥬유어젹벽ᄒᆞ는　　쇼동파의 옛일이요

[B]

* 가인들이 디방할 시　　쎡지고 돗잡어셔
셩쥬 토쥬 죠왕에다　　다 각각 버려노코
늘근 여비 초운이가　　합장ᄒᆞ고 비는 말이
비ᄂᆞ이다 비ᄂᆞ이다　　하날님긔 비ᄂᆞ이다
비ᄂᆞ이다 비ᄂᆞ이다　　지신젼의 비ᄂᆞ이다
긔묘싱 김씨 디쥬　　조상님네 드으셔서
기믜 쇼싱 하엿ᄂᆞ니　　금일이 대과회시
친림시취하오시미　　만쟝공도 되실테니
신명이 도으셔셔　　금방쟝원 졈지ᄒᆞ오

* 이렁저렁 히아릴시　　거무하관 쥬인이
한 다름에 쒸여드러　　헐썩이며 하는 말이
업다 여보 진ᄉᆞ님이　　증광급졔 히 계시오

A의 앞은 당대 지식인들의 관용 어구들이고, 뒤는 귀에 익은 한시문의 차용 사례들이다. 반면 B는 앞이 여종의 비나리 말이고, 뒤는 여관 주인이 급제 소식을 아뢰는 소리다. A는 상층의 문어투요 B는 하층의 구어다. 이렇게 홍씨본에는 전편에 걸쳐 상하층의 언어가 공존하고, 남성어와 여성어가 교차되는 문체의 혼효 현상이 발견된다. A를 따른다면 남성 지식층이 지은 것 같은데, B와 같은 사례들을 보면 여종의 비나리를 가까이서 목격하거나 들을 수 있는 위치에 있는 교양 여성층이 지은 것으로도 보여진다.

이상의 시점이나 문체의 착종과 혼효 현상은 이 홍씨본이 가문서사의 형태로 확장되면서 빚어진 특징임이 분명하다. 〈복선화음가〉 류 일반의 시점과 문체에 가문소설적인 시점과 문체가 침투된 결과다.

가문서사 형태로 변용되면서 발생한 또 하나의 중요한 특징은 괴똥어미 이야기의 탈락과 시누이의 친정살이 삽화다. 괴똥어미 이야기는 '화음(禍淫)'이라는 계녀훈을 이끌어내기 위하여 필수적인데, 홍씨본에는 이 괴똥어미 이야기가 몽땅 빠지고 그 대신 청상과부(靑孀寡婦)의 신세로 전락한 시누이의 사연이 새로 첨가되어 있다. '홍감역댁'으로 설정된 이 시누이의 이야기는 그 서술 분량이나 의미 비중으로 보아 괴똥어미 이야기와는 비교할 수 없을 정도로 미미하지만, 홍씨본에서는 어느 정도 화음(禍淫)의 한 사례처럼 기술되고 있다는 점에서 그 서사적 위상은 서로 통하는 바가 있다. 시누이의 친정살이를 그리고 있는 대목은 다음과 같다.

싀누이 홍감역덕　　　즁년의 홀노 되고

명녕ᄌᆞ 더리고셔　　형세가 젹빈ᄒᆞ여
친졍의 와 의탁ᄒᆞ니　　상공이 긍휼ᄒᆞ셔
격장에 집을 짓고　　범ᄉᆞ 죠급ᄒᆞ시ᄂᆞᆫᄃᆡ
싱질은 진ᄉᆞ하여　　지금 명능 참봉이요
싀누의ᄂᆞᆫ 쥬야으로　　항상 잇셔 시칙ᄒᆞ여
고담도 시기시고　　쇼셜칙도 뵈이시며

밑줄친 대목은 그 서술어의 형태가 사동으로 되어 있는데, 이는 삶의 주도권이 시누이 자신에게 있지 않고 오직 벌열가 최고 지위에 있는 시어머니와 실질적 가부장인 남편 상공의 처분에 매인 인생임을 단적으로 드러내는 한 지표라 할 수 있다. 뿐만 아니라 하필 자식 하나 있는 것마저 '명령자(螟蛉子)'로서 규정한 것도 '며느리의 입장' '올케의 시각'이 첨예화된 징표라 할 수 있다. '명령(螟蛉)'이란 '나비나 나방의 유충(幼蟲)'인데 나나니벌이 업고 가서 제 자식으로 삼아 기른다는 전설에서 '명령자(螟蛉子)'라는 말이 생겼다고 한다. 친자(親子)가 아닌 양자(養子)를 특별히 차별화하여 지칭하는 말임을 알 수가 있다. 자신은 첩의 자식까지를 거두어 당당 5형제를 두었는데, 시누이에게는 한 아들을 아끼고 있는 셈이라 할 수 있다. 그런데 모든 시누이들이 다 그렇듯이, 이 시누이도 여성주인공이 눈물겨운 가난 속에서 시집살이를 할 때에 톡톡히 가시 노릇을 했던 것으로 그려져 있다.[26]

이렇게 딱한 시누이를 받아들여 시어머니의 말벗이나 책보기를 위한 시종(侍從)으로 삼는 것은 이중의 의미가 내장된 것으로 보

26) "야살구진 싀누의ᄂᆞᆫ/ 업ᄂᆞᆫ 모히 일슈로ᄃᆡ/ 못 드르며 못 보ᄂᆞᆫ 듯/ 벙어리와 등신인 체~"(409~412구)

인다. 가시 같은 시누이를 징치하려는 의도가 그 하나요, 남편 김정국 가(家)의 재부(財富)와 포용력을 과시하기 위한 의도가 다른 하나인 셈이다. 따라서 이 대목의 서술은 전후 맥락을 꿰어 본다면, 모해(謀害)를 일삼던 시누이가 불행의 그늘에 앉고 묵묵히 도리를 다하며 고난을 이겨낸 자신은 남편 가문의 번영과 함께 복된 삶을 누린다는 구도다. 이는 비록 간략한 형태지만, 그 자체로 '복선화음(福善禍淫)'의 뚜렷한 구도라 할 수 있다.

기타, 시앗과 첩자(妾子)의 포용, 가문간의 교류, 기행이나 견문 혹은 시속(時俗)의 정보에 의한 풍속이나 문물의 집성 등도 남편 중심의 가문서사로 확대되면서 발생하게 된 홍씨본만의 독특한 특징들인데, 여기서는 그 구체적인 양상에 대한 검토는 생략하기로 한다.

이상 전기형의 공통된 특징은 계녀가사(誡女歌辭)로부터의 이탈 양상이라 할 수 있다. 〈복선화음가〉류 자체가 변격 계녀가에 속하는 것이긴 하지만, 그래도 계녀형 이본들의 경우는 계녀훈 중심으로 서술이 통제되어 있고 그 초점과 방향이 계녀사로 집약되는 특징을 보이고 있었다. 그러나 이들 전기형에 이르면, 서술의 초점이 흐려지거나 주제적 관심 자체가 달라져 버리는 양상을 드러내고 있다.

3. 계열 스펙트럼의 지향과 그 의미

이상, 구체적인 작품 분석을 통하여 〈복선화음가〉 이본의 계열상을 정리해 보았다. 이상의 정리 결과를 토대로 이제는 각 계열의 지향점과 그 의미를 좀더 논의해 보기로 한다.

1) 계녀형의 지향과 그 의미

우선 계녀형의 경우 화자는 공통적으로 '김익쥬'의 손녀인 김씨부인인데, 김씨부인의 자기서사는 전기형에 비해 훨씬 더 계녀사에 종속되어 있다.

가장 짧고도 단순한 유형인 '복선형(福善型)' 〈부인셩힝녹〉의 경우 화자의 자기서사로부터 복선의 계녀훈을 이끌어내고 있는데, 전체 350구 가운데 자기서사와 계녀사가 각각 절반 정도씩의 분량을 차지하고 있다. 분량 면에서 우선, 다른 어느 본보다도 계녀사의 비중이 무거운 구도(構圖)라 할 수가 있다. 그리고 무엇보다도 '승순군자(承順君子)의 도리'가 계녀훈의 수많은 덕목 중에서 유독 강조되어 있다. 온갖 호강을 다하며 자란 자기였지만 가난한 시집에서 인고로 승순군자하며 치산에 힘쓴 결과 보란 듯이 잘 살게 되었음을 '부인의 성행(成行)' 사례로 들어 두고, 실제 가난한 집으로 출가하는 딸에게 '부인의 길', '성행의 도리'를 다할 것을 신신 당부한 것이 이 텍스트라 할 수 있겠다.

복선의 사례와 화음의 사례를 두루 구비한 '복선화음형(福善禍淫型)' 〈김씨계녀ᄉ〉의 경우는 복선형 자기서사(182구)와 화음형 괴똥어미 이야기(164구)가 균형있게 배치되고 제1계녀사, 제2계녀사가 갖추어져 있어, 현전하는 허다한 〈복선화음가〉 이본들의 범례적인 기본형에 해당하는 텍스트라 할 수 있다. 화자의 자기서사로부터는 앞서 든 〈부인셩힝녹〉과 같이 '승순군자의 도리'를 이끌어내고, 이어지는 괴똥어미 이야기로부터는 '효봉구고의 도리'를 이끌어내어 계녀훈을 마련하고 있는 구도다.

가장 긴 '복선화음 확대형(福善禍淫擴大型)'의 〈여자행실록(女子行實錄)〉은 앞서 든 범례적 기본형인 복선화음형 〈김씨계녀ᄉ〉의 2배가 훨씬 넘는 장편인데, 자기서사와 괴똥어미 이야기 이외에도 허다한 예화들을 집성하고 있다. 뿐만 아니라 자기서사를 풍부히 확대하여 형상성이 크게 강화되었다. 그러나 이러한 부분적인 형상성에도 불구하고 이 〈여자행실록(女子行實錄)〉은 어느 텍스트보다도 계녀훈에 가장 강하게 긴박(緊縛)되어 있어, 그 전체적인 성격은 오히려 교술성이 강화된 형태라고 할 수 있다. 역시 '승순군자' '효봉구고'의 도리가 중심이지만, '원낭에 어미 이야기(*이름만 바뀐 괴똥어미 이야기)' 뒤에 붙은 제2계녀사 대목에는 '증자 어머니', '맹자 어머니', '위씨부인' 등의 예화를 끌어들여 '자녀교육의 중요성'을 특별히 강조하고 있다.

이렇게 계녀형의 경우는 그 분량의 다과(多寡)를 떠나, 계녀사를 중심으로 서술이 통제되어 있고, 인물구도며 모든 문체적 장치들이 계녀에 초점을 맞추고 있다. 가장 짧은 유형인 '복선형(福善型)' 〈부인셩힝녹〉의 경우가 '승순군자' 중심으로 초점화되어 있다면, '복선화음형(福善禍淫型)' 〈김씨계녀ᄉ〉의 경우는 '승순군자'와 '효봉구고'가 두루 갖추어져 있으며, 가장 긴 '복선화음 확대형(福善禍淫擴大型)'의 〈여자행실록(女子行實錄)〉은 역시 '승순군자' '효봉구고'의 도리에 '자녀교육의 중요성'까지 강조되어 있다.

전형 계녀가가 대개 '사구고(事舅姑)'에서 '항심(恒心)'까지의 11가지 규범[27]을 차례로 나열해 나가는 구도로 이루어져 있는데 비해, 〈복선화음가〉는 이 가운데서 특별히 '승순군자(사군자)'와 '효봉구고(사구고)'를 초점화하여 제시하고 있다. 그리고 그 제시의 방식도 이야기 구도 속의 인물 형상을 통해 먼저 정서적 설득을 꾀하고, 그 후에 이성적이고 개념적인 설득으로 옮아가는 구도를 취하고 있다. 따라서 〈복선화음가〉는 기계적 나열 위주의 전형 계녀가를 핵심 덕목 중심으로 변형한 것이라 할 수 있다. 소위 '선택과 집중'의 전략이라 이를 만하다.

아마도 이들 11가지 규범 가운데서 남편과의 관계와 시부모와의 관계를 다룬 이 두 가지가 시집살이의 성패를 좌우하는 기본기(基本技)에 해당하는 것이었기 때문일 것이다. 그리고 둘 가운데서도 '승순군자(사군자)'가 좀더 기본이었기 때문에 '복선형(福善型)' 의 〈부인셩힝녹〉 같은 텍스트가 산출되었을 것이다. 그리고 '승순군자(사군자)'와 '효봉구고(사구고)' 이외에 새로 자녀교육의 중요성을 초점화하고 있는 '복선화음 확대형(福善禍淫擴大型)'의 〈여자행실록(女子行實錄)〉은 좀더 후대인 개화기 이후의

---

27) 대개 다음과 같은 덕목들이 "아희야 드러바라 ᄯᅩᄒᆞᆫ말 이르리라" 하면서 차례로 이어진다.
1. 事舅姑 2. 事君子 3. 睦親戚 4. 奉祭祀 5. 接賓客 6. 胎教 7. 育兒 8. 御奴婢 9. 治產 10. 出入 11. 恒心

산출일 것으로 추정된다.

〈복선화음가〉는 흔히 '여성치산(女性治産)'의 측면에서 주목을 받아 왔다. 규방의 11가지 규범 가운데도 물론 '치산' 항목이 들어 있었다. 그러나 전형 계녀가는 주로 '근검(勤儉)'과 '절용(節用)'의 측면에만 초점을 둔 것이었다. 그러나 〈복선화음가〉는 이러한 소극적이고 수동적인 측면의 치산이 아닌, 부녀의 노동생산과 이익창출 행위를 부각하고 있다는 점에서 비상한 관심을 끌며 주목을 받아 왔다. 실제 시집살이의 곤경을 극복하고 복선(福善)에 이르게 한 것은 여성화자가 이러한 치산의 주인공이 됨으로 비로소 가능해졌다는 점에서, 비록 포장은 '승순군자'와 '효봉구고'로 되어 있지만 그 내질은 '치산'의 덕목, 특히 체면을 벗어던진 적극적인 치산행위임이 분명하다.

따라서 전형 계녀가로부터의 거리까지를 고려한다면, 이 계녀형의 〈복선화음가〉는 '항산(恒産)'의 기반이 흔들리고 있는 단계의 향촌사족층 부녀들이 현실 대응을 위한 방향 모색을 해 나가는 가운데서 파생되어 나온 작품들이라 할 수 있다. 아직은 반가(班家) 부녀의 체면 때문에 이러한 적극적인 치산 행위 속으로 뛰어드는 것이 주저되는 환경, 그러나 현실은 냉엄하게 '항심(恒心) 이전에 항산(恒産)임'을 가르치는 여건 속에서, 이 양자 사이 타협의 균형점에 서 있는 것이 바로 이들 작품군이라 할 수 있는 셈이다. 그것이 바로 포장과 실질을 달리하는 '계녀형 〈복선화음가〉의 모습'으로 구현된 것이라 할 수 있을 것 같다.

2) 전기형의 지향과 그 의미

이에 비해 전기형의 경우는 그 주제적 관심이 계녀로부터 이탈하거나 서사적 관심의 증대로 인하여 계녀의 비중이 약화되는 공통점을 보인다. 계녀훈을 이탈하는 정도에 비례하여 그 포장과 실질 사이의 괴리도 점점 줄어들고 있다.

'괴똥어미 유지형'의 〈복선화음가(福善禍淫歌)〉에서는 괴똥어미 이야기가 그대로 들어 있긴 하지만 축소지향을 드러내고 있는데 비해, 화자인 이씨부인 자신의 자기서사는 대폭 확대되어 있다. 계녀훈 또한 자기서사 매듭 지점에 오는 제1계녀사가 탈락되어 있고, 그 자리에는 오히려 '혼수사설(婚需辭說)'이라 이를 만한 자기자랑이 채워져 있다. 자기서사의 팽창 압력에 밀린 관성작용(慣性作用)의 가장 뚜렷한 흔적이라 할 수 있다. 자기서사 확대 팽창의 이러한 관성은 앞서 살핀 바와 같이 다양한 방식으로 실현되고 있어, 전체적으로 볼 때도 서사적 관심이 교술 목적을 주변으로 밀어내고 있는 형국이다. 그렇지만 이 텍스트에는 제2계녀사만은 온전한 형태로 대미(大尾)에 자리하고 있어서 계녀가사의 틀이 여전히 유지되고 있다.

그러나 괴똥어미 탈락형에서는 계녀가사의 기본틀이 파괴되고, 관심축 자체가 이동하는 경향이 뚜렷하다. 괴똥어미 이야기 없이 김씨부인의 일생담에 그저 필사자의 독후감적 논평이 첨가되어 있는 형태인 '여주인공 일대기형' 〈복션화음녹이라〉의 경우, 계녀가사로서의 흔적을 완전히 지우고 오히려 서사민요 '시집살이 노래'에 접근하고 있다. 계녀사가 아예 없고 제2계녀사 자리의 대미는 삶의 고난과 애달픔만을 되뇌이는 자탄사설(自嘆辭說)로 변개되어 있다. 제목을 그대로 〈복션화음녹이라〉이라 한 것으로 보아, 〈복션화음가〉로부터의 변개임은 분명하지만, 복선(福善)이나 화음(禍淫)에 대한 어떤 신념이나 교훈도 찾아볼 수가 없다. 그저 김씨부인의 일생담을 일장(一場)의 백일몽(白日夢)으로 받아들이며 도리어 현실의 가혹함을 새삼 재확인하는 구도로 짜여져 있다. 현실 질곡으로부터 기적적인 탈출에 성공한 여주인공의 일대기 속으로 환상적으로 몰입했다가 다시 현실로 돌아오는 독서체험 과정이 투영된 텍스트라 할 수 있겠다. 이러한 몰입과 환멸은 한 편의 영웅소설 수용 체험과 하등 다를 것이 없는 것으로서, 교술적 의도보다는 서사 자체에 대한 흥미와 관심을 기본축으로 하여 제작되고 소통된 경우라 할 수 있겠다.

'괴똥어미 탈락형'의 또 다른 형태인 가문서사 확대형의 〈홍씨본 복선화음가〉는 3320구 정도에 이르는 대장편(大長篇)으로서, 그 서술의 초점이 〈복선화음가〉 일반의 여성화자에서 그 남편 쪽으로 기울며 가문서사 형태를 띠게 된 텍스트이다. 이 홍씨본은 〈복선화음가〉 일반의 구도 속에 이씨부인의 자기서사와 맞물린 남편 김정국의 일대기를 영웅소설 식으로 꾸며서 포괄하고 있는 형태라 할 수 있다. 이 경우는 장편 영웅소설이나 가문소설의 압도적인 영향 아래서 확장적 변개가 이루어진 텍스트로 보이며, 가문서사로의 중심 이동에 따르는 다양한 특징들을 드러내고 있다. 시점(視點)의 착종, 문체의 혼효, 괴똥어미 이야기의 탈락, 시누이의 친정살이, 시앗과 첩자(妾子)의 포용, 가문간의 교류, 기행이나 견문 혹은 시속(時俗)의 정보에 의한 풍속이나 문물의 집성 등등,

다른 〈복선화음가〉류에서는 볼 수 없는 많은 것들이 담겨 있다. 이 텍스트는 벌열적인 가문극대화의 꿈을 담은 또 하나의 백일몽(白日夢)으로서, 계녀사도 반가여성(班家女性) 일대기 구조 속의 반가문화(班家文化), 그 통과의례적 신행풍속(新行風俗)으로 다루어지고 있을 뿐이다. 이 텍스트는 한문이나 사대부 문화 일반에 대한 소양이 풍부한 최상층 반가 여성이, 〈복선화음가〉의 골(骨)과 태(胎)를 빌어 가문서사 구조를 얽어 내고 그 속에 대갓집 마님의 꿈을 옴빡 담아 넣은 형태일 것으로 추정이 된다.

이상 전기형의 경우는 계녀형과도 달라서 전형 계녀가로부터의 거리가 한참 멀어진 텍스트들이다. 가장 가까운 거리에 있는 〈복선화음가(福善禍淫歌)〉(『규방가사』 I 본)만 해도 계녀사 자체의 분량이나 비중이 현저히 약화되었고, 그 약화된 측면들은 다른 관심으로 대체되는 형국을 드러내고 있다. 이러한 변이는 괴똥어미 탈락형에서 더욱 두드러져 있는데, 〈복션화음녹이라〉와 같은 텍스트는 제목 이외 어디에서도 계녀가사로서의 흔적을 찾을 수가 없다. 계녀훈의 자리는 삶의 고난과 애달픔만을 되뇌이는 자탄사설(自嘆辭說)로 메꾸어져 있어 오히려 한 편의 '시집살이 노래'에 가까워진다. 한껏 복선형(福善型)의 일대기를 읊조려 두고도 복선의 계녀훈을 이끌어내는 대신 회의와 번민을 토로하며 마치고 있어, 마치 한 편의 영웅소설을 읽고(혹은 듣고) 독후감(청후감)을 첨부해 둔 형태와 같다. 그리고 이러한 변이의 또 다른 극점에 놓여 있는 것이 〈우산본 복선화음가〉다. 이 경우는 여성의 자기서사를 넘어 남편과의 일체화를 통한 기나긴 가문서사를 구현해 내고 있는 사례다.

이로 보아 전기형 〈복선화음가〉는 계녀형 〈복선화음가〉의 외피만 빌렸을 따름, 계녀형이 여전히 견고하게 지키고 있었던 '계녀(딸에 대한 훈계)'의 주제로부터는 상당히 멀리 떨어져 있는 텍스트들이라 할 수 있다. 비록 변형 계녀가이긴 해도 여전히 계녀형 〈복선화음가〉는 교술문학을 한 치도 벗어나지 않았지만, 이 전기형 〈복선화음가〉는 교술 지향을 현저히 약화시키거나 교술 지향 자체를 아예 벗어던진 형국이다. 신세 자탄의 주정(主情) 지향을 드러내는가 하면, 자기서사의 긍지 혹은 가문 극대화의 염원을 담은 서사(敍事) 지향을 드러내기도 한다. 전형 계녀가로부터의 다양한 변이 가운데서 그 변이의 폭이나 정도가 가장 극대화된 유형이 바로 이 전기형 〈복선화음가〉라 할 수 있을 것이다.

4. 결어: 복선화음가 문학현상의 여성사적 함의

서론에서 살핀 바와 같이 〈복선화음가〉는 페미니즘적 쟁점과 맞물리면서 그 문학적 성격에 대한 다양한 해석들이 산출되었다. 여성가사[규방가사]의 일부, 특히 계녀가사로부터의 파생태임이 분명한데도, 전형 계녀가와는 여러 모로 그 성격이 판이한 데가 있기 때문에 빚어진 것이었다. 그런데 이러한 해석들은 주로 어느 한 이본을 단일 텍스트로 하여 산출된 것들이면서도 논쟁적 배타성을 지니는 경우가 많았다. 그러나 서로 다른 텍스트를 기반으로 하는 배타적 논쟁이란 자칫 소모적인 악순환을 낳기가 쉽다. 이런 점에서 성무경 교수가 이본 고찰의 필요성과 중요성을 제기하고

〈복선화음가〉 이본의 다양한 스펙트럼을 조사 보고한 후에, 그와는 대조적인 연구의 단선성(單線性)을 문제 삼은 것은 연구사적으로 매우 시의적절한 일이었다.28)

필자가 이제까지 〈복선화음가〉 이본들의 계열상과 그 지향을 짚어 본 것은 이러한 연구사적 요청을 염두에 둔 것이었다. 서론에서도 전제하였듯이 필자의 섭렵 범위는 그리 넓지 못하다. 그럼에도 불구하고 이러한 작업을 강행해 나온 이유는 단일 텍스트 중심의 단선적 해석을 어느 정도는 보완할 수 있으리라는 기대 때문이었다. 이제 그 결과를 토대로 이러한 계열상과 주제적 관심의 지향이 의미하는 바를 역사 지평으로 옮겨 탐색해 보고 논의를 마치고자 한다. 굳이 '여성사'라 하는 이유는 페미니즘적 화두에 조금이마마 다가서 보고자 하는 소박한 바람에서다. 이 또한 필자의 역량이 미치기 어려운 영역이지만, 〈복선화음가〉의 연구사가 페미니즘적 화두와 밀착되어 있기 때문에 피해 갈 수는 없어 보인다.

흔히 역사란 현재의 역사, 현재적 요청의 역사가 있을 뿐이라고 한다. 그리고 진정한 여성사란 '남성 중심적 인식의 낡은 틀을 뛰어넘어 여성해방의 문제의식을 공유할 때'만 비로소 가능해진다고도 말하고 있다. 비록 지나가는 논의라 해도 여성사 논의를 표방하는 이상 이러한 문제들 또한 피해 가기가 어려울 것이다. 솔직히 고백을 하자면, 필자는 이러한 측면에서 여성사를 논의하기

28) 성무경, 「복선화음가류 가사의 이본현황과 텍스트 소통」, 『신발굴 자료를 통해 본 가사문학의 재인식』(2002년 민족문학사학회 공개학술발표회 자료집), 2002.12. 『조선후기 시가문학의 문화담론 탐색』(보고사, 2004)에 재수록.

에는 더더욱 미흡하다. 하지만 '30년 동안에 300년의 역사체험을 했다'고도 볼 수 있는 '한국전쟁 베이비 붐 세대의 일원'으로서, '흐름의 관성'에 입각한 생활사적 여성사 이해는 어느 정도 가능하리라 믿어 주로 생활사의 국면에 초점을 맞춰어 논의를 열어 보기로 한다.

앞서의 논의 결과만을 토대로 볼 때에도, 〈복선화음가〉란 하나의 대하(大河) 같은 것임을 우선 인식해 둘 필요가 있을 것 같다. 오랜 세월의 통시적 편폭을 지니고 있을 뿐만 아니라 공시적으로도 지역적 계층적 확산이 최대치에 이른 가사라고 할 수가 있다. 따라서 〈복선화음가〉는 '〈복선화음가〉적 문학현상'의 측면에서 좀더 거시적으로 살피는 작업이 먼저 이루어져야 할 것 같다. 필자의 섭렵 범위만을 가지고 보더라도 〈복선화음가〉는 전형 계녀가로부터의 거리가 참으로 다기다양하여 단일하게 일반화하기는 매우 어렵다. 계녀형 〈복선화음가〉 계열이 그 다양한 변이 확산에도 불구하고 기본적으로 계녀가사의 자장(磁場) 안에 있음에 비해, 전기형 〈복선화음가〉 계열은 계녀가사의 범주나 궤도를 현저히 이탈해 가고 있음이 확인된다. 따라서 〈복선화음가〉 문학현상은 이러한 제작 소통의 전체상을 포괄하여 이해될 필요가 있을 것이다. 그렇다면 이러한 양상은 어떠한 여성사적 현실을 반영하는 것일까? 그 여성 생활사적 연관은 무엇이며, 어떠한 여성 어문 생활사적 국면을 드러내는 것일까?

계녀가사는 일반적으로 '내려주기' 관습으로부터 시발된 것으로 추정되고 있다.[29] '내려주기'의 한 전형적 사례로는 우암 송시열이 출가하는 큰딸에게 준 〈우암계녀서〉가 꼽히는데, 이러한 계녀서는 안동문화권을 중심으로 하여 가사로 변용되기에 이른 것으로 보인다. 담화체 산문으로부터 가사체 율문으로 변용된 데에는 암송 구술의 편의성이라든가, 서정적 울림의 효과 등 다양한 요인들이 작용했을 것이다. 그러나 이러한 변용을 촉진하고 보급 확산시킨 요인은 무엇보다도 영남의 향촌사족층 가문의 현실적 처지에서 말미암는 사회 문화적 요청 때문이었을 것이다. 영남 남인계층의 정치적 소외와 비례하는 가문 단속, 가문 추스르기의 일환으로 이러한 계녀훈의 급속한 사회화가 이루어졌을 것으로 보이기 때문이다.

처음에는 계녀가사의 자료 실상이 드러내 주는 바와 같이 '내려주기' 계녀서의 덕목을 그대로 조술(祖述)하다시피 하는 전형의 계녀가사가 제작 보급되었을 것이다. 이후 이러한 전형 계녀가사만으로는 계녀의 효과를 충분히 달성할 수 없게 된 정황에서 〈복선화음가〉와 같은 변격 계녀가사가 출현했을 것으로 보인다. 번다한 규범의 상투적인 나열보다는 시집 생활의 실제에 밀착된 핵심 규범 한두 가지를 초점화하여 체험적 실감에 얹어 교훈하는 것이 좀더 효과적이었을 뿐만 아니라, 영락해진 향촌 사족층의 가정 규모에도 부합했을 것이다.

이렇게 시발된 〈복선화음가〉의 초기 형태는 분명 계녀형이었을

---

29) 성무경, 앞의 책, 253면.
"이 중 '계녀가류 가사'는 혼인을 전후로 시가에서 지켜야 할 범절과 덕목 등, 훈계를 목적으로 딸에게 지어주던 품위있는 사대부가의 규방문화에 자리한다. 그 전통은 처음에는 아버지나 할아버지 등 남성이 지어주던 '내려주기'에서 비롯되었지만 점차 규방 자체의 여성문화를 형성해 나간 것으로 판단된다."

것이다. 아마도 처음에는 화자의 시집살이 실체험에 계녀훈을 얹는 형태이었을 것이고, 그 후에 괴똥어미 사적을 끌어들인 〈김씨계녀ᄉᆞ〉(국립도서관 소장) 같은 형태의 〈복선화음가〉 표준형이 마련되고, 이로부터 다양한 계녀형 〈복선화음가〉의 이본들이 산출되어 나갔을 것이다.[30] 그러다가 이러한 계녀형 변용의 샛길에서, 혹은 이러한 계녀형 변용이 시들해지는 지점에서 전기형의 각 이본들이 산출되어 나왔을 것으로 추정된다.

그렇다면 이러한 〈복선화음가〉 각 이본의 출현과 확산은 어떠한 여성사적 연관을 가진 것일까? 이 문제를 좀더 추론해 보고 논의를 마치기로 한다. 먼저 〈복선화음가〉 형태의 초기적 산출일 것으로 추정되는 계녀형 〈복선화음가〉는 우선 새로운 계녀가사의 창안이란 점에서 주목된다. 교훈이 고답적 관념의 형태가 아닌 인물형상을 통해 제시되는 것은 19세기 이후의 새로운 문학현상으로서 주목받은 바 있는데,[31] 계녀형 〈복선화음가〉 또한 이러한 새로운 문학현상의 하나로서 주목되어 마땅하다.

그런데 계녀형 〈복선화음가〉에서 특별히 주목해야 할 것은 포장과 실질 사이의 편차다. 화자의 치산 행적이나 괴똥어미의 패가

---

30) 그러나 본고에서 맨 처음에 다룬 장서각(藏書閣) 소장 『가사집』에 수록되어 있는 〈부인셩힝녹〉은 '화자의 시집살이 실체험에 계녀훈을 얹는 형태'로서 〈복선화음가〉의 시조(始祖) 형태(形態)여야 마땅함에도 그렇게 보기에는 여러 가지로 부적합한 요소들이 많다. 오히려 표준형 〈복선화음가〉로부터의 차용임이 분명해 보이는 징표들을 많이 지니고 있다. 시조형에 부합하는 '복선형' 이본은 좀더 시간을 두고 탐색해 볼 필요가 있을 것 같다.

31) 김대행, 「〈우부가〉의 주제와 시대성 논의 반성」, 『개신어문연구』 5-6집, 충북대학교, 1988.

사적은 그자체로만 볼 때는 '항산(恒産)'을 확보해야만 된다는 뼈저린 교훈이다. 그런데도 이러한 사적들로부터 이끌어내는 귀착점은 '승순구자'나 '효봉구고'와 같은 덕목이다. '내려주기' 계녀서에서나 전형 계녀가사에서도 치산의 항목이 들어 있긴 하지만, 11가지 항목 가운데 거의 맨 끝 자리에 놓이는 것이 치산이었고 그 내용도 '근검(勤儉)'과 '절용(節用)에 초점을 둔 것이었다. 부녀가 발벗고 나서서 생산활동을 하고 생계주체가 되는 것은 반가(班家)의 체통을 허무는 일이기에, 오히려 금해야 마땅한 행태였다. 그러나 〈복선화음가〉는 체면을 벗어던진 부녀의 생산활동을 그려내고 있을 뿐만 아니라 적극적으로 생계주체(生計主體)로 서 나가는 부녀 형상을 모범으로 제시하고 있다. 그 인식의 단호함이며 결단의 과감성, 그리고 재부(財富)의 위력에 대한 증언의 맥락; 이것들을 뒷받침하고 있는 어조며 필세 등에 기초하여 결론을 맺는다면, 당연히 '효봉구고'를 필두로 시작되는 구태의연한 판박이 계녀훈을 비판하거나 부정해야 마땅할 것이다. "뭐니뭐니 해도 먹고 입을 것이 우선이다. 체면 지키고 예의 차리고 도덕 타령 하고 있어 봐야 가진 쪽박마저 깨버리기 쉽다. 다 벗어 던지고 먹고 살 길을 찾아야 한다." — 이것이 아마 서사의 맥락을 따르는 바른 귀결일 것이다. 그런데도 계녀형 〈복선화음가〉는 이와는 다르게 전통에 기대어 인습적 계녀훈을 복창(復唱)하고 있다. 그리고 마침내는 '효봉구고'나 '승순구자' 등 계녀훈을 이루는 것이 복선(福善)의 길이요, 그것을 저버리는 것이 화음(禍淫)의 구렁텅이라고 단안(斷案)하여 표제(標題)하고 있다.

이렇게 〈복선화음가〉에서 전형 계녀가사를 변형하면서 새로 이끌어들인 '자기서사'는 엄밀한 의미에서 탈관습의 선언이라 할 수 있다. 급진적으로 발전하면 탈규범으로까지 나아갈 수가 있는 새로운 인식이요 과감한 변신이다. 그런데도 이로부터 도출해 내는 귀결, 전체로서 드러내는 포장은 철저히 관습적이다. 계녀훈의 제1 덕목, 제2 덕목에 단단히 비끌어 매 두는 형태이며, 그것을 추상(抽象)해 낸 전체 표제는 마침내 '복선화음(福善禍淫)'의 주술(呪術)이다. 덩굴식물이 의지할 나무를 단단히 휘감고 오르듯이 더 이상 지탱할 수 없는 인습이 새로운 인식의 줄기를 단단히 휘감고 있는 형국이다.

포장과 실질, 표제와 내용, 관념적 덕목과 체험적 실감의 어색한 동거; 계녀형 〈복선화음가〉의 이러한 모습은 바로 19세기 전후의 영남 향촌사족 가문들 가정생활의 실태를 반영하는 것이라 할 수 있다. 맷돌이 겉돌듯이 '내려주기' 계녀서나 전형 계녀가사가 겉돌고 있는 실정에서, 이들 향촌사족 부녀들이 새로운 인식과 체험적 실감에 입각한 새로운 계녀가사를 창출해 낸 것이 바로 이러한 계녀형 〈복선화음가〉였던 것이다. 그러나 이러한 인식과 실감을 도발적인 형태로 포장하지 않고 관습의 틀 속에 담은 것이 이러한 어색한 동거의 모습이었던 것이다.

그러나 계녀형 〈복선화음가〉의 이러한 어색한 동거는 전기형 〈복선화음가〉에 이르러 대부분 깨어지게 된다. 교술성이나 교훈적 목적을 서사 자체에 대한 흥미와 관심으로 대체하거나 아예 그러한 교훈을 전복시켜 탄식가의 형태로 변용하기도 한다. 서사 자체에 대한 흥미와 관심은 대개 자기서사의 팽창 확대로 실현되지만, 홍씨본 〈복선화음가〉와 같이 가문서사로 확산되는 경우도 있다.

그리고 탄식가적인 변용을 보이는 국립도서관 소장의 〈복션화음녹이라〉와 같은 경우는 시집살이 서사민요와도 같은 정조를 담뿍 머금고 있다.

이 시대 여성의 삶은 대체로 경화벌열층 부녀의 삶과 향촌사족층 부녀의 삶, 시정 평서층 부녀의 삶과 농촌 평서층 부녀의 삶으로 대별해 볼 수가 있겠는데, 〈복선화음가〉는 이들 전계층의 삶을 모두 반영하는 다기한 스펙트럼을 지니고 있다. 계녀형의 이본들은 기본적으로 향촌사족층 부녀에게서 발원하여 그들의 삶과 삶의 조건을 반영하고 대변하는 성격이 크다. 그러나 전기형 이본들의 경우는 계층적 확산의 자취가 뚜렷하다. 탄식가적인 경사를 보이는 경우는 농촌 평서층 부녀의 삶이나 그들의 노래와 교섭하고 있는 자취가 뚜렷하고, 가문서사적인 확대를 보이는 경우는 경화벌열층 부녀의 삶이나 시정 부녀층의 삶까지를 파노라마적으로 반영해 내고 있다. 이렇게 〈복선화음가〉란 다기한 흐름을 망라하고 있는 대하와도 같고 수많은 연봉(連峰)들을 거느린 산맥과도 같다.

마지막으로 페미니즘의 쟁점과 관련하여 한 마디를 첨언한다면, 〈복선화음가〉는 여성의 생활사나 여성의 어문생활사와 관련해서 볼 때 진보적인 의의가 매우 큰 작품이라 아니 할 수 없다. 향촌사족층 부녀의 삶의 조건을 냉철하게 인식하고 체면과 인습을 벗어 던지고 솔선하여 곤경의 타개에 나서는 과감한 여성의 형상을 부조해 내고 있다는 점이 우선 특기하여 평가할 만하고, 계녀형으로부터 전기형에 이르기까지 그것을 포장해 내는 다양한 방식들이 또한 여성 어문생활의 다양한 실험과 성취라는 점에서 정당하게 평가되어야 할 것이다.

참고문헌

「전원동경의 의미 – 이행기문학의 표정」

위백규, 『존재전서(存齋全書)』.

정약용, 『여유당전서(與猶堂全書)』.

임광택, 『쌍백당유고(雙栢堂遺稿)』.

김형수, 『소당유고(嘯堂遺稿)』.

김석회, 「농가의 본문비평」, 『한국고전시가작품론』, 집문당, 1992.

김석회, 「존재 위백규의 생활시에 관한 연구」, 서울대 박사논문, 1992.

김석회, 「소당 김형수의 생애와 문학」, 『고전문학과 교육』, 제8집, 2004.

정승철, 「위백규의 농가 고」, 『문학과 언어의 만남』, 신구문화사, 1996.

김석회, 『존재 위백규 문학 연구』, 이회문화사, 1995.

「농가월령가와 월여농가의 대비적 고찰」

강명관, 「『소당유고』 해제」, 『여항문학총서』 제7책, 여강출판사, 1991.

강전섭, 「나수 이기원의 〈농가월령〉에 대하여」, 『한국학보』 20, 1980. 『한국시가문학연구』, 대왕사, 1986.

길진숙, 「중인 김형수의 〈농가월령가〉 한역과 그 의미」, 『동양고전연구』, 6집, 1996.

김명순, 「김형수의 〈월여농가〉 연구」, 『동방한문학』 15집, 1998.

김상욱, 「〈농가월령가〉의 교육적 수용을 위한 담론 분석」, 『고전문학 어떻게 가르칠 것인가』, 집문당, 1994.

김석회, 「위백규 '농가 구장'의 사회사적 성격」, 『진단학보』 71-72, 진단학회, 1991.

김영진, 농림수산고문헌비요, 한국농촌경제연구원, 1982.

김형수, 〈월여농가〉, 필사본 1책, 규장각 소장본. [임형택 편, 『여항문학총서』 제7권, 여강출판사, 1991.]

김형수, 〈월여농가〉, 필사본 1책, 서울대 도서관 일석문고 소장본.

김형수, 『소당유고』, 필사본 2권 1책, 국립중앙도서관 소장본. [임형택 편, 『여항문학총서』 제7권, 여강출판사, 1991.]

노규호, 「조선후기 교본성 가사 연구」, 홍익대 박사논문, 1998.

민현식, 「〈농가월령가〉에 대한 텍스트언어학적 고찰」, 『문학한글』 10호, 한글학회, 1996.

박성의 교주, 『농가월령가 한양가』, 『한국고전문학대계』 제7권, 민중서관, 1974.

박영호, 「정학유의 〈농가월령가〉와 이기원의 〈농가월령〉의 비교 연구」, 공주대 대학원, 2001.

백승창, 「〈농가월령가〉와 〈농가월령〉의 어학적 비교 연구」, 공주대 대학원, 2000.

송팔성, 「조선시대 향촌시가 담론의 구조 연구」, 서울대 박사논문, 2000.

안홍순, 「〈농가월령가〉의 원천 연구」, 인하대 석사논문, 1984.

이상보, 「정학유의 〈농가월령가〉 연구」, 『한국고시가의 연구』, 형설출판사, 1975.

이성우, 韓國食經大典, 향문사, 1981.

이춘녕, 『한국농학사』, 민음사, 1989.

임광택, 『쌍백당유고』. [임형택 편, 『여항문학총서』 제6권, 여강출판사, 1991.]

임기중, 「달거리와 월령체가의 장르 설정에 대한 이의」, 『성봉 김성배 박사 환갑 기념 논총』, 형설출판사, 1977.

임치균, 「〈농가월령가〉의 일 고찰」, 『한국고전시가작품론』, 집문당, 1992.

張之琬, 『枕雨堂集』, 규장각소장본, [임형택 편, 『여항문학총서』 제5권, 여강출판사, 1986.]

조동일, 「東亞文化史上 '華-夷' 與 '詩-歌'之 相關」, 『문명권의 동질성과

이질성』, 지식산업사, 1999.

홍재휴, 「농가월령가의 작자에 대한 별견」, 『어문학』 4, 한국어문학회, 1959.

홍재휴, 「〈농가월령〉攷(附 원문·교주)」, 『동양문화』 6,7, 영남대 동양문화연구소, 1968.

『농서』, 『한국근세사회경제사료총서』, 아세아문화사 영인본, 1981.

「소당 김형수의 생애와 문학」

강명관, 「『소당유고』 해제」, 『여항문학총서』 제7책, 여강출판사, 1991.

강전섭, 「나수 이기원의 〈농가월령〉에 대하여」, 『한국학보』 20, 1980.

길진숙, 「중인 김형수의 〈농가월령가〉 한역과 그 의미」, 『동양고전연구』, 6집, 1996.

김명순, 「김형수의 〈월여농가〉 연구」, 『동방한문학』 15집, 1998.

김상욱, 「〈농가월령가〉의 교육적 수용을 위한 담론 분석」, 『고전문학 어떻게 가르칠 것인가』, 집문당, 1994.

김석회, 「위백규 '농가 구장'의 사회사적 성격」, 『진단학보』 71-72, 진단학회, 1991.

김영진, 농림수산고문헌비요, 한국농촌경제연구원, 1982.

김용섭, 『조선후기농업사연구』 1, 일조각, 1970.

김용섭, 『조선후기농업사연구』 2, 일조각, 1971.

김용섭, 『한국근대농업사연구』 상, 일조각, 1988.

김용섭, 『한국근대농업사연구』 하, 일조각, 1988.

김형수, 〈월여농가〉, 필사본 1책, 규장각 소장본. [임형택 편, 『여항문학총서』 제7권, 여강출판사, 1991.]

김형수, 〈월여농가〉, 필사본 1책, 서울대 도서관 일석문고 소장본.

김형수, 『소당유고』, 필사본 2권 1책, 국립중앙도서관 소장본. [임형택 편, 『여항문학총서』제7권, 여강출판사, 1991.]

노규호, 「조선후기 교본성 가사 연구」, 홍익대 박사논문, 1998.
민현식, 「〈농가월령가〉에 대한 텍스트언어학적 고찰」, 『문학한글』 10호, 한글학회, 1996.
박성의 교주, 『농가월령가 한양가』, 『한국고전문학대계』 제7권, 민중서관, 1974.
박영호, 「정학유의 〈농가월령가〉와 이기원의 〈농가월령〉의 비교 연구」, 공주대 대학원, 2001.
백승창, 「〈농가월령가〉와 〈농가월령〉의 어학적 비교 연구」, 공주대 대학원, 2000.
송팔성, 「조선시대 향촌시가 담론의 구조 연구」, 서울대 박사논문, 2000.
안홍순, 「〈농가월령가〉의 원천 연구」, 인하대 석사논문, 1984.
이병기, 「〈농가월령가〉 해제」, 『국어문학』 6, 전북대, 1954.
이상보, 「〈농가월령긔〉 해제」, 『명지어문학』 19, 1990.
이상보, 「정학유의 〈농가월령가〉 연구」, 『한국고시가의 연구』, 형설출판사, 1975.
이성우, 韓國食經大典, 향문사, 1981.
이춘녕, 『한국농학사』, 민음사, 1989.
임광택, 『쌍백당유고』. [임형택 편, 『여항문학총서』제6권, 여강출판사, 1991.]
임기중, 「달거리와 월령체가의 장르 설정에 대한 이의」, 『성봉 김성배 박사 환갑 기념 논총』, 형설출판사, 1977.
임치균, 「〈농가월령가〉의 일 고찰」, 『한국고전시가작품론』, 집문당, 1992.
張之琬, 『枕雨堂集』, 규장각소장본, [임형택 편, 『여항문학총서』제5권, 여강출판사, 1986.]
조동일, 「東亞文化史上 '華-夷' 與 '詩-歌'之 相關」, 『문명권의 동질성과 이질성』, 지식산업사, 1999.
진동혁, 「새로 발견된 〈농가월녕긔〉」, 『도솔어문』 3, 단국대 국어국문학과, 1988.
홍재휴, 「농가월령가의 작자에 대한 별견」, 『어문학』 4, 한국어문학회, 1959.

홍재휴, 「〈농가월령〉攷(附 원문·교주)」, 『동양문화』 6,7, 영남대 동양문화연구소, 1968.

『농서』, 『한국근세사회경제사료총서』, 아세아문화사 영인본, 1981.

「조선후기의 향촌사회와 치산 관련 여성 형상」

『사고전서(四庫全書)』.

〈복선화음가〉 여러 이본들.

고순희, 「19세기 현실비판가사 연구」, 이화여대 박사논문, 1990.

김문기, 『서민가사연구』, 형설출판사, 1983.

김병국 외, 『조선후기 시가와 여성』,월인, 2005.

김석회, 「복선화음가 이본의 계열상과 그 여성사적 의미」, 『한구시가연구』 18집, 한국시가학회, 2005.5.

김석회, 「우산본 복선화음가의 가문서사 양상과 그 여성사적 함의」, 『고전문학과 교육』 10집, 한국고전문학교육학회, 2005.8.

김석회, 『농사하는 집 아낙과 글하는 집 아낙』, 『한국고전여성문학연구』 11집, 한국고전여성문학회, 2005.12월.

김석회, 『조선후기 시가 연구』, 월인, 2003.

김석회, 『존재 위백규 문학 연구』, 이회문화사, 1995.

박종영(朴宗永), 『송오집(松塢集)』 권3, 『한국역대문집총서』 632, 경인문화사 영인본, 1993.

서인순(徐璘淳), 『화헌유고(華軒遺稿)』 (국립도서관 소장).

위백규(魏伯珪) , 『존재전서(存齋全書)』, 경인문화사 영인본, 1974.

李柬, 〈亡室安人尹氏行狀〉, 巍巖遺稿 권16, 한국역대문집총간 190,

이우성 임형택 『이조한문단편집』 , 일조각, 1984 중판. 상권 18~20면.

정한기, 「서인순의 〈전가부〉에 나타난 여성형상의 문학적 위치」, 김병국 외, 『조선후기 시가와 여성』, 월인, 2005년 5월.

진재교, 『이조후기 한시의 사회사』, 소명출판, 2001.
최재남, 「윤동야의 〈용가〉와 며느리 형상의 해석 방향」, 김병국 외, 『조선후기 시가와 여성』, 월인, 2005년 5월.

「주제적 관심을 통해 본 규방가사의 세계」

가사문학관, 『규방가사 Ⅰ』, 2002.
강전섭, 「이정양가록에 대하여,배달말 16호, 1991.
고순희, 「노처녀가1 연구」,한국시가연구 14집, 한국시가학회, 2003.
권영철, 『규방가사각론』, 형설출판사, 1986.
권영철, 『규방가사연구』, 이우출판사, 1980.
길진숙, 「여성으로 말하기」, 박노준 외 편, 『고전시가 엮어읽기』, 태학사, 2003.
김대행, 「덴동어미화전가와 팔자의 원형」, 박노준 외 편, 『고전시가 엮어읽기』, 태학사, 2003.
김문기, 『서민가사연구』, 형설출판사, 1983.
김미옥, 「은촌 조애영의 산촌향가 연구」, 한국여성문학회 12차 정기연구발표회 논문요지, 숙명여대, 2005.3.26.
김석회, 「농사하는 집 아낙과 글하는 집 아낙」, 한국고전여성문학연구 11집, 2005.
김석회, 「우산본 복선화음가의 가문서사 양상과 그 여성사적 함의, 고전문학과교육 10집, 2005.8.
김석회, 「조선후기 향촌사회와 치산관련 여성형상」, 고전문학연구 31집, 2007.6.
김성배 외 편저, 『주해 가사문학전집』, 집문당, 1961. 1981중판.
김용철, 「덴동어미화전가연구1」, 『19세기 시가문학의 탐구』, 집문당, 1995.
김종철, 「운명의 얼굴과 신명」, 백영정병욱추모논문집, 신구문화사, 1992.

김학성, 「가사의 정체성과 담론 특성」, 『한국고전시가의 정체성』, 성균관대 대동문화연구원, 2002.

김학성, 「가사의 장르적 특성과 현대사회의 존재의의」, 『고시가연구』, 21집, 2008.2.

김학성, 「가사양식의 전통 유형과 계승방향」, 『제9회 전국가사문학제 학술대회 발표요지집』, 2008.10.

나정순 외, 『규방가사의 작품세계와 미학』, 역락, 2002.

박애경, 「장편가사 이졍양가록에 나타난 사족 여성의 삶과 내면의식」, 한국고전여성문학연구 6집, 2003.6

박일용, 「노처녀 1의 담론형태와 그 시학적 의미」, 『조선후기 시가와 여성』, 월인, 2005.

박일용, 「삼설기에 나타난 율문적 문체와 그 의미」, 『장르교섭과 고전시가』, 월인, 1999.

박혜숙, 「덴동어미화전가와 여성의 연대」, 여성문학연구 14호, 2005.12.

백순철, 「문답형 규방가사 창작환경의 두 층위」, 정재호 편, 『한국가사문학연구』, 태학사, 1996.

서영숙, 「한국여성가사연구』, 국학자료원, 1996.

성무경, 「노처녀담론의 형성과 문학양식들의 반향」, 『조선후기 시가문학의 문화담론 탐색』, 보고사, 2004.

신태수, 「화전가와 개가긍정문학의 대두」, 영남어문학14집, 1988.

양태순, 「규방가사 여성성으로서의 한탄에 대하여」, 김병국 외 편, 『조선후기 시가와 여성』, 월인, 2005.

윤주필, 「우산본 복선화음가에 대하여」, 한국고전여성문학회 제16차 학술발표대회, 이화여대, 2005.2.

이가원, 「꼭독각씨 실기」, 국어국문학 14집, 1955.

이경하, 「여성문학사 서술의 문제점과 해결방향」, 서울대 박사논문, 2004.

이동영, 「규방가사의 전이에 대하여」, 『가사문학연구』, 부산대출판부, 2002.

이재수, 『내방가사연구』, 형설출판사, 1976.

이정옥, 『내방가사의 향유자연구』, 박이정, 1999.
임기중 편, 『한국가사문학주해연구』, 아세아문화사, 2005.
조동일, 『한국문학통사』, 지식산업사, 1984. 1986 4판.
최원식, 「가사의 소설화 과정과 봉건주의의 해체」, 창작과비평 18-4호, 1977.

「농사하는 집 아낙과 글하는 집 아낙」

서인순(徐璘淳, 1827~1898), 『화헌유고(華軒遺稿)』(국립도서관 소장).
『사고전서(四庫全書)』.
김병국 외, 『조선후기 시가와 여성』, 월인, 2005.
김석회, 『조선후기 시가 연구』, 월인, 2003.
남정희, 「18세기 경화사족의 시조 향유와 창작 양상에 관한 연구」, 이화여대 박사학위논문, 2002.
남정희, 「18세기 초 경화사족 시조의 작품세계와 시조사적 한 국면」, 한국고전연구 제10집, 2004.
정한기, 「서인순의 전가부에 나타난 여성형상의 문학적 위치」, 김병국 외, 『조선후기 시가와 여성』, 월인, 2005.

「우산본 복선화음가의 가문서사 양상과 그 의미」

〈복선화음가〉, 우산 홍인표 교수 소장.
〈가정경계록〉, 하동호 교주본. 『시문학』 32호(1974).
〈계녀옥설〉, 임형택 소장본.
〈괴동뎐〉, 장서각소장본 〈괴동뎐〉 1책.
〈괴동어미이야기〉, 『신소설전집』 20권(계명문화사, 1987).
〈괴똥전〉, 김동욱 소장본.
〈괴똥전〉, 임형택 소장본.

〈괴ᄯᅩᆼ전〉, 진동혁 소장본.

〈권셩증악가ᄅᆞ〉, 임형택 소장본.

〈김낭전〉, 국립도서관소장본 〈백발편〉.

〈김씨계녀ᄉᆞ〉, 국립도서관소장본(25장본).

〈김씨효ᄒᆡᆼ녹이라〉, 『고소설필사본전집』(박순호).

〈녀ᄌᆞ가라〉, 국립도서관소장본 〈사고향〉 1책.

〈복선화음〉, 『필사본고소설자료총서』 29권(김동욱 편, 보경문화사).

〈복선화음곡〉, 장서각소장본 〈망로각수방〉.

〈복선화음가〉, 『月村歌辭』(홍재휴 편역).

〈복선화음가(福善禍淫歌)〉, 『규방가사 I』(권영철 편).

〈복선화음녹〉, 규장각소장본 〈복선화음〉.

〈복션화음녹이라〉, 국립도서관소장본 〈복션화가〉(11장본).

〈부인셩ᄒᆡᆼ녹〉, 장서각소장본 〈가사집〉 1책.

〈여자가〉, 김동욱 소장본.

〈여자탄식가〉, 김동욱 소장본.

〈여자행실가〉, 『필사본고소설자료총서』 29권(김동욱 편, 보경문화사).

〈치가사〉, 국립도서관소장본 〈부인치가사〉 1책.

〈홍규권장가〉, 광산김씨 소장본. 『한국언어문학』 5집(1968)에 김준영이 소개.

〈홍씨본 복선화음가〉, 홍윤표 교수 소장본.

〈효봉구고치산가〉, 김동욱 소장본. 『한국가사자료집성』 3권.

〈효봉구고치산가〉, 임형택 소장본.

〈ᄒᆡᆼ실가계여사〉, 장서각소장본 〈고금잡초〉.

임기중 편, 『역대가사문학전집』, 동서문화사, 1987.

홍재휴, 『月村歌辭』, 단양우씨 판서공파 종중, 대구가톨릭대학교출판부, 2001.

徐璘淳(1827~1898), 『華軒遺稿』, 규장각 소장.

고한연 편, 『19세기 시가문학의 탐구』, 집문당, 1980.

권녕철, 『규방가사연구』, 이우출판사, 1980.
김석회, 「복선화음가 이본의 계열상과 그 여성사적 의미」, 『조선후기 시가와 여성』, 월인, 2005.5.
김석회, 『조선후기 시가 연구』, 월인, 2003.
김석회, 『조선후기 시가 연구』, 월인, 2003.
김준영, 『한국 고시가 연구』, 형설출판사, 1990.
나정순 외, 『규방가사의 작품세계와 미학』, 이우출판사, 1980.
박노준 편, 『고전시가 엮어 읽기』, 태학사, 2003.
서영숙, 「복선화음가류 가사의 서술구조와 의미」, 『한국여성가사연구』, 국학자료원, 1996.
서영숙, 『조선후기 가사의 동향과 모색』, 역락, 2003.
서영숙, 『한국여성가사연구』, 국학자료원, 1996.
성무경, 『가사의 시학과 장르실현』, 보고사, 2002.
성무경, 『조선후기 시가문학의 문화담론 탐색』, 보고사, 2004.
윤주필, 「우산본 〈복선화음록〉에 대하여 - 전통시대 여성의 치산과 문화 향유를 중심으로」, 한국고전여성문학회 제16차 학술발표대회 발표요지, 2005. 2.
한국가사문학회 제3회 학술발표대회 발표집, 「규방가사의 전통과 미학」, 2002.11.9.

「복선화음가 이본의 계열상과 그 여성사적 의미」

〈가정경계록〉, 하동호 교주본. 『시문학』 32호(1974).
〈계녀옥설〉, 임형택 소장본.
〈괴동뎐〉, 장서각소장본 〈괴동뎐〉 1책.
〈괴동어미이야기〉, 『신소설전집』 20권(계명문화사, 1987).
〈괴똥전〉, 김동욱 소장본.

〈괴ᄯᅩᆼ전〉, 임형택 소장본.
〈괴ᄯᅩᆼ전〉, 진동혁 소장본.
〈권셩증악가ᄅᆞ〉, 임형택 소장본.
〈김낭전〉, 국립도서관소장본 〈백발편〉.
〈김씨계녀ᄉᆞ〉, 국립도서관소장본(25장본).
〈김씨효힝녹이라〉, 『고소설필사본전집』(박순호).
〈녀ᄌᆞ가라〉, 국립도서관소장본 〈사고향〉 1책.
〈복선화음〉, 『필사본고소설자료총서』 29권(김동욱 편, 보경문화사).
〈복선화음곡〉, 장서각소장본 〈망로각수방〉.
〈복선화음가〉, 『月村歌辭』(홍재휴 편역).
〈복선화음가(福善禍淫歌)〉, 『규방가사 Ⅰ』(권영철 편).
〈복선화음녹〉, 규장각소장본 〈복선화음〉.
〈복션화음녹이라〉, 국립도서관소장본 〈복션화가〉(11장본).
〈부인셩힝녹〉, 장서각소장본 〈가사집〉 1책.
〈여자가〉, 김동욱 소장본.
〈여자탄식가〉, 김동욱 소장본.
〈여자행실가〉, 『필사본고소설자료총서』 29권(김동욱 편, 보경문화사).
〈치가사〉, 국립도서관소장본 〈부인치가사〉 1책.
〈홍규권장가〉, 광산김씨 소장본. 『한국언어문학』 5집(1968)에 김준영이 소개.
〈홍씨본 복선화음가〉, 홍윤표 교수 소장본.
〈효봉구고치산가〉, 김동욱 소장본. 『한국가사자료집성』 3권.
〈효봉구고치산가〉, 임형택 소장본.
〈힝실가게여사〉, 장서각소장본 〈고금잡초〉.

고한연 편, 『19세기 시가문학의 탐구』, 집문당, 1980.
권녕철, 『규방가사연구』, 이우출판사, 1980.
김석회, 『조선후기 시가 연구』, 월인, 2003.
김준영, 『한국 고시가 연구』, 형설출판사, 1990.

나정순 외, 『규방가사의 작품세계와 미학』, 이우출판사, 1980.

박노준 편, 『고전시가 엮어 읽기』, 태학사, 2003.

서영숙, 『한국여성가사연구』, 국학자료원, 1996.

서영숙, 『조선후기 가사의 동향과 모색』, 역락, 2003.

성무경, 『가사의 시학과 장르실현』, 보고사, 2002.

성무경, 『조선후기 시가문학의 문화담론 탐색』, 보고사, 2004.

홍재휴, 『月村歌辭』, 단양우씨 판서공파 종중, 대구가톨릭대학교출판부, 2001.

윤주필, 「우산본 〈복선화음록〉에 대하여 - 전통시대 여성의 치산과 문화 향유를 중심으로」, 한국고전여성문학회 제16차 학술발표대회 발표요지, 2005. 2.

한국가사문학회 제3회 학술발표대회 발표집, 「규방가사의 전통과 미학」, 2002.11.9.

찾아보기

김석회

충남 부여 출생. 서울대학교 사범대학 국어교육과를 졸업하고 동 대학원 국어국문학과에서 박사학위를 받은 후, 현재 인하대학교 사범대학 국어교육과 교수로 재직하고 있다. 주요 논저로는 『존재 위백규 문학 연구』(이회, 1995), 『조선후기 시가 연구』(월인, 2003) 등이 있다.

이메일 주소 : kimsok1950@naver.com

조선후기 향촌사회와 시가문학

초판 1쇄 인쇄 2009년 11월 25일 **초판 1쇄 발행** 2009년 11월 30일
지은이 김석회 **펴낸이** 박성복 **펴낸곳** 도서출판 월인
등록번호 제6-0364호 등록일 1998. 5. 4.
주소 142-879 서울특별시 강북구 휜구름길 19-3(수유2동 252-9)
대표전화 (02) 912-5000 팩스 (02) 900-5036
e-mail worinnet@hanmail.net homepage http://www.worin.net

ISBN 978-89-8477-451-3 93810

값 13,000원

*이 저서는 인하대학교의 지원에 의하여 발간되었음.